沖縄アンダーグラウンド

売春街を生きた者たち

藤井誠二

集英社文庫

目次

Okinawa Underground

第3章　闇社会の収奪システム

第6章「レイプの軍隊」と沖縄売春史

第7章　売春街の子どもたち

第8章　浄化の論理と、夜の身体と

沖縄アンダーグラウンド　売春街を生きた者たち

本書は、二〇一八年九月、講談社より刊行されました。
文庫化にあたり、書き下ろしの「文庫版追補章」を加えました。
本文デザイン　齋藤啓（ブッタプロダクション）

序章

眩い街へ、妖しい光へ

目の前にあらわれた妖しい発光体

夜の闇に覆われた住宅地の中から、不意に妖しい発光体が浮かび出すように、その街はあった。乗用車がすれ違うことができるかできないかくらいの道幅の路地が、幾筋も交叉する小さな街。街というよりも、区域とか一画とか表現したほうがいいかもしれない。今から二〇年以上前のことだ。そこでは女性たちが自らの身体を供するように、安っぽい照明に照らされていた。

アルミサッシのガラス戸の中でセーラー服やナース服を着てさまざまなポーズをとる若い女性たちは、まるでショーケースの中のマネキンだ。薄暗い照明の店に普段着のまま佇む女性。胸を大きくはだけて上目づかいで合図を送ってくる女性。男から声をかけられるまで椅子に腰かけて文庫本を読みふける女性。道行く男たちと視線を一瞬だけ交錯させる女性。ねっとりと視線を絡ませてきて、媚態をあらわにする女性……。

一〇代ではないかと疑ってしまう女性もいた。アニメキャラクターのような派手なセーラー服を着込んで、笑顔を絶やさない。そのまわりに人だかりができている。近づいてみると、「ミニスカポリス」のコスプレをしたモデルのような女性を何人もの若い男性が取り囲み、誰が最初に交渉するのか、奪い合い寸前の緊張感が高まっていた。

六〇歳前後と思われる女性もドア口に立ち、あるいは椅子に座り、道行く男たちを誘っている。年配の女性はたいがい入り口からほんのすこし奥まったところに椅子を置いて脚を組み、外を見つめていた。ほの暗いその位置にいると、化粧をした顔が実年齢より若く見えるのだろうか。表情がほとんどなく、うつむきかげんに椅子に座る女性も見た。放心したように宙の一点を見つめてドアの脇に佇む女性もいた。生気が感じられないその存在には、なんだか痛々しさを覚えてしまう。

女たちは男と交渉をし、話が成立するとアルミサッシのドアを閉めて男を誘導し、奥の小部屋に消えていく。サッシ戸の内側のカーテンも引かれ、戸口の灯も落とされる。照明がカーテンの隙間から漏れているのは、いままさに営業中という合図でもある。それがまた往来する若い男たちを挑発する。

安物のサッシの隙間から精液のにおいをかいだような気がした。店は六〇～七〇軒は営業していただろうか。一軒につきドアが二～三個ついていて、その戸口に女性が一人はいたから、街全体では少なくとも二〇〇人ほどの女性が客を誘っていたことになる。

「沖縄の別な顔も見せてあげましょう」

その街にたどりつく前、私は那覇（なは）市内の盛り場の居酒屋で泡盛をしこたま呑（の）み、酔いざましに夜道を歩いていた。タクシーがスピードをゆるめ、窓を開けてドライバーが身を乗り出して声をかけてきた。「タクシーですか?」。沖縄では昼夜問わず、声をかけてくるタクシーによく遭遇する。私はホテルに戻ろうと思い、そのタクシーに乗り込んだ。

行き先のホテル名を告げると、タクシードライバーから「どこに行ってきたんですか?」とバックミラーごしに質問された。ひめゆりの塔に行き、集団自決があった読谷(よみたん)村(そん)のチビチリガマで金城実(きんじょうみのる)が彫った鎮魂の彫刻を見て、コザ(沖縄市)のグラウンド通りにある知名定男(ちなさだお)の民謡クラブ(当時)で沖縄民謡を聴いた、と答えた。初めての沖縄は清新な感動に溢(あふ)れていた。しかし今から考えるとそれは、私の中に根づいていた「平和と反戦の島、沖縄」というイメージを自分で再確認する旅でもあった。そのころ私は、高校生時代に始めた管理教育批判などの社会運動の延長線上で、駆け出しの「社会派ライター」として週刊誌などで仕事をするようになっていた。私はタクシードライバーの質問に対して、知ったかぶりの、優等生的な物言いをしたと思う。

「じゃあ、沖縄の別な顔も見せてあげましょうか」

タクシードライバーはバックミラーごしに私の顔を見ながら少し挑発的な調子でそう言った。私はその提案に乗り、宿泊先のホテルに向かう予定を変えることにした。おそらくは距離を稼ぐためにちがいないのだろうが、「沖縄の別な顔」という言葉には魅力があった。降ろされたのが宜野湾(ぎのわん)市の「真栄原新町(まえはらしんまち)」というその街だったのである。

県道三四号の真栄原交差点から大謝名(おおじゃな)方面に向かう途中の角を左に折れ、街路灯や家々の玄関灯ぐらいしか明かりがないひっそりとした住宅地をタクシーで二〇〇～三〇〇メートル進むと、妖しい光を放つ空間が忽然とあらわれた。タクシーを降りた私は思わず息をのんだ。魔界の入り口に立ったような気がして、歩を止めて立ちつくす。夜一〇時をまわっていた。季節は夏の盛りをすぎてはいたが、そこにいるだけで汗をかき、ときおり吹くぬるい風が頬をなでた。

　私が降ろされた場所は、「ちょんの間」と呼ばれる性風俗店が密集した街だった。タクシードライバーは「真栄原新町」という街の名前と、買春の料金と時間などについて説明をしてくれ、「ゆっくりしてくればいいさ」と言って笑った。女性たちが体を売る値段は一五分で五〇〇〇円。「本番行為」まで含んだ値段だという。夜だけでなく、ほぼ二四時間営業の不夜城の街だとも教えられた。私は魅入られたように一人で街の中を歩いた。

　県道沿いには「真栄原社交街」と文字看板がつけられた二階建て住宅ほどの高さのゲートがある。これがこの街への誘いであり、表通りからの唯一の目印になっていた。「ちょんの間」という言い方は江戸時代に遡るといわれ、遊廓で懐のさびしい客のために時間を区切って遊ばせることをそう呼び馴らわしたことからきているらしい。

　街中の駐車場にはタクシーが十数台停まっていて客待ちをしていたが、乗りたくない。酔いは残っていたが、そのまま妙に冴えた意識の中にいつづけたかった。私は街の中を三〇分ほどあてもなく歩き、いま来た住宅街の暗い道を戻り、県道へと出てからタクシーをひろった。

揺らぐ、沖縄の「一面的」イメージ

こうした猥雑な空気をはらんだ街に引き込まれたのは、私が地方都市の場末の歓楽街で生まれ育ったせいもあっただろう。そしてもう一つ、それまで自分の中で醸成してきた沖縄のイメージが揺らぎ始めたことによる、静かで深い衝撃も大きかったと思う。

私が一〇代の終わりの頃、いまは政治家となったあるジャーナリストの先達の事務所が若衆処のようになっていて、私はそこに頻繁に出入りしていた。そこにふらりと現れた沖縄のミュージシャンの喜納昌吉が、目の前で「花」を三線一本で歌ってくれたことがある。喜納は「すべての武器を楽器に」と熱く理想を語りかけ、私は震えるような感動を覚えた。

三〇歳をすぎた頃には、児童文学作家の故・灰谷健次郎が渡嘉敷島に建てた自宅に泊めてもらった。彼は沖縄の人々や自然から、どれほど生きる希望を受け取ったかを夜が深くなるまで話してくれた。私の中には反戦と平和を希求する沖縄というイメージが自然と形づくられていった。もちろんこれは沖縄の真実のある側面だと思う。しかし私は、物事にはすべて表と裏があるという自明の理を忘れ、沖縄の一側面にだけ共感していた。思い入れていたと言ってもいい。沖縄を旅して、真栄原新町に入ったとき、そうした一面的な沖縄イメージを抱(いだ)いていた自分を振り返らざるを得なかったのである。

私を真栄原新町へと連れていったタクシードライバーとは、その数ヵ月後に偶然再会した。ある夜、那覇市内の飲み屋を出て、停車していたタクシーに乗り込むと、ドライバーが振り返り、顔を見合わせてしまった。タクシー社会の沖縄で同じドライバーと再会することは珍しいが、彼は特定の盛り場をテリトリーにしていたので、可能性はあったのだ。彼はのちに私の取材過程で重要な案内役になってくれる。その名前は「タクシードライバー大城(おおしろ)」と呼ぶことにしよう。もちろん仮名だ。当時、彼は四〇をすぎたばかりの男盛りの年齢だった。

再会して以来、私たちは親しくなり、彼が休みの日などに一緒に酒を呑む仲になった。彼はよく、知り合いの精肉店から仕入れた山羊(やぎ)の生肉の塊をビニール袋に入れて持ってきて、馴染(なじ)みの居酒屋の店主に渡し、刺身で出すように頼んだ。

初めての沖縄への旅で真栄原新町に迷い込んで以降、タクシードライバー大城と知り合った縁で、私は沖縄を訪れるたびに「特飲街」と呼ばれるかつての売春街を歩き回り、街で生きてきた人々と言葉を交わすようになっていった。真栄原新町だけでなく、大城は県内各地の同じような街、あるいは現在は廃れてしまったかつての売春街に連れていってくれた。彼は自分が覚えている本土復帰前の沖縄の様子や、売春街の戦後史の断片を語り続け、私は次第にこの街について書いてみたいと強く思うようになっていった。

「特飲街」とは、「特殊飲食店街」の略称だ。沖縄では「特飲街」のほうが一般的な呼び方で、売春防止法（本土では一九五七年から施行されたが、沖縄では一九七〇年に一部施行、本土復帰の七二年に本施行）が制定されるまで、半ば公然と売春を行う店が建ち並ぶ街が県内のあちこちにあった。辞書によれば、「昭和二一年の公娼制度廃止後から昭和三二年に売春防止法が施行されるまでの間、風俗取り締まり対策として指定された売春宿の略称」ということになる。「特殊飲食」とは妙な響きだが、もともとは戦後の娯楽雑誌などがそう呼び始めたとされている。特飲街は沖縄だけでなく日本中の都市に無数に点在していた。売春が行われていた地域を「特殊地域」とか、売春を行う女性を「特殊婦人」と蔑視の意味合いをこめて呼ぶことも多かったようだ。

夜の街からの問いかけ

あるときタクシードライバー大城が、バックミラーごしに私の顔を見ながら語った話がある。一九九〇年代はじめのことだという。那覇市内を流していて、二〜三歳の子どもを連れた二〇代後半と思われる女性を乗せたらしい。夜の八時か九時ごろ。内地から来た女性だと一目でわかった。財布や子ども服などが無造作に放り込まれたトートバッグを携えていた。

「女性が僕のクルマに乗り込むなり、『夜間保育所を知りませんか？』と訊いてくるわけさ。二四時間の保育所を知っていたから、そこに連れていった。そしたら、ちょっと待っててほしいと言う。子どもを預けてから一人でまた乗り込んできて、『どこか働けるとこを知りませんか？』と訊いてきた。『スナックですか？』と訊き返すと、『風俗で働きたいんです』という。理由を尋ねると、旦那が暴力をふるうから、秋田だったか新潟だったか、そっちのほうから子どもを連れて逃げてきたって言うわけ」

彼が即座に、スナックですか？　と訊き返したのは、「内地」から沖縄にさまざまな事情を抱えて逃げるようにやって来る女性を何人も見てきたからだ。幼い子どもを連れていることが多かったという。

「そういう事情を抱えた女性がなぜ沖縄を目指してくるんでしょうかね？」。そう私は訊き返した。

「それはわからんけどね。とにかく僕は少しでも助けてあげたいと思って、知り合いのソープに案内したんだ。彼女はそこのオーナーと一時間ぐらい話し合ったんだけど、またクルマに乗り込んできて、『他にもありますか？』と言う。『真栄原社交街というところがありますよ』と教えたら、そこに連れていってほしいと。それで、案内して、街の中を二周ぐらいしたかな。『ここもソープと同じことをするんですか？』と訊いてくる。一五分五〇〇〇円で、その六割か七割があなたの取り分だよと教えてあげると、『何回ぐらいやるんですか？』と。あなたのがんばり次第だよ、と僕は答えたわけさ。けっきょく、真栄原新町の知り合いの店に連れていったら話がまとまったみたいなんだけど、またクルマに乗り込んできて、今度は『どこかにホテルありませんか？』と訊くから、ホテルを取ってないのかなと思ったら、『私の練習台になってくれませんか?』と言い出した。びっくりしたよ。僕はそういうのはダメだからと断ったんだけどね」

そう言って彼は大笑いした。けっきょくその女性と子どもを那覇市内の安ホテル前で降ろし、それから数週間にわたってホテルと保育所と真栄原新町の間を送迎することになったという。やがて女性はアパートを借りたらしく連絡をよこさなくなったが、二〜三年間は真栄原新町で働いていたと人づてに聞いたそうだ。

「真栄原新町は内地から来るそういう女性の受け皿になっていた。風俗の募集を見て来る女性もいたけれど、なんというか女性にとっての最終地点みたいになっていたなあ」

子連れのその女性は、その後、沖縄でどん底のような生活を送ったかも知れない。

タクシードライバー大城から彼女の話を聞いたとき、私は、初めて真栄原新町に足を踏み入れたときに感じた街のささくれ立った空気と、地下から放たれる妖しい眩さを思い出した。あの独特の雰囲気も、やはり人々の営みが醸し出すものであるはずだ。夜の街とそこで生きる人の光景が、ずっと私に何かを問いかけてやまない。あの時の体験の意味を何度も反芻するかのように、私は沖縄のアンダーグラウンドと呼ぶしかない世界に吸い寄せられていったのである。

新旧 真栄原新町

1980年ごろ（平敷兼七 撮影）

2003年（中川大祐 撮影）

2010年 著者撮影

第1章

消し去られた街、生の痕跡

街の底で誰が、どんな生を営んできたのか?

真栄原新町に足を踏み入れた日から二〇年以上が経った。私は沖縄に行くと、さまざまな用事の合間を見てタクシードライバー大城に連絡をしては性風俗業界の住人たちから話を聞くことを重ねていた。真栄原新町には定点観測的に足を踏み入れてきた。午前中に覗くこともあれば、にぎわう深夜帯に行ってみることもある。

真栄原新町は、碁盤の目というわけではないが、比較的整然と店舗が建ち並んでいる。街というよりも街の中のワンブロックと言ったほうがいいかもしれない。この数百メートル四方の中を、男たちは回遊することになる。道路は狭いがクルマも入ることができる。クルマは、女性を物色する男たちを押し分けつつゆっくりと走る。タクシーの客やレンタカーに乗っているのは、ほとんど買春客だ。タクシードライバー大城によれば、時に、乗せた女性客から真栄原新町を見たいという要望があるそうだが、そういう場合は窓を閉めたタクシーの中からにしてもらっているという。売春している女性たちが同性から見られることを極端に嫌うからだ。

あるとき店舗名を片っ端からメモしたことがある。「城」「Big」「ゴールド」「カフェーもり」「You遊」「ブルガリ」「フロンティア」「えっくす」「Honey Rose」「キャッツ」「ヴェール」「ZERO ONE」「ささやき」「KAZUMI」「鈴」「プリンセス姫」「美恋」「プラチナ」「葉ボタン」「フランタジア」「ぴぃち」「ホワイトラブ」「Yellow」「カフェニューだるま」「Mu」「ポイズン」「トマト」「オブシディアン」「スティッチ」「pico」……屋号や字体からして「昭和」を感じさせる古びたネオン看板から、派手な色彩で店名がペイントされた今どきの風俗店然とした看板までさまざまだ。街の年輪を改めて感じてしまう。

店舗はおしなべて安普請である。プレハブ小屋にネオンサインをつけただけのような店、二〜三階建てのビルのような建物、沖縄でよく見かけるコンクリートづくりの平屋、沖縄独自の赤瓦屋根の民家の正面に張りぼてのようなファサードを取り付けて「店舗」らしく仕立てた店。どの建物にも目張りを施したアルミサッシの引き戸が二〜三ヵ所設けられていて、それが入り口になっている。そこに女性たちがいるわけだが、奥の方を覗き込むと、取ってつけたようなバーカウンターがしつらえてあり、ウイスキーの瓶が数本置いてある店もあった。ここが風俗営業法上の届け出では「飲食店」であることを、かたちだけとりつくろうためだろう。

まぎれもない売春の現場に置かれた、舞台装置のようなバーカウンター。この光景は、写真家の八木澤高明（やぎさわたかあき）の『娼婦たちから見た日本』（角川書店、二〇一四年）によると、開港期の横浜で起きたある事件に端を発している。一八七二（明治五）年にペルー船「マリア＝ルス号」が横浜港に入港した際、清国人の苦力（重労働に従事させられた下層労働者）が閉じ込められていることが発覚し、明治政府が事実究明に乗り出して苦力全員を救出し、清国へ引き渡したという事件である。このときにペルー側弁護人のイギリス人から「日本にも奴隷が存在する」と遊女の存在を逆に指摘され、これがきっかけとなって明治政府は芸娼妓解放令を出した。仕事を失った楼主や遊女のために政府は遊廓を貸座敷とする規則を施行する。つまり遊女と客は自由恋愛によって遊廓を使用するという建て前を認めたのである。「自由恋愛」として売春を黙認するようになるのはそれからだ。「ちょんの間」も、飲食店としての体裁を整えることを指示されたため、いまのようなスタイルとなったようだ。

　序章で説明したことにさらに付け加えると、「ちょんの間」とは「ちょっとの間に性行為をする」という言い方が短くなったものらしく、かつての赤線や青線で営業していた性風俗の店がそのまま残ったものだ。沖縄だけでなく、これまで日本各地に存在し、現在も「ちょんの間」が営業を続けている地域も数少ないが存在する。各地の「ちょんの間」は、値段やサービス内容が異なる。外観も、「飾り窓」のようなところもあれば、時代劇映画に出てくる遊廓のような建物が残っているところもある。「商人宿」と呼ばれる木造の安宿風の建物が建ち並ぶところもあれば、鉄道の高架下にずらりと軒をならべる一帯もあった。

　そういった売春店は、スナックやカフェという看板を掲げて、偽装して生き長らえてきた。また、「ちょんの間」が時代に取り残されたように軒を連ねる地域には、そこに共生するように、性的サービスの伴わないスナックや居酒屋、喫茶店、アパート賃貸業、金融屋などが営業してきた。

まがまがしい光を放つ真栄原新町では、どんな人々が、どんな生を営んできたのだろうか。街の底にくぐもった人々の声や語りを記録したい。私は次第にそういう思いに駆られるようになった。私の沖縄イメージを揺るがせた、沖縄のアンダーグラウンド。しかしその上辺だけを見て知った気分になっていても、それはそれでやはり一面的な話でしかない。売春街にはセックスワーカーはもちろん、性風俗店の経営者もいるし、ヤクザもいるだろう。そういった人々の姿を取材して、その存在を描くことはできないだろうか。

しかし、取材対象者を匿名で書いたとしても、狭い社会の中では特定されかねないため、それまで気さくに話をしてくれた人たちも、いざ「取材されて書かれる」という段になると、嫌がった。それもあって、執筆意欲の半面、私には躊躇(ちゅうちょ)する気持ちもあった。

そんな私の背中を強く押す事態が進行していることを知ったのは、二〇一〇年の暮れのことだ。皮肉な話かもしれないが、街を「消し去ろう」として勢いづく潮流が、街の人々の意識を変えることになったのである。

あの街がゴーストタウンになった

二〇一〇年の暮れ、たまたま那覇に滞在していた私に、タクシードライバー大城から電話があった。真栄原新町の大半が店を閉め、ゴーストタウンのようになっているというのである。

当時、真栄原新町にはたまたま一年以上足を運ぶ機会がなかったこともあり、私は状況の推移を把握していなかった。たまに見ていた地元新聞の記事で、取り締まりが強化されつつあるということは知っていたが、それほど急な展開をみるとは想像できなかった。

私はいても立ってもいられなくなり、すぐに彼に合流して真栄原新町へとタクシーを飛ばしてもらった。彼はハンドルを握りながら、警察の取り締まりがこのところ厳しくなっていたこと、同時に住民らによる「浄化運動」が繰り広げられていたことを教えてくれた。それにしても、たしかに非合法な商売を行っている街だけれど、害虫駆除ではないのだから、人間相手に「浄化」という言い方をしてはばからない発想とはなんなのだろう。私は不快感のようなものを覚えながら大城がまくしたてる話に聞き入っていた。

着いたのは夜七時をまわった頃だ。あの猥雑な眩(まぶ)しさは幻だったのかと錯覚してしまう。店の灯は消え、街灯だけが街をぼんやりと照らしていた。薄暗くなった街中を、私は人の気配を求めて彷徨った。数店は営業しているように見えたが、女性の姿は店先にない。ガラスのドア越しにかすかな灯りがついていたが、扉はかたく閉ざされていた。店の女性たちが餌づけしてきた何十匹という猫たちが道を横切り、屋根の上から私を見ていた。街が消えたことを知らない観光客らしき数人の集団と時折すれちがう。彼らはどこも営業していないことを悟ると、あっと言う間にレンタカーに乗って去って行った。「真栄原社交街」という、県道三四号沿いに立つ唯一の目印だったゲートが撤去されて間もない頃だった。私が初めての沖縄旅行のときに見た、あの妖しい光景は建物だけを残して完全に消え去り、人々の気配すらなくなっていた。タクシードライバー大城によると、深夜になってから数軒の店がひっそりと営業をしているらしい。

なぜこの街は消えてしまったのか。そして、そもそもこの街はどうやって生まれたのか。どんな「仕組み」でこの街は呼吸をしてきたのだろうか。この地における何十年にわたる生の痕跡を拾い集めてみよう。この街や街の周辺で生きてきた人たちに会って話を聞いてみよう。それだけでなく、この街を「浄化」した側の人たちにも会って意見を聞いてみる。このような街は沖縄に真栄原新町だけではない。他の街についても調べよう。その日から私は何かに強く後押しされたように、沖縄に行くたびにゴーストタウンと化した真栄原新町に通いつめ、この街で生きてきた人々をさがし始めた。

『沖縄タイムス』二〇一〇年七月二日付の「ニュース近景遠景」欄は、「売春根絶　なお課題／真栄原社交街　看板を撤去／無店舗型への転換　警戒」と題した記事を掲載し、真栄原新町のゲートが撤去されたことを伝えている。

《宜野湾市は1日、同市真栄原の通称「新町」入り口の市道に設置されていた「真栄原社交街」の看板を撤去した。

看板は県道34号に面しており、老朽化で一部が落下したことなどから、市は経営者らで組織する「真栄原社交業組合」に撤去を求めてきた。市によると組合側は5月、自主撤去は困難として市に撤去を要望していたという》

《県警と宜野湾市などが取り組んでいる同市真栄原の通称「新町」の浄化作戦はシンボルだった看板が撤去され、「浄化に向けた大きな一歩」（市幹部）を踏み出した。一方、女性従業員がほかの風俗街に移ったり、形を変えて売買春が継続される懸念は消えず、根絶に向けて課題も残る》

この記事には当時宜野湾市長だった伊波洋一（いはよういち）の「あってはならない違法な風俗街。このまま取り組みを継続して浄化につなげたい」というコメントも出ている。また、《近くに住む無職の男性（73）は「看板がなくなれば観光客にも知られなくなる。早く浄化してほしい」と歓迎。近くで食堂を経営する女性（77）は「浄化作戦以降、客足も遠くなる一方で、家賃も払えない」と話した》と、近隣地域住民の声も取り上げている。真栄原新町はいかに近隣住民にとって公序良俗に反する迷惑な存在であるかが強調されている。

そして、記事は「浄化作戦」がどれほど功を奏したか、そしてこの街がどういう歴史を経てきたかにも触れている。少し長くなるが引用する。

《県警と同市、地元の女性団体などが約1年間、パトロールを実施した結果、約100店舗あったとされる風俗店は5店舗以下にまで減少しているという。新町では「貸」と書かれたポスターが張られた店舗が増えた。4月下旬には県道34号に面した「新町入り口」のバス停名が「第二真栄原」に改められた。

さらに、新町の「顔」だった看板も撤去されたことで、県警幹部は「ほぼ壊滅状態」とするが「多くの空き店舗は休眠状態なだけ。いつ店が復活するか分からない」とし、今後も手を緩める気はない。

同市史などによると、米軍普天間（ふてんま）飛行場に隣接する真栄原地区では戦後、米兵相手の売買春が横行したため、1950年ごろ、当時は集落から離れていた現在の場所に、新町が整備されたという。

そのうち、県外にも知られ、観光客が集まる風俗街へ。経営者を検挙しても、新しい経営者が現れ「いたちごっこ」が続いてきた。

新町の歴史に終止符を打とうとする県警と同市。ただ、捜査関係者は風俗店が沖縄市美里(みさと)の通称「吉原(よしわら)」に移転したり、無店舗型風俗業にくら替えする可能性を指摘。新たな「いたちごっこ」を警戒する》

売春街が存続してきた「法の抜け穴」については以下のように説明している。

《県警は、摘発した風俗店の女性従業員に県女性相談所を紹介するなどしているが、無理やり売春を強いられていたなど、保護を求められた場合に限られる。また男性客は、未成年の女性を相手にしない限りは罪に問われない。売春防止法第3条は「何人も売春をし、またはその相手方となってはならない」とするが、罰則のない努力義務にすぎず、現状では骨抜きだ。

風俗業から抜け出すための女性への支援や、青少年に教育現場で売買春について考える場を設けるなど、根っこを絶つには包括的な取り組みも必要だ》

何回も「浄化」という言葉が登場し、全体的には「浄化作戦」に同調するスタンスである。人間が暮らす街に対して「浄化」という言葉が新聞紙上でも用いられ、それが社会的に反発を招くこともなく通用しているということは、人々がこの出来事に大した関心を払っていないということなのか。いや、それ以上に、この街は沖縄の人々にとって唾棄すべき対象なのだろうか。

2010年ごろの真栄原新町

すべて著者撮影

米軍基地と「共生」してきた色街

翌二〇一一年三月になると、真栄原新町で営業している売春店は一軒もなくなった。深夜帯にこっそりと開ける店もない。昼間、数軒のスナックが気まぐれに営業しているだけだ。いずれも元売春店舗である。

そのうちの一軒を覗いてみると、照明もつけない店内で六〇代と思われる女性が足を椅子に投げ出してテレビを観ていた。私が店内に顔を入れてもテレビに気を取られていて気づかない。声をかけると、ようやく女性は私を見て、一瞬驚いた表情をし、「女の子はいないよ」と私を追い払うしぐさをした。たぶん元経営者なのだろう。とりつく島もないので、すごすごと引き上げるしかない。

別の日の日中、ゴーストタウン化した真栄原新町の中で、道の掃き掃除をしている腰の曲がった老婆と目が合った。話を訊こうとして「すみませんが」と声をかけて近寄ると、老婆は急ぎ足で一軒の元店舗に向かい、アルミサッシの引き戸をさっと開けて逃げ込んでしまった。

それでも外から何度か声をかけると、アルミサッシが音もなく開いて、老婆がぬっと顔を出して私を見上げた。私は慌てて簡単な自己紹介をし、取材の意図を伝えた。黙って私の目を見ている老婆に、「ここはもともとどんな土地だったんですか？」と尋ねてみる。すると間を置いて老婆が口を開いた。

「ここらは畑はやってなくて、ススキ野の荒れ地だった。トタンぶきの小屋が一五軒あるくらいでした。私はここの土地を貸して那覇のほうで食堂をやってたけど、家賃が入らなくなったからここに戻ってきて住んでるんです。今は食べていくのも困っていますよ」

——この街の歴史を知りたいと思っているのですが。

「昔のことははっきり憶(おぼ)えていませんけど、街ができたのは終戦後の昭和二五～二六年のことだと思います。普天間基地がつくられたあと、大謝名の部落の人が家を借りて、そこにアメリカの兵隊さんを連れ込みしてたもんだから、風紀上良くないといって地元の有志たちがここに集めたんですよ」

意外にも老婆は私のぶしつけな質問に対し、丁寧に答えてくれた。この元「店舗」はドアが五ヵ所あるから、五つ分の部屋があるはずだ。常時四～五人の女性が待機していたと思われ、街のなかでは大きめの店ということになるだろう。

老婆は玄関脇の簡易な炊事場で煮物をしている合間に、掃き掃除をしに外へ出てきたのだった。匂いにつられたのか、アルミサッシのドアの隙間から猫たちが家のなかに入ろうとしている。老婆があわてて「マヤー（猫）は入ってはだめ」と追い払うしぐさをすると、猫たちが戸外へ飛び出していった。

老婆はその店舗の土地所有者、つまり大家だった。彼女はここに売春用の建物を建てて人に貸していたか、あるいは土地を業者などに貸し、業者が建物をつくったか、そのどちらかだろう。彼女はかつて売春女性たちが客を取るのに使っていた二畳ほどの部屋で寝起きしていた。街が消えた今は家賃が入らず無収入となったから、この土地に戻ってきたと言う。年齢を尋ねると八六歳だと答えた。食べていくのもたいへんだと、再び愚痴をこぼしながら、アルミサッシをすっと閉めた。その後、私は何回かその老婆を訪ねたが、建物に人の気配はなかった。

『沖縄タイムス』の一九五六年一〇月六日付夕刊に、老婆の話と符合する記事が出ている。

《当時、普天間へ通ずる真栄原部落の十字路一帯は外人相手の夜の女がたむろして間借家も多くまたいかがわしい飲屋もふえる一方で毎日騒然としていた。部落内がこんな状態では子供の教育上、風紀・衛生面からも憂慮されると部落民や業者が自粛し、特殊地域を設けることを考え出した。そして当時の公安委員に敷地の選定を依頼、本部落から一〇〇メートルほど離れた戦前の〝屋取小〟に定めて移り住んだのがこの新町である》

そもそも「真栄原新町」という地名は存在しない。「真栄原」という地名はあるが「新町」という名称は地図にはないのである。沖縄各地で「新町」と呼ばれるのは、米軍基地に付随するように形成され、基地と「共生」してきた繁華街や色街のことだ。つまり「新町」とは通称である。

真栄原新町から、名護市辺野古沿岸への「移設」問題で揺れる普天間飛行場は目と鼻の先だ。時間帯にかかわらず低空飛行する米軍機が、新町ではひっきりなしに頭上を横切る。この数年、オスプレイ独特のバタバタという耳障りなプロペラ音が低い空から降り注いでくる。

沖縄の戦後の困窮と、米兵の性犯罪

真栄原に隣接する嘉数地区には、普天間飛行場が一望できる嘉数高台がある。オスプレイの離着陸を見ることができるということで、すっかり有名になった。そこから、基地の手前のほうに視線を落とすと、真栄原新町を俯瞰できる。

第二次大戦末期、米軍から沖縄を死守するために、日本軍の第三二軍が沖縄防衛隊として駐屯したその主陣地であり、強固な地下陣地が構築されていた場所である。住民は陣地建設のために動員され、男性は兵力不足を補うために防衛隊に召集された。一九四五年四月九日から始まった戦闘で、嘉数高地では日米両軍主力が激突、米軍が「いまいましい丘」と記録するほどの激戦地となった。日本兵は急造爆雷を抱えて戦車に体当たりしたり、戦車の下にもぐって自爆するという無残な肉弾戦法をとるなど、血みどろの攻防が展開される地獄のような戦場となった。日本軍が撤退すると米軍はすぐに普天間飛行場の建設に着手する。

焼け野原にならずにすんだ野嵩(のだけ)集落には、戦前からあった民家や道路をそのまま使って、一九四五年四月に米軍によって収容所がつくられ、捕虜となった宜野湾村民らが収容された。収容所はこれ以外にも県内各地に設置され、住民は米軍の作戦の都合によって収容所間の移動を強いられた。各地の収容所から段階的に、もともと住んでいた土地へ帰村許可が出され、真栄原地域に居住許可が出たのは一九四七年二月一一日、日本の無条件降伏から二年も後だった。

戦後の沖縄において住民がさらされたのは、人間が生きていく上での最低限の衣食住の困窮だけではない。占領軍である米兵による住民に対する凶悪犯罪が沖縄各地で頻発し、まるで狩りを楽しむかのような女性への性暴力事件も絶えなかったのである。『宜野湾—戦後のはじまり』(沖縄県宜野湾市教育委員会文化課、二〇〇九年)にはこんな女性の証言がおさめられている。

《戦後どさくさの時代、米兵による婦女暴行がなにより怖かった。私たちは芋掘りに行くときは集団で出かけ、米兵が現れると、一目散に逃げたものだった。逃げ遅れた女性は彼らに手ごめにされた。私の知っている女性もつかまえられて、米兵に強姦（ごうかん）された。

普天間の近くで私たちが集団でカゴを担いでいたときも、米兵が集団でやってきて1人ひとりの顔を覗き、若い娘をつかまえて無理やりひっぱっていった。私たちは自分の身は自分で守らねばならない、とみな散りぢりに逃げた。私たちは1人では逃げないようにしようと申し合わせていたが、やはり目の前で誰かが米兵につかまえられるのを見ると怖くなってしまい、結局我が身かわいさで、慌てて逃げたのである。

またあるときは、米兵につかまえられた若い女性が、「私にはパパもベビーもいる」と、泣いて許しを懇願したそうだ。結果、米兵たちはその女性に悪戯（いたずら）をしないで帰したということだが、こういう話はほんとに稀（まれ）であった。この当時の米兵はやりたい放題だった》

戦後の沖縄の女性がいかに日常的に米軍兵士による暴行にさらされていたかが、実感をもって伝わってくる。同書には当時、沖縄国際大学教授であった吉浜忍もこう書いている。

《米兵が民家に侵入することも度々あった。こうした米兵などによる治安の乱れに対して、住民は自らで治安を維持する自警団を組織した》

米兵の振る舞いは常軌を逸し、まさに犯罪行為が繰り返されていたのだ。

さきの一九五六年の『沖縄タイムス』に載った、真栄原新町の成り立ちについての記事からは、野放図な売春が風紀や衛生や教育上好ましくないという理由から、「売買春行為」を特定の地域に囲い込むように「隔離」した経緯を読み取ることができる。だが、この短い記事の背景には、さらに重い歴史が横たわっている。凄絶な地上戦を経験して九万四〇〇〇人といわれる住民犠牲者を出した沖縄の戦後の困窮が売春の原因になったこと、また『宜野湾―戦後のはじまり』の証言に見られるように、頻発する米兵の性犯罪に対して「売春地域」を人為的につくることによって阻止しようとした当時の「民意」などが、そこには複雑に絡み合っていたのである。

本土復帰を目前にした一九六九年になっても、琉球（りゅうきゅう）警察局の調査によれば当時の売春女性の人数は約七四〇〇人とされる。が、実際には一万人以上いたと推測され、当時の沖縄の一五歳以上の女子人口は約三四万人だったから、女子人口に対する売春女性の比率は二・九パーセント。一〇〇人中二～三人が売春をしていたことになる。

琉球警察局の調査報告書には、「売春婦と思われるものの実態調査」というデータが載っていて、「風俗営業」「飲食店」「旅館」「その他」と、業種別に「営業所数」や「従業員数」が書き記され、そして「売春婦と思われるもの」の数を割り出している。

・風俗営業　営業所数二六七二、従業員数一〇三〇七、売春婦と思われるもの五四五三
・飲食店　営業所数一六九二、従業員数三五〇一、売春婦と思われるもの九〇九
・旅館　営業所数七五〇、従業員数一七六二、売春婦と思われるもの八〇六

「その他」では営業所数と従業員数はゼロとカウントされているが、売春婦と思われるものは一九四となっている。この示すところは「街娼」や「立ちんぼ」と言われる、どの店舗にも属さない非管理型の「私娼」の存在であろう。合計は七三六二人となり、警察の調査上でも、従業員総数の半分ちかくが売春をしていたことになる。実態は、「従業員数」に占める売春女性の「割合」もさらに高かっただろう。

歴史学者の宮城栄昌（みやぎえいしょう）の著書『沖縄女性史』（沖縄タイムス社、一九六七年）には次のような一節がある。

《国破れて山河まで失ない、またそれによって父や夫を亡くした婦人たちのなかには、生きる手段としてやむなく売春婦に落ちていくものがあった。そこには売春婦を必要とする多数のアメリカ兵がいた。

遊廓は今次の戦争で廃止された。しかし戦後まもなく料亭の建築に乗り出し、亭の一角に個室を設けて売春的行為をさせたのは、主としてかつての尾類（ジュリ）アンマー（抱楼主）たちであった。那覇の辻町・桜坂、コザ市のセンター、美里村吉原、金武村（きんむら）など

には特飲街もでき、ペンキで原色に塗りたてたプレハブが、売春婦の集合地帯となった。外人のオンリーも多くなった。ただ戦後の相当期間、売春婦と思われるものの実態調査がおこなえず、売春婦の数も一万人とか二万、三万人ともいわれた》

引用文中の「尾類」とは、那覇の遊廓地帯であった辻(チージ)で遊女として働いていた者をいう。アンマーとは遊女のとりまとめ役のような存在で、遊女の日常から人生全体にまで関わって面倒を見ていたという。ここでは、売春女性の数は一万人から三万人という幅で伝えられている。宮城の著書は沖縄女性史の古典とも言える一冊である。女性の聖性や神性を過度に強調するなど、今日の視点からは時代を感じさせる面もあるが、引用文からは、歴史叙述の中に、戦後の沖縄女性がたどった運命に心を寄せる気配が伝わってくる。

時代を大きくさかのぼるが、琉球王朝時代の大政治家で哲学者でもあった蔡温(さいおん)(一六八二〜一七六二)は、「遊廓は道徳を乱すので、国にとってはひどく不都合な存在と思われがちだ。しかし、那覇には各地から船が集まるため、遊廓を設置しなければ、どのような問題が生じるかわからない。そう考えると、昔から那覇に遊廓が設置されているのは、要するに治安のためなのだ。このような事情をよく理解するべきである」と書き残している。まさにこの観点からつくられたのが辻遊廓の原型である。そして、ここで語られる「遊廓と治安の関係」は、第二次大戦後の沖縄の売春街が、アメリカの政治権力や当時の社会情勢との関わりのなかで形成されたことにも繋がっているようにも思われる。

那覇市の辻という特殊な歴史性を持つ街については後述しよう。

「特殊婦人」の実態調査

一九五四年に琉球政府労働局が発行した『琉球労働』第六号に、県内各地の特飲街の「特殊婦人の生活実態調査について」が掲載されている。労働局婦人少年課が二週間にわたって、県内二七ヵ所の特飲街における売春女性と業者の数を調査、売春を始めたきっかけなどを記録しているのである。最初が業者数、後の数字が売春女性の数で、この冊子では「特殊婦人数」と表記されている。

《真栄原新町四〇／一〇〇、美里新吉原三〇／一〇〇、八重島一一〇／四〇〇、平良川八〇／二五〇、胡差十字路一帯一五〇／五五〇、安慶名二〇／四五、与那城村西原三〇／五〇、平敷二〇／四五、石川四〇／一五〇、知花十字路二〇／四〇、嘉手納四〇／二〇〇、謝苅二〇／五〇、桃原一五／四〇、島袋・山里二〇／六〇、諸見新生通り二〇／六〇、諸見五／二〇、センター（通り）一五〇／四五〇、嘉真良・室川五／二〇、大謝名三五／一〇〇、浦添村泉町二〇／六〇、牧港一〇／三〇、普天間新町五〇／一五〇、読谷三〇／九〇、小禄新辻町六〇／一八〇、与那原馬天（港）

二〇／六〇、高良一〇／三〇、ペリー（区）一五／五〇》

以上のように特飲街は南部から中部にかけての多地域にわたっている。「特殊婦人」は一軒につき一〜三名在籍しており、業者も「特殊婦人」も七割ぐらいが奄美大島出身であり、「特殊婦人」の総数に大きな変化はないが地域を移動する傾向がある、などとしている。また「転落したきっかけ」として、「家が貧困なため生活資金を借りた、借財を支払うため、収入少なく借金が払えない、家族の病気治療費を借りた、職場がない、未亡人で子供を養育するため、家庭的不遇から、虚栄と放縦的な性生活から」と記録されている。その割合を「推定によって構成比を示す」と、「生活環境六〇％、職場なし一〇％、未亡人一〇％、ハーニー崩れ一〇％、虚栄放縦一〇％」となっている。「ハーニー」とは、米軍人の愛人や恋人のことを呼んだものだ。

前借金の額は一万円から数万円の間で、賃金は一定しておらず、収入（稼ぎ高）は業者と折半することになっている。また、「好きこのんで来た者は送金していない」、「離島出身の者は軍作業に従事して得たカネだという名目で送金している」、「前借金のない者は収入の三分の二を仕送りしている」、「送金はしていないが一〇万円以上貯めた者もいる」、「両親が老齢のため住居（瓦葺き）を新築させるために送金している者もいる」、「前借金のある者は郷里から請求があっても送金できないこともある」などと実態の一端が記されている。

また、ここに記録された売春女性たちの悲鳴のような本音もリアリティがある。いわく、「子どもが学校に入学するまでには足を洗いたい」、「負債を払ってくれる人がいたら結婚したい」、「五〜六歳上の年長者と結婚して真人間に戻りたい」、「固定収入のある男なら多少程度は悪くても結婚したい」、「家族のためにはいつまでも犠牲になろう」、「一時は人気があって華やかでも憐れな末路だろう」、「（政府に対して）職場を紹介・斡旋する機関を設置してほしい」……。業者の、「（政府に対して）更生のための施策や、貧困家庭対策をしてほしい」、「大衆金庫の貸し出しも貧困家庭を優先してほしい」といった切実な意見も見られる。

真栄原新町で働いていた地元出身女性に会う

戦後、もっとも早い時期に人工的につくられた売春街「八重島」については改めて詳述するが、真栄原新町は八重島に次いで二番目にできた。ほぼ同時期にホワイト・ビーチ基地を抱える勝連村にも「松島」ができ、金武、普天間、与那原、そして現在、普天間基地「移設」先として揺れる辺野古などにも続々と特飲街がつくられていった。

那覇市内の栄町区域は栄町公設市場に隣接し、いまだにかつての「旅館」が数軒残り、年配の女性も客を誘う。沖映通りにある大型書店の裏手一帯にあった十貫瀬は、当時のモルタルづくりのスナックが数軒残るだけで、だだっぴろい駐車場になっている。朽ちた元スナックと思われる建物も足を運ぶ度に壊されているから、やがて完全に街は往年の姿を消すだろう。十貫瀬という地名すら、よほど年配者でないと知らないほどである。

　真栄原新町を生きた人で、私が最初に取材することができた相手は、私が初めて真栄原新町を歩いたまさにその年から真栄原新町に身を置き、一時は店の経営も行っていたことがあるという四〇代後半の女性だった。私はそれまでにも彼女と何度かたわいのない話をしたことがあったが、取材というかたちで言葉を交わしたことはなかった。ダメもとで取材したい旨を伝えると、意外にも「いいですよ」という返事をもらえた。深夜、那覇市郊外のファミレスで待ち合わせた。現在はある街のデートスナックで「現役」として働いている彼女は、その夜は「今日は客がつかなくて」とこぼしながら、せわしなく煙草（タバコ）をふかし、終始不機嫌そうな様子だった。

　好きなものを食べてくださいと私は促したが、「ドリンクバーで充分ですよ」とそっけない。浅黒い肌、彫りの深い顔。煙草を吸いながら話す彼女は、取材を受けてもいいと思った理由を、「街がつぶされてしまったから」と言った。誰かにこの街のことを書いておいてほしいようなのだ。かつて働いた街が「浄化」されてなくなってしまったことが、この街で生きてきた彼女の「取材を受ける」動機になっていた。

「そろそろ年齢も年齢ですし、やめようかなと思ってます。でも、私は真栄原新町に助けられてここまできました。新町はなくなってほしくないですね。そこで長いあいだ生きてきた人たちの生活をつぶすのはかわいそうだと思うから……。反対運動の女性団体ですか？　いい感じはしませんね。私たちのことを低く見ているというか、女としてだめな人間だと見られている気がして嫌です」

中学生になる男の子がいて、高齢の親も養っている。夫とは離婚してすでに一〇年以上経ったという。息子にはスナックで働いていると言ってある。もちろん、今後も本当のことを伝えるつもりはない。

――いつから真栄原新町で働くようになったのですか？　たしか地元も真栄原ですよね？

「そうです、もともとあそこが地元です。二〇歳をすぎたころからアルバイトをしようと思って働き出したんです。中学に通うとき新町の中を通っていたから、どういうことをする街かは知ってました」

――そうか、地元の子どもたちは知ってるんですね？

「地元の子どもはみんなわかってますよ。でも、触れてはいけない大人の場所という感じでした」

彼女が働き出した理由は借金だ。正確にいうと、男に貢ぐカネを借りたことだった。借金のきっかけはさまざまだが、こういう動機は多い。

「高校を卒業して那覇やコザや離島のスナックで働いて、借金までして男に貢いでしまって……。当時で一〇〇万ぐらいです。沖縄では普通に働いていては返済できないから、新町で働けばポンと返せるよと友達に紹介された。子どものころから、ここでは稼げるという意識があったから。みんな、私のように借金を抱えて入ってきた女の子たちばかりでした。ヤミ金から二〇〇万～三〇〇万、気軽に借りてしまうんですね。で、そのうちに抜けられなくなっちゃったんです。やめたいと思っても金銭感覚が狂ってしまっていて、身体売って稼ぐしかなくなった。これが私の生きる道みたいな感覚になったんです。当時は店の前の椅子には座っていたけど、漫画読んでても、ゲームやってても客は来てくれた。基本は夜九時から朝の五時までで、自分の好きな時間帯に働けたし、昼にやってもオーケーでした」

「一日二十数人こなして、月二〇〇万～三〇〇万稼いだ」

売春の料金は、一五分で五〇〇〇円が基本となっている。交渉によっては三〇分で一万円。ほとんどの客は一五分コースを選んだという。

「実際は七～八分だったけどね。とくに元気のいい若い子の時はタイマーを短くセットしたね。コンドームをさっさとつけて、本番。五〇〇〇円を七対三か、六対四で店の経営者と分け合います。私は七でした。食事はついていて、近所の食堂から出前を取ったり、身の回りの世話をしてくれるおばさんがつくってくれるところもありました。住み込みでやっている子は少なかったです。私がいたころは二〇〇軒ぐらい営業していて、女の子は三〇〇～四〇〇人いたと思う。二〇代から五〇代までいました。店の間取りによるけど、一軒にドアごとに間仕切りがあって平均二～三人の女の子がいましたね」

ところで、なぜ一五分五〇〇〇円なのか。彼女は、「私が働き出した時にはもう決まっていたから」と言うが、根拠ははっきりとはわからない。本土復帰までは一〇ドルが現在の一万円という感覚だったという。売春は「ショート」＝一五分で五ドルが相場だったというから、その料金がそのまま残ったと考えられる。

「私は一日にノルマを立てて、一〇万を稼ぐまでやろうと。取り分が一本（客一人）につき三五〇〇円だから、そのためには二十数本こなさなきゃいけない。フルにやれば月に二〇〇万～三〇〇万稼げたから、一～二ヵ月で借金は返せました。五年ぐらい働いてお金も貯まってきたので、今度は自分が店を借りて、自分でも客を取りながら、女の子を三人雇って経営者にもなったんです。三〇歳ぐらいの時かな。部屋は三つあって家賃は一五万ぐらいでした。女の子との契約は七対三。一日に一〇万も売り上げれば私に三万入るわけですから、家賃は楽に払えましたね。

毎日きちんと仕事をする、自己管理ができて、人気のあるかわいい子は客さえ取ればかなりの収入になってました。月に二〇〇万稼ぐ子はざらにいましたよ」

しかし、やがて彼女は真栄原新町を離れる。それは「顔バレ」しそうになったからだという。

「店の経営を二〜三年やって、いったん真栄原新町を離れたんです。おカネがなくなると、たまに一ヵ月とか行って稼ぐというふうにした。なぜかというと、顔がバレそうになったから。中学を出てから地元を離れてましたから、大人になった私の顔を地元の人は知らなかったんですが、じつは父親の葬儀に出てから、いまの顔を知られてしまって、バレるかもしれないと思ったんです」

しかし、すぐに真栄原新町にUターンするハメになる。理由は、「友達の保証人になってしまって、その友達がドロンしちゃった。不動産関係だったから二〇〇〇万ぐらい借金ができて、それを返すために今の町でまた売春をやるようになりました」というのだが、こうした多額の借金を同じ仕事の者同士でかぶりあい、共倒れしてしまうケースも少なくないという。

終戦直後、売春女性を防波堤にして一般女性や子どもを米兵の性暴力から守り、かつ米兵が落とすドルを稼ごうという狙いから売春街がつくられたという歴史的な経緯を知っているかどうか、彼女に尋ねてみた。

「私が新町で働き出したのは復帰後一〇年以上経ってからなので、昔のことはわかりませんが、昔は米兵とつき合う彼女のことを〝アメリカハニー〟と呼んでいたことは知ってます。私が働き出した頃は客は沖縄の男が中心で、米兵はたまに来るぐらいでした。あるとき、米兵の相手をするとエイズになるという噂(うわさ)が広まって、〝オンリージャパニーズ〟という張り紙をする店が増えました。あと、外人は（ペニスが）大きすぎて入れると痛いし、数がこなせないからオンリージャパニーズにするというケースもあります。とくに黒人米兵は断ってましたが、アメ女（じょ）という黒人好きの女の子がいる店では、こっそり入れて裏口から帰したりしてました。不景気で仕方なく外人を相手にする店もありましたね」

彼女はこの街の歴史にはあまり関心を示さなかった。観光客が真栄原新町に来るようになったのはいつごろからか、訊いてみた。

「一五年ぐらい前、雑誌やインターネットで広がったんです。自衛隊の艦船が来ると、自衛隊の人も多かった。そんなふうに有名になってしまって、だんだんと取り締まりが厳しくなったと聞いています。婦人団体とかがパトロールするようになって、経営者が逮捕されたり、女の子たちも、警察から『逮捕される前に自分から辞めなさい』と言われてびっくりして一人減り、二人減りとなっていった。女の子が一人になってしまったら、その子の売り上げだけでは家賃も払えないから、経営者も辞めざるを得なくなる。経営者も二度目に逮捕されると実刑を打たれるのを知っていますしね。でも、どこかの店の経営者が逮捕されても、また別の経営者が始めたりしてましたし、ほとぼりがさめたらまたやろうという経営者もいました。でも今回の徹底的な『浄化』の前では、あきらめるしかなかったようですね」

——それにしてもノルマをこなすために過酷すぎる「労働」をしてこられたと思うんですが、身体を壊しませんでしたか？

「もう、身体や心が麻痺(まひ)するような感覚なんです。ロボットになった感じで数をこなすしかなかった。じっさいに身体を壊して辞めていく女の子も少なくありませんでした」

二時間ほどインタビューしたが、彼女はずっとせわしなく煙草を吸っていた。飲み物以外、口にすることもなかった。私は彼女をタクシーに乗せ、交通費を手渡して見送った。交通費といっても二〇〇〇円程度で帰ることができる距離であり、それ以上は彼女は受け取らなかった。

関東からやってきたトモコ

二〇一一年の春、閑散とした真栄原新町でドアが開いている店を見つけて入ってみると、女性たち数人が店内でお茶を飲んでいた。午後二時ぐらいだったので、ドアを開け放っておけば充分に明るい。店内には美空ひばりの若いころの唄が流れている。私は名刺を出して取材の趣旨を伝え、その座に混ぜてもらい、ビールを頼んだ。聞けば、店の大家だった女性や、住み込みで売春女性たちの身のまわりの世話をしてきた女性たちだった。

突然の来訪者に元大家の女性は最初は怪訝な表情をしていたが、六〇代後半だという彼女はこの街の初期の様子を覚えていた。

「ここはもともとは『旅館』が一五軒ぐらいあった。格子窓があって中に女性が並んでいて、江戸時代の吉原みたいな感じだね。それがだんだんとスナックになったんだ。でも、私が知っている頃はほとんど米兵は来なかったね。それより成人式や卒業式のあと、沖縄の若い男たちがあふれ返ったし、自衛隊や警察官も多かった。沖縄の会社の社長連中とかも連れ立って来てたよ。内地からの観光客も多かったし、芸能人もたくさん来た。組合長が有名な歌手を案内したこともあったさ」

私はその歌手や有名スポーツ選手の名前を聞いて驚いた。風俗雑誌やインターネットで一気に知名度が全国区になったのは、やはりこの一五年ぐらいのことだったという。

「内地からも女の子が流れてくるようになって、この一〇年ぐらいは半数近くが内地の子だった。借金かかえてきたりするのが多かったけど、たんなる遊ぶカネほしさや、沖縄旅行ついでに好奇心でやってる子も増えていた。一昨年から宜野湾署の生活安全課の刑事が私服で一軒一軒まわってきて、女の子たちに一人ずつ、この仕事を辞めろと言うわけさ」

こう教えてくれたのは、元住み込みで売春女性の生活の面倒をみていた五〇代後半の女性だった。今は生活保護を受けて生活をしているという。

——働いていた女性たちはどこに行ったんですか？

「さあ、わからんさ。でも、ほとんどの子たちが風俗をやっていると思うよ。噂だけは聞くからね。そういえば、取り締まりが厳しくなってきた一昨年に新町を見切るように離れちゃったけど、関東からきたトモコ（仮名）ちゃんはすごかった。歳は三〇すぎてたけどけっこうかわいくて、豊満な身体して、胸をはだけてて、ときどき下着もつけないで立ってたから、まわりの店から苦情が出たぐらいさ」

元住み込み女性がそう言ってけらけらと笑うと、つられるように座がウケた。とはいえ、かつてこの街で働いていた女性たちの横のつながりは希薄で、素性を明かさないのが暗黙のルールだったようだ。私はその噂のトモコと会ってみたいと思ったが、連絡をつける伝手もないという。

それから数ヵ月。私は「浄化」される寸前まで真栄原新町で働いていた女性たちを、毎夜のように那覇市内の特飲街の中をさまよい歩きながらさがしていた。そんなある晩、私の目が一人の女性に釘付けになった。

からだに張りつくようなタイトで丈の短いワンピースを着て、薄暗い「ちょんの間」が何軒か並んでいる道の真ん中で、道行く男性に積極的に声をかけていた。あそこまで積極的に袖を引くタイプはめずらしい。もしかしたらあのトモコかもしれない。風体も聞いた感じに似ている。深夜の二時近くだった。

私が近づくより前に、彼女の方から声をかけてきた。もちろん私を客としてである。彼女に誘われるまま部屋に入り、「トモコさんですか？」と訊くと、一瞬、表情が曇った。「そうだよ。はやく脱がないと終わっちゃうよ」。そうぶっきらぼうに答えた。やはり、そうだった。彼女はワンピースのボタンを臍あたりまではずして乳房を露出していた。私が取材の意図を話すと、煙草を吸い出してパイプベッドに腰かけた。そしておもむろに、関東地方の郊外都市で生まれたこと、大学を卒業したあと沖縄に移住してきたこと、沖縄にマンションを買ったことなどを話してくれた。手っとり早く稼ぐためには性風俗だ、と沖縄に来てからすぐに真栄原新町などで働き、かなりの貯金ができたらしい。話しぶりから沖縄が大好きだということが伝わってきた。なじみになった客は何度も通ってくれるという。

カラーライトに照らされた、湿っぽい毛玉のついた毛布が敷かれたパイプベッドの上に座って話していると、あっという間に一五分が経った。彼女にとっては真栄原新町での生活が、沖縄で過ごした時間の大半だったことはまちがいない。私はその時間についてもっと聞きたいと思った。再訪の意を告げると、彼女は無言だった。

「目の前にパトカーが何台も停まってる！」

それから一ヵ月ほど経った頃に、私はトモコに遭遇した店に再び出向いた。ところがシャッターが降りていて、シャッターには「貸」という赤い紙が貼られている。店は閉店したのである。夜九時すぎだったが、路上に彼女の姿はなかった。周囲で聞き込んでみると、店は警察の摘発を受けたのだという。売春防止法の「場所提供」(第一一条・売春を行う場所の提供等)の容疑でオーナーが逮捕されたらしい。

その後、私はトモコが移ってきたその街で、「旅館」＝「ちょんの間」一軒まるごとを数人で借りた女性たちがいるという情報を地元の高齢者が集まる居酒屋で聞きつけた。真栄原新町の「残党」が数人やって来て、オーナーと交渉してグループで住み込んだという。オーナーも高齢なので廃業を予定していたらしく、格安で借りられたらしい。

私はすぐにその「旅館」に行ってみたが、灯りはついていなかった。二階建ての木造建築で、もはや沖縄にはあまり残っていない、遊廓を模した建物だった。ベニヤ板を重ねた壁はあとになって塗られたものだが、スカイブルーやオレンジなどのペンキの色合いや、沖縄独特の和洋折衷の建物は、南国の空や原色の花の色によく映える。それらの建物は、沖縄の繁華街の雰囲気を象徴的に形づくっていた。大半はもともと「旅館」や「料亭」で、じっさいには売春が行われていた。廃業したあとも取り壊されずに、リノベーションを施して飲食店やB&B(簡易宿泊施設)として使用されていることもある。沖縄でガイドブックに載るような有名な老舗(しにせ)居酒屋のいくつかはその建物をそのまま利用している。

しかし、その「旅館」はまもなく焼失してしまった。「旅館」に隣接する居酒屋が火を出した。居酒屋の二階が住居になっていて、老いて歩けない八九歳の母と、母を助けようとして戻った、居酒屋を経営していた五七歳の息子が、共に亡くなった。そして延焼して隣接していた「旅館」も全焼したのだ。

今は駐車場となったその場所に、出火したのと同じ時間帯に私は何度か立ってみた。延焼を免れた近接する建物ではまだ何軒かの売春店が残ってはいたが、開店休業か閉店状態だ。ごくまれにネオンが灯り、戸口に置いた椅子や玄関に女性が座ることがあった。

トモコが移った街には、真栄原新町のように一気にではないが、真綿で頸をしめるように、「浄化」の波が迫っていた。二〇一二年のことだが、その街の「旅館」の二階に住み込んで働いている、取材過程で知り合った女性から切羽詰まった声で電話があり、「いまさ、目の前にパトカーが何台も停まってるのよっ！」と言う。電話がかかってきたのは午前中だった。

窓をすこしだけあけて表通りをうかがうようにしている彼女の様子がありありと浮かんだ。その店舗のオーナーや住み込みで働いている女性たちが、パトカーに乗せられていったという。後日、警察関係者に確認すると、オーナーは売春防止法の売春斡旋行為（第六条・売春の周旋等）、店舗の大家も「場所提供」で逮捕されたようだ。けっきょく起訴猶予もつき、まもなく彼女たちは街に帰ってきたらしいが、その後、店はシャッターを降ろしたままだ。

複雑な歴史を抱え込んだ沖縄のアンダーグラウンドは、「浄化」に向けて勢いづく潮流のなかで、いまや明らかに風前の灯火(ともしび)になりつつあった。

「大家が逮捕されるようになったら、誰も貸さないだろうし、ちがう商売にしか使わせてくれないと思う。この街も終わりなのかな。私もそろそろやめるときかもしれない」。私に電話をくれた女性はそう告げた。その言葉のとおり、しばらくしてから彼女は沖縄を離れ、音信は途絶えた。

第2章

変貌する夜に生きる者たち

忍者屋敷のような売春部屋

沖縄のアンダーグラウンドに渦巻く無数の声を聴くために、私はさらに深く夜の世界に入っていった。二〇一一年の春、ある風俗店経営者から紹介され、沖縄中部の一大性風俗街だった吉原にある「ちょんの間」を訪ねた。夜九時をすぎたぐらいだったろうか。当時吉原でも、真栄原新町に続いて、「浄化作戦」の一環として警察の連日にわたるパトロールが続けられていた。大半の店は営業をしていない様子だったが、看板の照明を消し、店先の灯りも落として、暗闇のなかで立っている女性も何人か見かけた。

街全体を陰鬱な空気が包んでいる。灯りがないため、雑誌を読んだりするわけにもいかず、彼女たちは周囲に気を配りながら、ただ突っ立っているだけだ。暗闇のなかにかろうじて体型や衣服の柄が浮かび上がっていた。扉を閉ざしてはいたが店内に薄暗い灯りがついている店も一〇軒ほどあり、そこには人の気配がある。私が訪ねたのもそんな店の一軒だ。

店のサッシの引き戸を開けると、赤系のカーテンが引かれていた。カーテンのわずかな隙間から中に声をかけると、「あ、どうぞ」と言う。店の中に入ると、花柄のワンピースを着た四〇歳すぎと思われる厚化粧の女性が携帯電話で話している最中だった。彼女は私のほうを見やると、店内の適当な場所に座るように促して、そのまま携帯電話で話し続けた。何度もせわしなく煙草に火をつけ、一口か二口吸い込むと、すぐに煙草をもみ消す。口調も苛立っていた。何やらクルマのナンバーについてやりとりをしているようだ。

いったん電話が終わり、私が挨拶をしようとするとすぐにまた携帯電話の呼び出し音が鳴る。ひっきりなしにかかってくる電話は、町の各所に立って警察車両のナンバープレートや位置、台数を知らせてくる見張り番からだということがわかってきた。赤色灯を回転させたパトカーは一目瞭然だが、覆面パトカーが巡回してくることもあるから、それを警戒しているようなのだ。彼女が苛立っているのはそのせいだ。彼女は手元に置いたメモ用紙にナンバーをいくつも書きつけた。一般のクルマが通るときには店を開け、警察車両がまわって来るときには扉を閉めて灯りを消す。だから携帯は片時も手放せないのだ。

「わからないのは、沖縄ナンバーのクルマさ。覆面なのか、普通のクルマなのか。覆面パトカーのナンバーはだいたいわかってるんだけど……見張りがもっとちゃんとチェックしてくれないと」

ようやく口を開いてくれたかと思ったら、見張り番への文句だった。二坪ほどの店内にはソファがあり、かたちだけのカウンターが設えられ、そこにウイスキーの瓶が数本だけならべてある。ウイスキーの瓶の間隔は三〇センチ近く開いていて、どうも目くらましのための作為的な風景のような気がした。照明は薄暗く、殺風景な空間だ。彼女はまたかかってきた電話に応対しながら、四〜五席分あるカウンターのすみに座った私にウッチン茶の缶を出してくれた。電話の会話に一区切りがつくと煙草に火をつけた。紹介者から私のことをどう伝えられていたのかわからないが、煙草を吸い終わるといきなり話し出した。

「好きでやってるわけじゃないからね、この仕事は。でも生活するためにやってきた。借金もあったしね」

沖縄の中部出身で、この仕事を始めてから二〇年近く経ったという。店の経営権は買い取ったそうで、地代を家主に払えば売り上げの四割近くは自分のものになるのだが、「浄化作戦」によって雇っていた若い女性がこの数ヵ月でみな辞めてしまったとこぼした。数年前まで自分も店先に立っていたが、その後経営側にまわり、しかしいまは自分一人になってしまったため、また売春をするようになったという。経営権を持っていても今やなんの価値もなく、売ろうにも売れない。今さらこの店で飲み屋をやっても客なんかこない。彼女は舌打ちばかりしていた。

数分もしないうちにまた電話がかかり、彼女の表情は引きつる。私は早く帰るように急(せ)かされているように感じた。「そろそろ帰りますが、その前に店の内部を見せてほしいのですが」。そう私が頼むと、彼女は「いいですよ」とぶっきらぼうに言い、ウイスキーの瓶が置いてある棚に両手をかけた。すると、棚がまるごと右の方向へスライドするではないか。そして、四畳ほどの薄暗い部屋が現れた。まるで忍者屋敷の仕掛けのようだ。ウイスキーの瓶は倒れないように固定してあったのだった。

電球式の照明をつけた。ワット数が低いのだろう、小部屋にあるものがぼんやりと浮かび上がるだけだ。薄い布団が敷いてある。ほかにはカラーボックスだけ。そしてタイマー代わりの時計と、デスクに置くような照明スタンド、ティッシュケース、コンドームの束、セックスのときにつかう潤滑剤。奥には同じような部屋が二つあって廊下でつながっていた。廊下の突き当たりには和式トイレとシャワーが一緒になったスペースがあるが、客に使わせることはほとんどないという。

「もともとこっちの街の商売は反社会的ですから」

カウンターの棚を閉めると電球の照明だけになり、部屋全体がより暗くなった。彼女の白くメイクした顔が妙に目に入る。窓は大きめのサッシで、開けると、隣屋との間が通り抜けられるようになっていて、その先にはブロックを積み上げたような階段がつくられていた。階段の幅は四〇センチあるかないかの狭さだ。

「もし警察が来そうになったら、客はここから外へ出て、店の裏に逃げられるようになってる。お客が表から出にくいとき、ここから出ることもあるよ」

彼女はそう言って外へ身を乗り出して階段のほうを指さした。「ラブホテルの裏出口のようなものですか？」と私が訊き返すと、「うん、そんな感じだね」とうなずく。

私は店を出て、早足に人気（ひとけ）のない通りを歩き出した。すると数十メートルも歩かないうちに、超低速で巡回するパトカーとすれ違い、警察官と目が合った。これでは客も寄りつけまい。

吉原の小高い丘を生あたたかい風が吹き抜ける。タクシーを拾える幹線道路まで歩いて「吉原」という信号あたりまで来ると、四〇代ぐらいの男たちが数人立っていた。彼らは吉原の街中に入っていくクルマを凝視していた。風俗店の業者が覆面パトカーを警戒している姿のように見える。

数日後、吉原で町内会の世話役として二〇年以上働いてきた老人を訪ねた。老人の「仕事場」はドアのすきまから風が吹き込むほど老朽化した木造の平屋だった。無造作につくりつけられた書棚には書類がぎっしりと詰め込まれ、今にも崩れ落ちそうだ。老人はグレーの作業着を着て、事務机に向かっていた。扇風機が室内の空気をかきまわしている。

私が来訪の意図を告げると、「お話しできるようなことはありませんが……」とやんわり拒まれた。それでも粘ると、「この建物ももう取り壊されるんですよ。このあと会合があるもので少しだけなら。名前とかはダメですよ」。そう言って私を事務机の脇に座らせてくれた。

「ここらがもっとも賑(にぎ)わった時期には社交街組合に二〇〇世帯以上が加盟していましたが、いまは数十軒です。もともとこの街は近隣から移住してきた人や、他の島から渡ってきた人たちのための居留地として、急ごしらえでできたんです。私も県内ですが地元の出ではありません」

――「いまは数十軒」とおっしゃいましたが、みなさん廃業してやめていったということですか？

「社交街組合ももう解散しました。商売替えするにしても高齢化が進んでいてハードルが高い。それにもとは地主から借りてスナックをやっていたので、借地権だけを違う人に売ったり、地元以外の人がそれを借りていたりして、権利関係が複雑になっている。いまは多くの人が生活できなくて困っています」

「浄化運動」にはどう対応しているのかと質問すると、しばし老人は黙り、「浄化運動ですか？　静観せざるを得ません。もともとこっちの街の商売は反社会的ですから、この商売を擁護するようなことは、口が裂けても言えませんよ」と答えた。この率直な答えに私はそれ以上、質問を継ぐことができなかった。老人も黙り込み、机の上の書類を片づけ始めた。

吉原「浄化」のための市民総決起大会

「広報おきなわ」の二〇一〇年一一月号の一面に、「通称『吉原地域』歓楽街環境浄化市民総決起大会・違法風俗営業の根絶へ」と題された記事が載った。

《本市美里に在する通称「吉原地域」に急増する違法な風俗営業店を根絶しようと、「通称『吉原地域』歓楽街環境浄化市民総決起大会」（同実行委員会主催）が十月八日、市立越来（ごえく）中学校体育館で開かれた。市や沖縄署のほか、市内二十団体の関係者約二百五十人が参加。歓楽街の風俗環境から派生する犯罪が多発していることから、地域住民の安全・安心と青少年健全育成を図り、市民総ぐるみによる「環境浄化の実現」「安全・安心で住みよい沖縄市」の実現に向け決起大会が行われた》

この「浄化運動」は、運動の主体や構成する団体名などからすると、真栄原新町に対して行われた「浄化運動」と同じ性格を持つことがわかる。

《大会では沖縄署の喜納啓信生活安全課長が「吉原地域」歓楽街の現状を説明。住宅街や公園、病院といった公共施設が点在する中、約二百店舗の飲食店が存在し、うち八割が飲食店の形態を装った違法な風俗営業を行っていると店舗数の増加を指摘した。今年の主な事件事故として、酒を飲んだ客同士のトラブルによる殺人未遂事件や店で働く従業員の子どもに対する児童虐待事件、米兵によるタクシー運転手への暴行事件など凶悪事件も発生し、治安が悪化している。その背景には宜野湾市の「真栄原地域」にある歓楽街の違法風俗店舗がほぼ一掃され、店と客が「吉原地域」に流れていることが店舗や犯罪の増加につながっていると要因を分析した。沖縄署は「犯罪の温床になる」として九月からパトロールを強化、毎日指導や警告を行っている》

大会の実行委員長の東門（とうもん）美津子（みつこ）市長は、「国際文化観光都市を宣言している本市として、違法風俗営業で全国的に周知されるのは大変遺憾なこと。子どもたちの安全を守り、夢を与える環境を未来に残していくため、取り締まりとパトロール隊による運動を徹底強化していく」と明言し、石新政英沖縄警察署長は「根本から問題を取り除いていくためには、警察の取り締まりだけでなく自治体や各関係団体、何よりも地域住民の力と思いが必要。根絶に向け力を結集し、必ずや成し遂げよう」と述べている。高江洲恵美子市婦人連合会長が「法律に基づいた健全な風俗環境をつくる」「青少年を犯罪や暴力団から守る」「売買春を根絶する」「安全で安心なまちづくりを推進する」と四ヵ条からなる大会宣言文を読み上げ、違法風俗営業の根絶を誓った。こうして真栄原新町「浄化」成功に続けとばかりに官民一体となった「浄化運動」が勢いづいていく。

新聞の社説も運動を後押ししていた。

《沖縄市美里の吉原地域に急増している売買春目的の店舗を一掃しようと市民が立ち上がった。８日に、歓楽街浄化市民総決起大会が開かれ売買春根絶に向けた決意宣言を採択した。

売買春防止へ市民が立ち上がったのは宜野湾市の真栄原社交街（通称・新町）に次いで２カ所目だ。県内では「吉原」と「新町」に売買春目的の店舗が集中し、二大歓楽街といわれてきた。いずれも基地周辺の歓楽街として形成された地域だ。

「新町」は、最盛期には、約４００人の売春目的の女性がいて年間30億円前後の違法な売り上げがあったという。昨年、周辺住民ら市民が総決起大会を開き、宜野湾署や市民団体、警察ＯＢで結成したパトロール隊が活動を展開した。同署が摘発にも力を入れた結果、２００９年に１１０軒あった違法店舗のうち９割が店を閉めた。（中略）

「吉原」に違法店舗が増加したのは、「新町」浄化の成功が背景にある。違法店舗が移動してきたのだ。同地域は住宅街や公園、病院が点在する。約２００の飲食店があり８割が売買春目的と沖縄署は指摘する。24時間営業の店舗もあり、違法駐車や深夜の大声、店と間違って住宅地に侵入するなど付近住民の生活に深刻な悪影響が出ていた。

売買春は犯罪組織の資金源となったり、女性を借金で縛って売春させたりと女性の人権を著しく侵害する犯罪の温床になりやすい。06年にはホストクラブの男が19歳の少女を「新町」で働かせて逮捕されたほか、「人身売買」のようなあっせんルートの存在も指摘されている。

しかし、根絶は簡単ではない。被害者が警察に訴えるケースはほとんどないことや、必要悪として、容認する社会的雰囲気もあるからだ。違法店舗は、取り締まりが厳しくなると、店舗替えや潜伏、他の地域に移るなどして逃れてきた。

自らの地域を守るため、地域住民が団結して声を上げた「新町」と「吉原」周辺の住民パワーを応援したい。地域住民の団結と行動力、それはすべての犯罪の抑止力になるはずだ》

——『琉球新報』二〇一〇年一〇月一一日付

真栄原新町が壊滅したことで、業者らが吉原へと流れていったことは私も聞いてはいた。那覇市の栄町や与儀（よぎ）にも特飲街はあるが規模は小さく、真栄原新町とまったく同じ業態は吉原だけだったからだ。そして警察や市民運動による吉原「浄化運動」は総仕上げの段階に向かっていった。

「売春部屋」のすぐ隣で生活する老夫婦

ちょうどその時期のことだ。二〇一二年の春、私が吉原の「ちょんの間」の様子を尋ねてまわっていたとき、ある店で理解しがたい光景に遭遇した。

その店の入り口を照らす照明はやはり消されており、サッシの扉は閉められていた。サッシの内側にはカーテンも引いてある。見た目には営業しているのかどうかわからない様子だったが、店先に掲げられた店名は、ある人物から取材のために紹介された店に間違いない。ノックすると、カーテンがわずかに開き、サッシの鍵をあける音が聞こえた。

店の中には三名の二〇代と思われる女性がいた。ジーンズのホットパンツに、キャミソールのような服を着た、いずれもすこし太めの女性たちだ。紹介者は、その中の一人に私のことをあらかじめ伝えておいてくれているはずだった。

急な木造階段を二階に上がり、四畳半ほどの部屋で待たされた。部屋はやはり殺風景だった。黴臭くて、薄暗い。それにしても、どこの売春部屋も同じような風景なのはなぜなのだろうか。私がスチール製のベッドに腰かけて数分待っていると、女性は私を客と勘違いしたようで、胸から下にバスタオルだけを巻いて現れた。

紹介者の名前を言うと、「あ、そっか、聞いてました」と、一度部屋を出ていき、その格好のままで缶のウッチン茶を持ってきてくれた。年齢は二六歳、幼稚園に通う年齢の子どもがいる。親には頼りたくないけれど、いまは子どもの面倒をみてもらっているという。高校を卒業した後、事務職などをしながら、沖縄の男性と「援助交際」をして事務職の給料の三〜四倍稼いでいた。援助交際は常に決まった相手が一〇人ぐらいいたそうだ。出会い系サイトで見つけたり、風俗関係で働く友人の紹介だった。吉原の仕事は求人誌で見つけた。最初は昼間の事務職の仕事と掛け持ちしていたが、那覇市内の近郊から通うのが大変なので、昼間の仕事をやめて吉原一本に絞ったらしい。子どもの父親とは数年前に離婚した。「嫉妬深いし、仕事をしてくれない」からだそうだ。相手は長男なので、子どもの親権がほしいと今でも言ってくる。でも彼女にその気はない。彼女は、もうそろそろ吉原では働けなくなるから、デリヘルに移るつもりだと言った。彼女は現在「所属」している性風俗経営者のいわば「従業員リスト」に登録されていて、その経営者の指示に従って店を移ったりもするらしい。

　部屋で彼女と会話をしている最中だった。隣の部屋からテレビの音が聞こえだした。そして、建て付けの悪い襖（ふすま）の隙間から、灯りがもれていることに気づいた。ときどき話し声も聞こえてくる。話し声から夫婦らしき老人がいるようだった。はっきりと気配でわかるのだ。

　やがて男性のほうが三線を弾きながら、民謡を歌い出した。上手な唄ではなかったけれど、そのうちの一曲は「十九の春」だった。襖で隔てられた二つの世界はごくあたり前に共存していた。帰り際に襖の隙間に顔を近づけてみると、やはり老夫婦が二人、低いテーブルをはさんで向かい合って座っていた。テレビはつけっぱなしで特に見てはいないようだ。襖ごしに声をかけようとも思ったが、何か気が引けるものがあって、やめておいた。

本当は自分も売春している

一階まで一緒に降りて私を見送ってくれた女性に、その光景について口にすると、そこは普通に老夫婦が生活をしている民家で、彼ら老夫婦は売春のために部屋を間貸ししているのだという。「隣の部屋は気にならないの？」と問うと、「べつに。慣れちゃってるし。誰かいたほうがいいから」と笑った。襖を隔てて人の気配があるということは、たとえば客が何か理不尽な要求をしてきた場合にセキュリティの役割を果たすのかもしれない。私は「店」の外に出た。女性は「おやすみなさーい」と私の背中に声をかけてくれた。薄暗い坂道を降りながら、襖一枚で隔てられた、いや共生するようにつながっていたというべきか、老夫婦の日常と売買春空間の関係が気になってしかたなかった。

私は、あの「貸間システム」について教えてくれる人をさがした。部屋を貸している人にも話を聞いてみたい。しかし、なかなか条件に合う人物にコンタクトを取ることができず、数ヵ月を経てようやく、吉原で長年働いてきた二人の女性を仲介者から紹介された。私は二〇一二年の夏、閑古鳥が鳴く吉原の片隅にあるスナックを訪ねた。

一人をミサコさんとしよう。歳は四〇代後半で、真栄原新町に一五～一六年いて、一〇年ほど前に吉原に来たというから、二〇代の半ばにはこの世界に入ったことになる。吉原に来てからは店を経営する側になり、自分は売春からは引退したという。やがて警察の取り締まりが厳しくなり、「浄化運動」も活発になってきたので「ちょんの間」の商売はやめた。スナックだけの営業に切り替えたが、客足は遠のいたきりだという。

「『ちょんの間』の店舗を借りるときは、直に大家さんと交渉することもあるし、不動産屋を通すこともあります。私は大家さんから直接借りました。家賃は月に五万～六万でしたが、真栄原新町がつぶされて、みんな吉原に来たせいもあって、家賃が七万～八万に上がったんです。女の子は店によって違いますが、一～三人のところもあれば、四～五人置いているところもありました。料金の五〇〇〇円のうち一五〇〇～二〇〇〇円が経営者の取り分です。

あとは部屋貸しといって、個人で店舗の中の部屋を一つだけ借りることもあります。それだと相場は五万ぐらいです。吉原が賑わっていたころは家賃一〇万円のこともありました。部屋貸しだと売り上げが全部自分に入るから、人気がある子は相当な稼ぎをしてましたね。女の子はそこに住み込むこともあったし、通ってくる子もいました。稼ぎのいい子は別にアパートを借りていました。住み込みの女の子と貸し主は家族同然になってご飯も一緒に食べたりしています」

――ひとくちに「ちょんの間」といってもいろいろな借り方や、稼ぎ方があるんですね。私が見たのは「部屋貸し」なんですかね。

「そうですね。吉原で古くから住んでいる人はそういうかたちで住居の一部を貸している方が割と多かったんです。女の子はこの一〇～一五年ぐらいは、風俗専門の求人誌を見て来るパターンも増えました。日給三万～五万と書いてあるから、そういう仕事だとわかってくる子もいれば、内地から来る子なんかでまったく内情を知らない子もいました。知らないで来た子には、仕事の内容やテクニックを一から教えるのが大変でした。コンドームのはめ方から、どうやって早く終わらせるかとか。なじみのお客さんには『この子は初めてだから』と言っておきます。働きに来る子はおカネに困っている子が多かったです。なかにはおカネを貯めて家を建てた子もいます。親が娘を連れてきて『この子は男ぐせが悪いから、ここで使ってくれ』と頼まれたこともありますよ」

――これまで取り締まりの経験は？　逮捕されたこととかはありますか？

「売春防止法の場所提供で逮捕されたことが一度あります。二ヵ月近く勾留されて、執行猶予付きの判決でした。警察はヤクザの資金源になっていると睨んで調べていましたが、一〇年ほど前から吉原はヤクザとは関係がなくなりました。それまではヤクザのゆすりもタカリもあったし、ヤクザの事務所もあって、地回りのようなこともしていましたから、みかじめ料も支払っていました」

ミサコさんは今は引退したとのことだったが、インタビューが終わるころになって、本当は違う、自分も売春をしていると明かした。経営者時代も女の子が足りないときは、やっていたという。なぜカミングアウトしてくれたのかわからないが、真実を記録してほしいというメッセージだと受け止めることにした。

売春中の母親に子どもが駆け寄る光景

もう一人は六〇代後半の女性。名前をクミさんとしよう。宜野湾市の出身だという。

「私は二〇年ほど前に吉原で建物（地上権）だけ買ったんです。主人がおカネを出してくれました。金額ですか？　四〇〇〇万くらいです。借地権料は払っていました。前の所有者がすぐにおカネが必要だったみたいで。その方のところは住居兼店舗でした。藤井さんが行った店はそういうかたちで商売をしていたところだと思いますよ。売春をする部屋以外に住んでいる人が使う居間と寝室があります。

私も住みながら女の子を使っていました。うちは平屋でしたから店の後ろのほうを住居にして夫と二人で住んでいました。店のほうを経営者に貸して家賃収入を得てきました。それ以前は吉原以外の町でスナックをやっていました。吉原は全盛期は二〇〇〜三〇〇軒が営業していましたが、今は三〇軒もないと思います。吉原は住居兼店舗というかたちが半分ぐらいで、もう半分が通ってくるかたちでした。真栄原新町では住居兼店舗というのはほとんどありませんでした。

住み込みになると、使っている女の子が家族同然になってきて、情が移って、自分の娘みたいな気持ちになることもあります。だけど、無断で別の店に移られたりして裏切られることもある」

――自分が住んでいる家の部屋を貸して、そこに住んでしまう女の子もいれば、その部屋に外から通ってくるパターンもあるのですね。でも、その家に年頃の子どもがいる場合なんかはやはり気をつかうものでしょう?

「ええ。私たちもそうでしたが、住居兼店舗は、子どもたちに仕事のときの声が聞こえないように気をつかってきました。ですが、子どもたちはわかっていたはずです。吉原は通学路になっていますから、近隣の町に住む子どもたちもここがどういう商売をしている街かを知っていました。ここで生まれた子どもたちで医者になった人もいますし、同じ商売を二代目として継いだ人もいます。でもほとんどは土地や店を売ったりして、所有者が何人も入れ替わっているので、最初の所有者はもう吉原にはいないというケースも多いんです」

――歴史を遡って調べてみると、元は急場しのぎ的につくられた米兵相手の売春の街で、その後は日本人相手になったようですね。

「昔はこのあたりには親のわからない子どももめずらしくありませんでした。外人とのハーフもたくさんいたそうです。コンドームを使ってなかったからです。おろす(中絶する）おカネもありませんでしたから、子どもを抱えて売春をしている女性も多かったですよ。店に来ると、住んでいる大家に子どもを預けるんです。でも、客としてるときに、幼い子どもが『ママーッ』って言いながらお母さんのところに走って来てしまったりとか、そんなこともありましたね。昔は、襖もなくて居住空間とカーテン一枚で仕切られた部屋に、座布団を敷いてやってましたから。『部屋』をつくってそこで客を取るようになったのはここ三〇年ぐらいのことなんです」

客とセックスをしている母親のところへ、子どもが無邪気に走り寄っていくという光景は、想像しただけでも胸が痛む。隣の部屋から民謡が聴こえた経験を話すと、「はー、そんなのフツーさ」と言って、クミさんはケラケラと笑った。

「住んでいる人は慣れてしまう。横の部屋で客を取っていて、声や物音が聞こえてきても、それはそれで割り切っていられるようになりますよ。何も感じなくなる。人間の慣れってこわいもんさ。まあ、客にはなるべく住まいが接していることを気づかれないようにはしてますが。わかってしまったら客はやりにくいでしょうからね。吉原はできたころは遊廓のような格子窓だったんですよ。当時、沖縄では食べていくために、売春のための間貸しをするのはごく普通のことでした」

――戦後すぐはそういうことがあったんだろうなと想像できますが、現在までも続いていたとは驚きでした。

「そういうことに対して悪いと思う感覚が麻痺したままずっと商売してきたので、部屋を貸している人が売春防止法の場所提供の罪で捕まることもあったんです。ですが、経営者も大家も頻繁に捕まるようになったのは最近です。それまでは警察も大目に見ていたんではないですか。じつは私も一度、逮捕されたことがあります。三年の懲役で執行猶予一年半でした。

取り締まりが厳しくなってからは、警察や女性団体が見回りをするのでお客が来なくなり、私たちはほんとうに困ってしまって、スナックぐらいしかやることがないんです。でも街にお客が来ないから、やっていけない。生活保護を受ける人が増えています。とくに吉原に最初から住んでいて売春店の家賃収入で生活してきた、いま八〇歳以上の人がそうです。

藤井さんが見てびっくりされた家主さんも、きっと生活が大変だと思います。売春のためと知りながら部屋を貸しているわけですから、悪いことをしているという意識はあると思うけれど、歳を取ったおじいやおばあは、そういうことに無頓着というか、生活のために部屋を貸すことを当たり前のように続けてしまっているんではないでしょうか」

その後、吉原も売春店はゼロになった。貸間で生活をしていた人たちも仕事を失ったことになる。私は自分が訪れた店＝家を含めて、数軒に行ってみたが、どこも人が暮らしている気配がなくなっていた。売春をしていた女性たちはもちろん、貸間をしていた老人たちは街を去ってどこへ行ったのだろうか。

「私は売春だけはしなかった」

私は取材をスタートさせてからしばらく経った時期に、途中経過的な報告をノンフィクション雑誌『g2』（講談社、休刊）に書いた。分量にすれば一万字程度の短編であり、「沖縄アンダーグラウンド」に堆積した人々の人生の、たとえ断片であっても、とてもその分量では書き切れないという感触を得ていた。その後の取材は、その記事のコピーを常に十数部持ち歩き、わずかでも脈がありそうな人に渡しては読んでもらって、そこからどうつながりをつけられるかを探っていった。「こんな人に取材したらいいんじゃないかと思いつくことがあったら、ぜひ紹介してほしい」と頼むと、誰々に会ってみたらと紹介してもらえることがまれにあった。その相手にはすぐに連絡を取る。また、性風俗店を訪ね歩き、これぞと思った相手に直接記事を渡し、取材を申し込んだ。何百部配ったかわからないが、その大半はゴミ箱行きだっただろう。酔っぱらった男性に記事を渡したところ、しばらく目を落としたあと、「おまえ、命（タマ）とられるぞ」と凄（すご）まれたこともあった。その男性は会社経営者だったが、沖縄の裏社会にも顔がきく人物だった。

あるとき、記事を渡しておいた、那覇市内S町のスナックに勤める五〇代の女性から電話があった。自分の経験を話してもいいと言っている知り合いがいるという。真栄原新町や吉原で働いていた女性だという。

店に行ってみると、リエさん（仮名）という女性を紹介された。顔だちの整った色白の女性だ。かつては吉原や真栄原新町でも働き、年齢は五〇歳をすぎたぐらいだという。私はリエさんに自分の書いた記事をあらためて手渡し、ビールを飲みながら取材の趣旨を説明して、その夜はそれだけで帰った。数日してから「リエさんが話してもいいと言ってるよ」と再び仲介者の女性から電話があった。リエさんが勤める店は同じS町のなかにあった。そのスナックは午後六時に開店する。私は開店直後にリエさんに会いに行った。開店直後ならたぶん客もいないので、話しやすいと思ったからだ。

「沖縄の売春街のことは、藤井さんが雑誌に書かれていたとおりだと思います。私は自分のこと話せばいいんですよね？　どうせ客はしばらくこないだろうから、ここでお話をしますよ」

彼女が生まれたのは、那覇市内のかつて「ペリー区」と呼ばれた特飲街に隣接した地域だった。ペリー区は那覇空港のすぐ近くにある、現在の山下町（やましたちょう）一帯である。もともと山下町が本来の町名だったのだが、米軍関係者が、第二次世界大戦時の日本陸軍大将だった「マレーの虎」こと山下奉文（ともゆき）と同じ名前は気に食わないという一存で呼称を変えさせたと言われている。那覇空港は日本海軍がつくった飛行場だったが、一九七二年の復帰までは米軍基地として利用され、米兵や米軍関係者を相手に、辺鄙だった一帯に特飲街ができたのである。その名称はアメリカ海軍のマシュー・ペリー提督に由来しているそうだ。現在の那覇空港は航空自衛隊那覇基地と共用となっている。「ペリー区」の名残はマンションや保育園の名前などにも見られ、当時スナックだった建物も朽ちたまま数軒残っている。

「あたりの家はみんな貧しくて、私の家族も狭い平屋の家を二家族で分けて住んでいました。子どもの頃から家の周囲には米兵がたくさんいて、朝も昼もお酒を飲んでました。ハニーとチュッチュするのを見てました。米兵相手のお店が何軒もあったんです。日本人のお客は見たことがなかったですね。同級生にはハーフの子がけっこういました」

ハニーとは米兵とつき合っていた女性たちの「愛称」だ。米兵たちがそう呼んだ。かわいらしい響きだが、「ハニー！」と叫びながら泥酔して米兵たちが村に、家に侵入して暴行をはたらく事態が数多くあったから、当時を知る人には嫌悪感を抱かせる呼び名かもしれない。そして、そこには米兵の愛人や恋人である日本人女性に対しての侮蔑的なニュアンスも込められていた。

「中学を卒業してから不良してたんですが、一五歳のときに内地の横浜の美容学校に行くことになりました。でも、何か不安になって一七歳のときに沖縄に逃げ帰ってきたんです。親は無理して内地に出してくれたわけですし、沖縄に帰ってきてしまったことは親にも内緒にしていました。住むところもありませんでした。だから那覇市前島のキャバレーに住み込みで働いていましたよ。おさわりキャバレーでしたが、じっさいはお姉さん（ホステス）たちは店の中で本番してました。でも、私はしませんでした。そのとき私は一七歳で処女だったんです。その店には一年ぐらいいましたね」

――横浜に行ったときは沖縄は本土復帰してましたよね？

「ええ。日本復帰の数年後でした。那覇のキャバレーでは、いつまでも住み込みはいやだったので、おカネを稼いでアパートを借りたんです。キャバレーは日払いだったので、その日に稼いだおカネで姉さんたちとよくディスコに行ってました。ディスコで知り合ったお姉さんに、今はもう潰れましたが、有名なRというダンスホールに連れて行ってもらいました。そこはすでに返還された基地の近くで、ヤクザのたまり場みたいにもなっていた。Rでは、内地の人や外人相手の売春も行われていました。夜一二時に店を閉めて、裏にあったホテルでするんです。だいたい三万円ぐらいが相場でした。私はあるとき、人気ホステスについて行って、そのホテルに行ったんです。そうしたら、だまされていたみたいで、私が売春をするという話がついていた。私は泣きじゃくって、おカネはいらないから帰ると言ったんです。相手は六〇代の人でした。そうしたらおカネだけくれて、帰してくれましたけど」

――それはショックだったでしょう？

「その出来事がショックでキャバレーをやめました。それと、ディスコで知り合ったヤクザに前島のキャバレーで働いていることがバレて、ストーカーみたいにつきまとわれたこともあります。飲みに行こう、飲みに行こうとしつこかった。逃げるようにして、それからは那覇市内のスナックをあちこち転々とするうちに一九歳か二〇歳になってました。でも私は売春だけはやらずに、ビール一本一〇〇〇円のチケットを横においてあとで精算するやり方で稼いでました。それを私たちは〝チケット稼ぎ〟と言ってました。現金よりチケットのほうがお客さんがどんどん頼んでくれるんですよ。このやり方は昔からあったみたいです。お店でわざとブルーフィルムを見せたり、フィリピン人ダンサーがストリップを見せたりすると、お客の男たちは興奮してトルコ風呂（ソープランドの旧称）に行ったりしてました。客と交渉して売春をしていた子もいました。けれど、私は売春だけはしませんでした」

離婚、暴力、借金、ホームレス……底のない転落物語

そうこうするうちにリエさんは二二歳で沖縄の男性と結婚し、子どもも生まれたが、働こうとしない夫に愛想をつかして一年たらずで離婚した。間を置かずにリエさんは二度目の結婚をしたが、二番目の夫も生活を始めたとたん酒びたりの生活となり、仕事をさがそうともしなかったという。つくづく男運がないとリエさんはため息をついた。離

婚が重なったことがきっかけになり、自分に課していた禁を破ることになる。

「幸せになりたかったのに……夫は酒乱で酒を飲むと暴れてビール瓶を投げたりして、子どもにもあたりそうになって、しょっちゅう大喧嘩(おおげんか)をしてました。だから、私が稼ぐしかなかったし、夫の暴力から逃げるようにして、その頃から売春をするようになったんです。おカネの魅力もありました。当時はバブル全盛期だったから、おカネを持ったお客さんがたくさんいて、一ヵ月に二〇〇万〜三〇〇万稼いでました。

でも、友達の保証人になって、その子が逃げてしまったので、一〇〇〇万の借金を背負いました。闇金からの借金でした。それで闇金の連中に真栄原新町や吉原で働かされて、借金を返し続けたんです。真栄原新町では自分でウリもしながら、せっかくだから店の経営もやってみようと、店舗を借りて経営も始めました。店に置いてあった二人がけ用のソファで寝て、店に泊まりこんで必死で働いた。一日に客を何十本もとったよ。そのときに客から言われた言葉でブチきれたことがあります。『三流売春婦が、三流金融からカネ借りてこのありさまか』と侮辱されたんです」

それからリエさんは借金を背負ったまま八重山の石垣島へと渡り、特飲街で住み込みで働いた。石垣島にはおよそ一〇年いたが、その間も本島のヤクザが石垣島のヤクザに連絡したらしく、借金取りが現れたという。ついに彼女は自己破産の手続きをした。

「石垣島で知り合って結婚した三度目の男が、じつはヤクザだったさ。それでその島で飲み屋を経営したんだ。那覇にいっしょに戻ってきて、また飲み屋をやったんだけど、夫がヤクザなので、他のヤクザが真っ黒のクルマで乗りつけて飲みに来る。一般の客が寄りつかなくなって、銀行からの借金も返せなくなりました。その上、夫にはオンナができて、私は奥武山(おうのやま)公園でホームレス生活をしなければならなくなった。スーパーで残飯を拾っては食べて、滑り台の下などのなるべく明るいところで寝てました」

　奥武山公園はリエさんが子ども時代を送った街にある。いまは沖縄セルラースタジアム那覇が隣接していることもあり雰囲気は変わってしまったが、ホームレス生活は半年間ほど続いたという。リエさんの「転落物語」には底がないかのようだった。

「親とかに頼ることはしませんでした。もし、ヤクザが来るようなことがあったら迷惑をかけますから……。店をつぶした借金は返せないし、もう苦しくて、苦しくて、ある日の夜、那覇港で海に飛び込んで死のうと思ったんですが、たまたま通りがかった女性に止められたんです。私は完全にアタマがおかしくなってましたね。止めてくれた女性に事情をすこし聞いてもらって、心療内科を紹介してもらいました」

　話しながらリエさんは泣いていた。それでも懸命に私に理解できるように自分のライフヒストリーを時系列に整理して話そうとしてくれた。リエさんの手首にはリストカットの傷痕が幾筋もあり、それは肘の裏側あたりまで刻まれていることに私は気づいた。

　少し時計の針を戻してみた。

——ところでどうして「不良」になったんですか？

「小六か中一のとき、親族の男の人にイタズラされたんです。妹に話したんですが、信用してもらえなかった。その後はその人とは顔を合わせたことがありません。横浜から逃げて沖縄に戻ったのは、その人が追いかけてくるということがわかったこともあるんです。……その人や私を裏切った夫たちを殺したいと思うこともあるさ。今は一人で住んでいてテレビもないけど、ラジオだけはあっていつも聴いてる。でも寂しくてたまらなくなって、起きあがることもできなくなることもある。人を信用できないふうに私はなってる。だから生きるためにはカネが必要だ、子どもたちのためだと思ってやってきました。

初めてウリをやったときは涙が出たよ。でも一回やったら、なかなかその世界から抜けられなくなる。私はそういう運命に生まれついたんだと思うことにしてる。ユタ(巫女)に見てもらったこともあって、そうしたら、あなたは七代前の、死んで無縁仏になった遊女の生まれ変わりだと言われたさ」

リエさんは行政の福祉の窓口に相談をして、生活保護やさまざまな医療的なアドバイスを受けることになった。今、体調がいいときだけ出勤している店は、リエさんが売春をしていた頃の「お姉さん」が経営しているスナックだという。

リエさんはずっと泣き通しだった。この世への恨み節というより、自分の人生を呪うかのような目をして何度も唇をかんだ。それでも、今は沖縄の伝統工芸の紅型を習っているときだけが楽しいと言った。「ちょっと待ってて」と言い残してリエさんは店から往復三〇分ほどのアパートに戻り、店に帰ってきた。手には額装された紅型の作品があった。それを私にくれるという。こんな貴重なものはもらえないと断ったが、彼女は「あげる、あげるよ」と言ってそれを私に手渡した。鮮やかな南国の花々が染め抜かれた美しい作品だ。

共同性が強い地域には、そこから排除されてしまう人がいるものだ。その人たちは、頼れるのは自分と同じような境遇にいる者だけになり、リエさんのように不安定な仕事をしている者同士で借金を背負い合って、共倒れしてしまう。沖縄に対する一般的なイメージには、「ゆいまーる（助け合い）」という言葉に象徴されるような、血縁を重視する強固な共同性を持った土地柄、という認識があるだろう。しかし、少なくとも私が会ってきた売春の世界で生きてきた女性たちは、あらかじめそういった共同体的な紐帯から除外されて生きることを余儀なくされていた。

「浄化運動」で吉原は商売ができなくなった

幾人かの関係者を経て、吉原で主に二〇代の性風俗業に関わる女性たちを束ねている男性とコンタクトを取ることができた。かつては「ちょんの間」を数店舗経営していたという。彼はいくつもの性風俗店を経営してはやめ、また新手の性風俗店を立ち上げることを繰り返してきた。彼のもとで働く女性たちは、彼が「ちょんの間」を経営しているときはそこで、デリヘルをやっているときはデリヘル嬢として働くのだという。団体の観光客のもとに売春の相手として送り込まれることもある。女性たちはたいがい数年間にわたって彼の経営する店舗で、その指示にしたがって働くのである。

待ち合わせ場所に指定されたのは、吉原にあるビルの屋上という予想外の場所だった。吉原の街中に着いたら電話をしてほしいと言われた。二〇一二年六月、真栄原新町とまったく同様に、吉原でも「浄化」運動がすでに仕上げ段階に入っていた。隠れるようにして一〇軒ほどが細々と営業をしていたが、街中には眩さはまったくない。人通りもほとんどなく、うら寂しい場末というありさまだった。

タクシーで夜一〇時すぎに吉原に着き、中心部から電話を入れると「見上げてくれ」と指示された。「左手のビルの屋上を見上げてみて。屋上にいるから上がってきてください」。私が暗闇の中にぼんやりと浮かぶ四階建てのビルに目を凝らしていると、脇をパトカーが人が歩くぐらいのスピードで走行していった。

そのビルは一階が元「ちょんの間」で、すでに営業を停止していた。外側の階段を昇っていくと二〜三階は住居になっていた。言われた通りに屋上に出るための鉄柵を開けると、屋上は月明かりに照らされていて、うっすらと人影が見える。

「ここは住居ですよね？」

「だいじょうぶ。知ってる人ばかりだから」

彼は手に双眼鏡を持っていた。何をしているのか尋ねると、パトロールする警察車両の動きを携帯電話で各店舗に知らせているという。

「いま、そっちへ向かってる。閉めて」

その報せを受けた店は急いで玄関を閉め、カーテンを引く。そして、灯りを消す。パトカーが通りすぎると、カーテンを開けて、玄関を開ける。その合間に客を取るのである。しかし、パトカーが巡回する街に買春客はほとんどやってこない。「浄化」作戦が今まさに遂行中であることを知らずにやってくる買春客のクルマもいるにはいるが、パトカーが視界に入ると、たちまち街から出て行ってしまう。

彼の傍らに立って街を俯瞰していると、迷路のような街で起きている出来事が手に取るようにわかった。私は以前に取材した、クルマのナンバーをずっと気にしていた吉原の女性を思い出した。そういえば、ここへ来る途中にある、偽カウンターの後ろ側を見せてくれたあの女性の店は、照明がついていなかった。

しばらくの間ビルの屋上から、迷路のような路地が入り組んだ街を巡回するクルマを目で追っていると、小雨だった雨足がとつぜん強くなった。私たちは場所を移すことにした。

彼は背は低いが背中が盛り上がり、丸太ん棒のような腕をしていた。坊主頭。年齢は還暦になったばかりだという。太い頸と腕。金縁の眼鏡のせいもあってかなりの強面に見える。ゴールドの指輪と腕時計が目立っている。身構えてしまったが、落ち着いて会話をすると話し方はおっとりしていたので拍子抜けした。

「もともと吉原も真栄原新町も、那覇にある特飲街も、大阪の飛田新地や東京の吉原を真似して遊廓みたいな建物を建てたんです。でも、古くなると電球一個がぶらさがっているだけみたいな、うらぶれた店ばかりになっていきました。じめっとした感じで入りづらい。しかし雑誌やインターネットで有名になり始めると、もっと入りやすい雰囲気にしようということになり、明るい蛍光灯にしたり、入りやすい造りにしていったんです」

私は空腹を覚えた。「腹、すきませんか？」。そう誘うと、「うまいおでん屋があるから連れて行きましょう」と、彼はビルを降りて吉原の中心から少し離れ、顔なじみの居酒屋に入った。店に一歩入ると、おでんが煮えた、旨そうなにおいが鼻孔をくすぐる。「ここのはうまいですよ」。彼はおでんを適当に見つくろうように頼んだ。以前、「売春部屋」の襖一枚向こうの部屋で、おじいのつまびく三線の音色が聴こえたことを話すと、彼はアッハッハと声を出して笑った。

「吉原は大きくわけると三つの地域に分かれています。エリアによって店が建てられた時代にズレがあって、新しくできたところは完全に店舗型ですが、吉原ができた一九五〇年代からある最も古いところは、一階で客を引き、二階でやるというスタイルが多い。二階にはふつうに家主が住んでいます。藤井さんが行ったのはそういうところですよ。セックスしている隣で晩飯を喰うというのは普通です。家主のなかには、自分の家族のよ

コザ（現沖縄市）の吉原

2010年 著者撮影

下5点は2017年編集部撮影

うにして迎えるところもあります。浄化運動で吉原では商売ができなくなり、売春をやめてスナックを経営しているところもありますが、客はほとんど来ません。ですが、みなさん高齢だから他にできることもないんです」

これは以前に取材した二人の女性の話ともほぼ符合する。いずれにしても、吉原のアンダーグラウンドはかつてない変貌を強いられていた。

風俗でしか生きていけない子もいる

彼は二〇年ほど前からこの仕事を始めたという。最初は四～五名の女性を抱えるところからスタートした。これまで、摘発を受けそうになると商売替えをして、さまざまな性風俗店を立ち上げてきた。彼のもとで働く女性たちは彼に履歴書を渡しているわけでもなく、携帯電話の番号を教えるくらいのようだ。しかし、彼を介しての仕事を優先的にまわしてもらえる。客から受け取る金銭の半分以上を女性が受け取るシステムだ。

「いま私のところには七～八人の女の子がいます。全員が沖縄の女の子です。昼間は正業についている子もいますけど、昼間の仕事はなかなか続かない。沖縄では一ヵ月めいっぱい働いても一〇万ちょっとしかもらえないので、それだけでは家族を養って生活をしていけなくて、すぐに辞めてしまう子が多いんです。主婦をしている子も一人いますが、大半はシングルマザーだったり、離婚して親と子どもを抱えていたりします。

ちょんの間はもう、取り締まりでダメです。お金が稼げないので、個人相手の売春を斡旋するしかないんですが、紹介するのは知り合いのみ。沖縄は狭い社会なので、誰にでも紹介しているとすぐにバレてしまう。女の子に、自分で勝手に売春をやりなさいとは言えないから、私が間に入って彼女たちを守って、安心してアルバイトしやすいようにしているんです。沖縄の人は情が深いんですよ」

そう言ってまた彼は笑った。彼は今は自分の店舗を持っていない。かつては真栄原新町や吉原で店を借りていたが、「浄化運動」で商売ができなくなったため、廃業した。彼自身、今は昼間は配送関係の仕事についていて、夜になると携帯電話で個人売春を斡旋している。沖縄県内には彼のような斡旋業者が数十人はいるという。

「昼間の就職の世話をすることもあります。彼女たちは精神的に弱いというか、面接を受けてもうまく話せないから、一緒に行くこともあるんです。家族と関係が切れてしまっている女の子が多いので、父親がわりというかね。真栄原で働くようになった女の子が、私のことを知って、もっと割のいい仕事への転職や借金のことなどで相談に来ることもありました。逃げ出そうとしてヤクザから酷（ひど）い目にあって、私を頼って来た子もいましたよ」

――そこまで面倒をみるのはどうしてですか？　それも仕事のうちということですか？

「たしかに私は女性でメシを喰ってきた。私は見た目は怖いと言われるけど、女の子は離れていかないよ。彼女たちと私は家族みたいなもので、誰にも言えないことや悩みを相談してくれる。親や家族には仕事のことは話せないでしょう。女の子の親から相談を受けることもある。子どもが売春してることを知ってしまった親が、将来を心配して相談に来るわけ。この世界の女の子は、子どもをはやく産んだはいいけど、育てきれない子も多いんです。そういうときは養育施設に預けた方がいいとアドバイスします。妊娠したときの相談は何回受けたかわからないし、中絶するときに彼氏の代わりに印鑑を押したことも何度もありますよ。

藤井さんはどう受け取るかわからないけれど、こういう世界でしか生きていけない女の子もいるんです。風俗を離れるとすぐに覚醒剤なんかに手を出して荒んだ生活におちてしまう。ある意味で私は彼女たちの更生を手伝っている。彼女たちは、私のような人間に世話をやいてもらいながら風俗をしないと生活ができない。変わったところでは、借金を返すために自分の奥さんを働かせてほしいと夫から頼まれたこともありますよ」

――完全にヒモからの頼みじゃないですか。そういうときは叱りつけたりしないんですか？

「もちろん、怒るときもあります。男だったらもっとしっかりしろとね」

――いつかは女の子と関係が切れるときがきますよね？

「そうですね。うちにいる女の子も、三〇ぐらいになると自然に連絡がこなくなります。スナックで働き出す子が多いです。性風俗にはナンバーワンじゃないと気が済まない性格の子がいるせいか、スナックに入ってから他の女の子とトラブルが多いと聞きます。一方で、『ちょんの間』などの風俗は基本的には一人でやるもので、誰かと競うことがありません」

中絶費用を稼ぐために売春

――お話を聞いていると、売春を斡旋する側と女性が家族のような共同体をつくっているかのようですが、私が取材したなかにはヤクザにカタにはめられた女性もいました。ほとんど人身売買です。

「真栄原や吉原は風俗の最終地点なんです。女の子が沈められるという意味で。最終的には沖縄のヤクザが関わっていることが多いけれど、間に入るのはヤクザとは限りません。間に一人紹介者が入ると、五〇万が取り分ですから、四名入ると二〇〇万になり、それはその子の借金になる。紹介者はヤクザの企業舎弟みたいな存在で、肩書はスナックや飲み屋のオーナーという場合が多い。経営者には悪いやつもいますが、正直者でバカを見る経営者も多いんです。貸し金業者に月がけ（月々返済する借金）を組まれて、女の子に逃げられたら保証人としてそれをかぶらなきゃならないんですから」

タクシードライバー大城と同じように、彼も「最終地点」という言葉を使った。それは借金の果てに女性が陥れられる場所であるようだ。借金の理由は、内地からくる女性はホストクラブである場合が多いが、沖縄では生活費がかさんでしまったとか、商売に失敗したとか、ねずみ講でだまされたという者が多いという。スロットなどの遊びにハマってしまったケースも少なくない。

「沖縄は絶対的に仕事が少なくて、とくに女性が働くところが少ない。私は内地でも働いたことがあるので、そう思います。一〇万そこそこの給料では、親族と縁が切れたらどう生活していけばいいんですか。そこにすぐに犯罪の手がのびてくる。うちの女の子のほとんどは家族や親戚と切れています。門中（父系の血縁集団）から援助もありません。自分で好き勝手に生きるならそうすればいいと、血縁から見放されてしまった女の子たちばかりですよ。

売春している子は子どもを抱えている場合が多いんですが、中絶したくてもおカネがない。中絶費用を稼ぐために売春しているうちに、中絶できなくなって子どもを産んだという例もかなりある。二〇歳前後、若い子だと一〇代でできちゃった婚となって、親に反対されても子どもを産んでしまい、親族との関係を切られてしまうというパターンもよく聞きます。離婚して子どもは祖父母が育てるというなら、まだ救われるのですが、それはあまりない。

内地の人からは、沖縄は血縁関係の身内意識がしっかりしているから家族同士の面倒見は手厚いだろうと思われがちですが、実際はそうではないんです。内側のまとまりが強すぎて、少しでもそこから外れた女の子は逆に強くはじき出されてしまうんです。売春や水商売についた子は一族の恥と言われて、切られてしまう傾向もある。夜の世界に来る女の子は自由に好き勝手に生きるタイプの子が多いから、親子の関係も修復できないまま、見放されたままになっていることが大半です。大事にされるのは男、とくに家を継ぐ立場の長男です。長男であれば、働く気がないようなタイプや、地縁血縁のルールからはみ出すような行為をしても、大目に見られて守られる。離婚の原因の多くは男の側にあると思いますが、それは許されてしまう。だけど女性には意外に冷たいんですよ」

――吉原が「浄化」され、人が消えてしまったあと、ここで生きてきた女性たちはどうしているのでしょうか。

「私が面倒を見ている女の子たちは、知り合いのデリヘルで働いています。ソープに行く子もいますが、ソープは拘束時間も長いから、ちょんの間に慣れている子にはむずかしい。那覇市内の旅館（「ちょんの間」）に移動する子もいますが、古い街の旅館はコネがないと入れない。すごく閉鎖的なんです。入れたとしても、古くからいるおばさんの嫌がらせなんかがあって、もたない」

那覇のソープランドに「ディスカウントコース」という、二〇分で五〇〇〇円というコースを設けるところが出てきたと彼は言った。その話は私もタクシードライバー大城から聞き、ソープランドの店長に取材したことがあった。真栄原新町や吉原がなくなったので、「ちょんの間」のシステムに慣れた女性のために考案されたコースなのだそうだ。

「この状況で何とかやっていくために米兵相手の商売を考えても、米兵はいろいろ事件をおこしますしね。そうすると米軍から外出禁止令が出たり、規制がかけられたりして、米兵は基地の外に出てこれなくなるから、結局、商売にならない。それに今は『アメ女』とかがたくさんいて、黒人の兵隊さんなんかモテるから、売春は日本人客相手にしか成り立たないんです」

彼は一時間ほど私の質問に答えてくれたあと、またさきほどのビルの屋上に戻っていった。時刻は深夜一二時近かった。彼は浄化運動に対してぎりぎりまで抵抗を続けるゲリラ戦をやっているようでもあったが、持ちこたえるのは限界のようだった。別れ際にお礼を言うと、「あなたの書いた雑誌の記事を読んだよ。変わっていく沖縄をちゃんと書いておいてくださいよ」と肩を叩かれた。

アメリカによる「売春村」と「非売春村」の調査

彼の話を聞いてから、沖縄の共同体の包摂性と排他性、そのことと売春をする女性たちとの関係について改めて思いをめぐらしていたとき、米国統治時代の興味深い資料を沖縄県公文書館で見つけた。一九五四年に四ヵ月間、沖縄に駐留していたユーディ・Ａ・コーエンという下士官が、自らを「人類学者」と偽称して、通訳を使い、赴任していた軍事施設に隣接していた二つの村を比較調査した「社会学論文」である。

軍事施設の「南側村」には三五軒もの売春宿があるのに対して、軍事施設の「北側村」には一軒の売春宿もなかったということにコーエンは関心をひかれ、売春女性の出身地や、その出身地と南側村との距離、売春をする前にしていた仕事、家族構成などを細かく調査したのだった。

この論文は『SOCIAL FORCES』という、ノースカロライナ大学が現在も発行している雑誌の一九五八年一二月号に「沖縄の管理売春の社会学」というタイトルで発表されている。コーエンの記述の意味を変えずに、わかりやすくするために私の言葉を補足して、以下に抄訳したい。

《沖縄で売春婦をしている少女たちは、家庭の貧しさ、あるいは親の借金のために売られてきた。彼女たちは常に故郷とは異なる場所で仕事に励み、いったん売られてしまうと、当初の契約期間はたいてい三年であるにもかかわらず、故郷の村に帰ることはなく、町から町へ、料理屋から料理屋へ渡り歩くことになる。

南側村の四二人の売春婦からデータを得た。それは南側村に住む売春女性の約半数で、一七〜二九歳の女性たちである。平均年齢は二一・二歳。四二人のうち一四人の女性に子どもがいた。うち一一人は沖縄人同士の子どもで、その中の二人は離婚していた。残りの三人の女性はアメリカ人との間に子どもがいて、そのうち二人は白人との間に、一人は黒人との間に子どもがいた。

彼女たちには、南側村で生まれた者は一人もいない。一二人は六四〜八五キロ離れた村の出身。六人は沖縄以外の出身、うち五人は沖合の島、そして一人は日本から来ている。全員が出身地からは気づかれない場所で働いており、隣村のような土地から来ている場合も間には山があり、それは「気づかれない距離」ということになる。半分以上が南側村か別地域で、他の仕事を経ずに売春をするようになった。県内に家族がいる場合もまれにしか訪ねることはなく、家族のもとに行くのは「生理中」だと答えている。それほど休みなく働きづめだったということだ。七割近くが片親か両親を失っており、四割は父親を失っていた。

南側村の構成は二つのグループに大別される。一つは世帯主が売春宿オーナーである場合。もう一つは売春宿オーナーでない場合。住民のうち半数は売春業を営んでいるのである。非売春宿オーナーは軍関係の仕事や農業で生計を立てている。

沖縄では経済的相続権は長男にあり、「長男は家族構成のなかのキーパーソン」だとされる。売春宿オーナーたちは満足な土地を持たない者がほとんどだ。東アジアの農耕定住社会では、土地を所有していることは、コミュニティや家族の安定性、そして伝統的文化や先祖とのつながりを担保している。少数派の、土地を持っている売春宿オーナーたちは、売春宿を建てることや業者に土地を貸すことによって先祖の怒りを買わないか、常に悩ましく思ってきた。

そもそも売春宿オーナーの九割近くが別の集落からの移住者で、非売春宿オーナーに移住者の占める割合は二割だった。つまり、人々の「移動」が「管理売春」と結びついていると言える》

沖縄の売春の根本原因は米軍支配にある

《一方、北側村のほうは約一八〇世帯あり、このうち一三一世帯のデータを集め、分析した。ある売春女性が北側村に移住したところ、村議会決議で追放されたという。北側村の高齢者には「所属の誇り」があり、沖縄でもっとも結束の強いコミュニティだとされる。話し方（方言）でもその村の人だとわかるらしい。八五パーセントの世帯主が同村の生まれだ。

結婚にはルールがあり、別のコミュニティの男性が北側村の女性と結婚を望む場合は、「花嫁料」を村の青年会に払う必要があったため、どうしても同族結婚が多くなった。また、北側村の女性と結婚したいと申し出る他のコミュニティの男性を、怠け者や悪人に決まっていると見なす風習があった。常に同族結婚が肯定されてきたのである。

しかし、アメリカの占領によって北側村も影響を受けたようで、村議会は、個人が愛人のために部屋を借りることを許可した。その女性たちは元売春女性で、だいたいが南側村からやってきた。愛人は売春女性よりはいくらか真っ当な人間だと思われていた。村では一三一世帯のうち一三世帯が愛人のために部屋を借りていた。北側村の伝統的な価値観がいくらか弱まってきた原因は、占領軍による土地の接収と、これによって伝統的な職業によって収入を得ることができなくなり、北側村の人々が軍雇用で生活をするようになったことである。

北側村では世帯主の九六パーセントが土地を所有していたが、南側村では売春宿オーナーの五パーセント、非オーナーの三九パーセントしか土地を所有していない。北側村では、占領軍に土地を奪われて移住してきた全世帯に対して、村議会で決議して五〇～六〇坪の土地を与えたという。耕作ができる広さではないが、それによって北側村の伝統的な価値観が浸透し一体感が増した。しかし、北側村でも「賃金制度」の導入により、次第に家族関係が変わっていったらしい。つまり農業ではなく、雇用されて給料をもらう人が増え、父方の家から子どもたちが出て行くようになり、大家族制が崩れていったということだろう。大家族から離れて独立した人は、多くの場合、軍雇用に流れたという。

基地に近接する村で売春の様相に大きな差が見られた要因として、まず「移民」の数の問題、そして村のなかの伝統的ルールや価値観にのっとった同族結婚のありよう、が挙げられる。つまり流動性が高いと社会的アノミー（規範が崩壊した状態）を引き起こしやすくなり、売春も増える。しかし流動性が低いと共同体の結束が守られ、売春は成り立ちにくいということである。いずれにしても、沖縄の売春事情に影を落とす根本の原因は、まちがいなく占領軍による土地の強制接収と経済的貧困だ》

以上がコーエンの論文の大意である。社会学的な調査としても、その分析においても、それなりの見識を感じさせる内容だ。コーエンは沖縄で「機能上重要な共同体」として父方の大家族をあげている。その共同体のなかで学び、道徳的拘束を受け入れるように教育されて、個人は伝統に従って行動するようになるという。しかしそれがない場合は社会的アノミーに近づく傾向があると指摘している。つまり沖縄の伝統を守った北側村は、個人が愛人のために部屋を借りることを許可するとか、「花嫁料」を受け取るとか、売春女性を追放するといった、現代なら信じがたい前近代的なルールが行きわたった独自の共同体を維持することにより、売春が広がることをくい止めたというのである。

さらにコーエンは、売春は貧困を解決すればなくなるという経済決定論に同調しながらも、より多様な社会的要素を合わせて考えなければならないとしている。沖縄の場合、その核心にあるのが米軍による占領という事態であることは間違いない、と。また、人口の過剰な増加はコミュニティ全体の伝統性や秩序を解体させていくという指摘もある。北側村の因習が今でも残っているのか詳らかにしないが、コーエンによる二つの村の比較は現代においても示唆的であると思う。それは、米軍支配がいかに急激に沖縄を変化させたか、そしてその変化が沖縄のアンダーグラウンドにおける売春のありようにどれほど影響をおよぼしているか、ということだ。

辻という特殊なアンダーグラウンド

沖縄にはさらにもう一つ、特筆すべきアンダーグラウンドな街が存在する。那覇港にほど近い、辻という街だ。戦前の旧那覇の中心地に隣接した独自の歴史を持つ地域で、琉球王朝時代から続く旧遊廓地帯だ。辻を歩くと、昼間であってもソープランドの客引きがしつこく絡んでくる。十数軒のソープランドやラブホテルが密集し、交渉次第では「連れ出し」可能のデートクラブなどの性風俗が点在しているのだ。街中には老舗のステーキハウスや料亭も軒を連ねている。

歴史を紐解くと、辻はもともとは一面の荒野であったという。一六七二年、琉球王国の摂政・羽地朝秀が各地に多数いた遊女を集め、辻、仲島（現在の那覇バスターミナル付近）、その後は渡地（那覇港南側の沖縄製粉近辺）に遊廓を置いた。これらはいわば歴史的な公娼地帯であり、薩摩から派遣される奉行たちをもてなし、中華圏と朝貢外交をしていた琉球王国にとっては相手方の慰安場所でもあった。「一般の婦女子」を性犯罪の危険から遠ざけるためにつくられたとも言われている。一八七二年の琉球藩設置から一八七九年の沖縄県設置にいたる琉球処分によって琉球王国が滅びて以降、辻では一八九七年から性病検査が義務づけられるようになった。また一九〇〇年に「娼妓取締規制」、一九一〇年に「貸座敷営業取締規則」が出されて、辻は法令による統制の対象となっていく。

　明治以降、辻には政財界から一般庶民に至るありとあらゆる階層の人々が出入りするようになり、旧暦正月二〇日に行われる「尾類馬祭り」は毎年大人気を呼んだ。尾類馬祭りは明治期からの一〇〇年以上の歴史のなかで、幾度か中止されている。それは経済的な理由や、遊女の祭りは風紀上よろしくないという理由、また戦後には女性の人権という立場からの批判によって中止されたこともあった。現在は復活しており、私も何回も見物に出向いたことがある。かつては現役の遊女が練り歩き、遊女を祭った塚に唄や舞を奉納したが、現在は辻でセックスワーカーとして実際に働いている女性は参加していない。一度、先頭を歩いていた白装束の女性から声をかけられたことがあり、振り向くと顔見知りの民謡歌手だった。そのあとに続くのは、鮮やかな琉球の着物をつけて尾類に扮した、主に地元出身の女性たちだと聞いた。

戦前の辻には二〇〇軒近い遊廓が建ち並び、売春と遊興の街として栄えたが、一九四四年一〇月一〇日、熾烈をきわめた沖縄大空襲によって一帯は灰燼に帰した。その後、終戦後七年間は立ち入り禁止区域とされた。しかし一九五二年、遊女出身の上原栄子らが料亭「松乃下」を開業したのを機に辻の再興が始まり、その後、ベトナム戦争特需もあいまって、かつての活気を盛り返す。上原栄子は自叙伝『辻の華』（時事通信社、一九七六年）を著している。四歳のときに父親にモッコで担がれて辻の遊廓に売られ、遊女となって沖縄戦を生き抜き、戦後は辻の再興に尽力した人生の壮絶な記録である。

かつての沖縄では、沖縄各地の貧村から口減らしのために辻に娘を売ることが行われていた。貧しい家庭から少女が売りに出され、専門の仲買人もいた。これを「辻売り」と言い、とりわけ大正末期から昭和初期にかけての「ソテツ地獄」（飢えにあえぐ農民たちが毒性のある植物のソテツまでも食料にした）などの飢饉時には身売りが多かった。辻に売られた女性は、自らの稼ぎで身代金を支払って自らを買い戻して自由の身になることも可能とされたが、実際は多くの女性が一生を辻のなかで生きることを強いられた。まさしく女性の人生を拘束して踏みにじる前近代的な空間だったのである。

辻は区割りがなされ、独自の自治社会と文化を形成していた。少女たちは早ければ四〜五歳から遊廓のしきたりや芸などを仕込まれ、一四〜一五歳から売春をしなければならなかった。初夜は遊女にとって晴れ舞台とされ、初客は相当な資産や名声のある年配者が選ばれた。自らを買い戻した遊女は、余分な貯蓄から若い女性を借り入れて抱親(アンマー)となり、新たな店を構えることも多かった。前借金には月あたり一分五厘の利息が取られたため、遊女たちの実入りは売り上げの二〜三割しかなく、そこから実家へ仕送りを続けたという。一本立ちを果たした後も辻に残る場合には、その抱親と疑似的な親子関係をつくり、客との間に生まれた子なども含め、独特の閉鎖的で濃密な共同体が形成された。辻はとかく美談的に懐古されがちだが、辻で過ごした女性たちのなかには精神を病んでしまった者も少なくないという。

「料亭那覇」売春事件の全貌

辻は一九五二年に再興すると、かつての遊廓の慣習はなくなったが、一大売春地帯となり、一九六〇年代末には八〇〇人近い女性が料亭などで売春をしていた。本土復帰の一九七二年に売春防止法が全面施行されてからは、売春の形態はソープランドやデートクラブなどに変わっていった。

一九四八年に金武湾(きんわん)近くに創業され、一九五六年に再興後の辻に移転してきた「料亭那覇」は、大規模な老舗料亭として名を馳(は)せ、繁盛してきた。観光客だけでなく、沖縄の政財界が利用してきた格式の高い店でもある。その料亭那覇の社長が、二〇〇八年、売春防止法違反で逮捕された。社長は料亭那覇のすぐ近くにあるホテルを経営していたが、そのホテルの部屋を、デートクラブの女性が売春をする目的で利用していたことを知りながら提供したという「場所提供」の罪だ。それも料亭那覇にホステスとして呼んだ女性たちに売春をさせていたのである。

私は、性風俗関係の仕事をしている五〇代の男性のクルマで辻を案内してもらったことがある。深夜、彼はゆっくりとハンドルを切りながら、辻の隅々まで回り、彼の知る料亭那覇売春事件の全貌を話してくれた。外から顔が見えにくい深夜にすること、途中でクルマから降りないこと、匿名にして録音はしないこと、が条件だった。私は運転席の後ろに座り、男性の話に耳を傾けた。

「バブル景気以降のことですが、那覇空港の到着出口にまで売春の斡旋業者が押しかけて、団体の男性観光客を勧誘したり、迎えにきたりする露骨な行動が目立つようになっていたんです。それも大手の旅行会社が企画するツアーや、内地の有名な企業の団体旅行に対してです。もちろん、ツアー側もそれは織り込み済みで、お客さんのなかには買春を楽しみにして来る人も多かった。さすがにここ十数年はそうしたやり方は控えていましたが、なりふりかまわない斡旋業者や料亭那覇の経営者のような者たちが、沖縄の性風俗が警察に取り締まられてしまう要因をつくったと私は思っています」

「料亭那覇」のオーナーは、店に来た団体観光客相手にデートクラブから派遣される女性たちから「入館料」を取っていたようだ。一人あたり五〇〇〇～六〇〇〇円だという。女性たちは建て前としては接待役のホステスとして来るわけだが、売春が前提である。

売春防止法に抵触しないように、売買春は「自由交渉」ということにしてあるが、観光客の大半も買春を前提にして来ていた。通常、デートクラブから連れ出して「買春」する場合、料金は平均すると二万〜二万五〇〇〇円くらいである。入館料は彼女たちが自腹で払うか、デートクラブ側持ち、ときには旅行会社が負担することもあった。私も辻でデートクラブから派遣された十数人の女の子がラブホテルへ移動するのを何度か見たことがある。

「日によって売り上げはちがうと思いますが、入館料というやつだけで、月に二〇〇万〜三〇〇万得ていました。年間で三〇〇〇万〜四〇〇〇万円になります。そのうえ、自分の経営するラブホテルを使わせるわけですから、濡れ手で粟でしょう。本当にあくどいというか、それを三〇年近く続けてきたんですから、入館料だけで一〇億円近く稼いでいたと思いますよ。社長の経営するラブホテルに、客と女の子たちが行列をなして騒ぎながら入っていくわけですから、そりゃ日立ちます。辻では評判悪かったですよ」

案内者は「料亭那覇」の経営者を何度も罵るのだった。そして、とあるビルの前にクルマを停止させた。

「そのカネを使って辻のあちこちの土地や建物を買いあさっていた。この建物もそうです。あそこの空き地になっている土地も社長が買ったものです。とにかくやり口が汚かった。仲居さんとして働いていた従業員にも売春をさせていました。というより、デートクラブから女性を引っ張ってきて仲居として働かせていて、多いときは五〇人ほどいた仲居の半分ぐらいがそういう女性でした。給料は払っていなくて、仲居は客を取って初めてナンボになる。が、表向きは給料を払っている格好にしていたんですよ。それも不動産にまわしていたのでしょう」

いったいそういう不法なやり口でいくらぐらい稼いだのだろうか。この一件を報じた『週刊朝日』二〇〇九年一月一六日号によると、土地建物登記簿で確認できるだけでも一九九二年から断続的に本人名義や経営する会社名義で土地一一筆（合計三〇七九平方メートル）を購入しているという。辻の因習のなかで売春が制度化され、その構造がいまだに生き続けていることを象徴する事件だったと言えるだろう。「料亭那覇」は現在も営業を続けている。

夜に生きる一人ひとりの経験

辻にはデートクラブが一五～二〇軒ある。外から見るとふつうのスナックにしか見えない。看板すら出していないところもある。たいがい店の入り口には店のスタッフが立っていて、客引きをしたり、ときには泥酔した客を断ったりもする。紹介がなければ入ることができない店もある。素性の知れた客ならスナックとして利用することもできるが、呑むだけでは女性には一銭も入らない。呑んでおしゃべりだけをして帰る私のような者はあまり歓迎されなかったが、店が暇な時は働いている女性も経営者も一緒になってビールを呑むことがあった。

女性と交渉して話がまとまれば、歩いて数十メートルのところにある契約しているラブホテルに一緒に入り、そこで約束の金額を渡し、大概、六割が本人、四割が店に入る仕組みになっている。私は辻のそうした店何軒かに出入りして、取材網を広げる起点にしていたが、なかなかインタビューを受けてもらえなかった。辻は真栄原新町などと比べると管理型で歴史のある売春街なので、人々の口が堅いように感じられた。しかし、真栄原新町や吉原が「浄化運動」で壊滅状態になった頃、真栄原新町で働いていた過去を持つ辻のデートクラブ経営者が突然、インタビューに応じてもいいと言い出した。どういう心境の変化なのか、私はそのあたりから訊きたいと思った。

二〇一二年も年の瀬になっていた。名前をケイコさんとしておこう。年齢は五〇すぎ。辻に店をかまえて一〇年ちょっとになる。沖縄県内出身で、別れた夫との間には二〇代前半の息子が一人いる。彼女が経営する店に顔を出した息子に私は何度か会った。人懐っこい性格で、那覇市内の繁華街で働いていると言っていた。息子はたまに母親の店を手伝いに来ていて、私を見かけると「ぼくはヤクザにはなりませんからねーっ」とふざけた調子で言うのだった。

ケイコさんが私の心を読むようにして言ったのは、「真栄原新町や吉原がつぶされたあとは、那覇市内の栄町か辻あたりだと思うんだよね。もうこの商売も終わりかもしれない」ということだった。渋ってきたインタビューをやっと承諾してくれたのは、商売の潮時を感じたからだろうか。

——関わってこられたデートクラブは、経営者と働いている女性が一体となった、家族的で相互扶助的な集まりという感じでしたか？　それとも、もっとビジネスライクな関係ですか？

「経営者のタイプによると思いますね。私のやり方は、女の子と店はビジネスの関係です。確かに毎日のように顔を合わせてますから家族的な部分はありますが、この業界は稼いでナンボで、どんなに女の子が稼げるように応援しても、条件のいい店に移られたりして、裏切られてバカをみることも多い。私も一〇〇人以上の女の子たちを使ってきて感じるんですが、この業界に入ってくる子はそれぞれいろんな事情があり、それを乗り越えて生きていくには当たり前の感情を殺していかなければ身が持たないんです」

——それはどういうことですか？

「好きでもない男と、ましてや酔っぱらいや、ヘンな性癖の男とセックスしなければならないわけです。だから、相手をまともな存在と思って当たり前の人間的な対応をするのではなくて、カネと割り切って頑張ればいい。でも、自分をコントロールしてカネを稼ぐのではなく、カネに操られるようになっていく女の子が大半です。そこからどん底におちてしまい、そうなると、この世界はなかなかやめられない。感覚がおかしくなり、儲け話とか人の借金の保証人とかに誘惑されると簡単に乗ってしまうようになります。経営者としては、カネが目的だけどカネに操られてはいけないということを教えなければならないと思ってます。よその店の子にくらべれば、うちはスレてない子が多いと思いますよ」

——何か学校の生活指導みたいな感じですね。

「そうかもしれないね。おカネに操られないということを分からせるには、まずは生活態度とか、言葉づかいとか、普通の生活をきちんとすることからですからね。仕事面で言えば遅刻、休みなどの事前報告をきちんとする。それすらできない子がいます。最初はいいのですが、三ヵ月、六ヵ月と慣れてきた頃からだんだんルーズになってしまう。そして私が怒ると逆ギレしたりもします。

育った環境などで個人差がありますよね。女の子たちに基本的な生活のルールを分かってもらうためには、個人差を把握した上で、一人ひとりに別な対応をしなければいけない。女の子たちはだいたいろくな躾もされてない環境で育ってますので、幼稚園児を扱うようなもんですよ。中には大学を卒業した子もいるんですが、それはそれで高飛車になって、自分は他の子とは違いますと主張したりする。私に言わせれば、大学行って仕事は売春って、どういうこと？　そんな気もします。

私は手っとり早くカネを稼ぐためにこの世界に入りましたが、ずいぶん長くなってしまいました」

――デートクラブを含めて、沖縄で売春に関わる女性たちというのは、どのような「理由」で働くようになるパターンが多いですか?

「初めての客で涙を流す子もいれば、作り笑いで気持ちを押し殺す子もいる。そうじゃない子は他所でやっていたか、援助交際などで売春の経験があって慣れた子ですね。働く子は、生活のため、贅沢のため、だいたい二通りだと思います。離婚をきっかけに働き出す子とか、旦那がいても生活費を補うため、悪い男に利用される子とか、いろいろです。昔は親の借金を払うためというのもけっこういたけど、今では少ないですね」

――真栄原新町や吉原が壊滅してしまったことについて思うことはありますか。「浄化運動」の主体になった「女性団体」に対して言いたいことは?

「女性団体に対して言いたいことは、特にありません。彼女たちに私たちの世界を理解してというのは無理なことでしょうし、社会の普通の感覚で言えば、私たちの世界はおかしな仕事ですよね。何も知らない主婦は、旦那が売春婦相手に遊ぶことを認めるわけがありませんから。でも見方を変えれば、素人相手に浮気するより、まだマシかとも思います。まあ、強いて言えば世の中の現実を見てほしい。古代からずっとある世界一古い仕事です。なぜそのような仕事が成り立つのか、男と女の性の違いを理解してほしいんです。

藤井さんに尋ねますけれど、何人もの女性から話を聞かれて、この世界の子たちがかわいそうだと思えますか？　たとえ売春という仕事をやり始めたにしても、おカネに操られずに生活していれば、ある程度の期間でやめて普通の生活ができるのに、彼女たちの大半はいつまでも……」

私はケイコさんの質問には答えなかった。いつかやめようと思いながらも足抜けできなかった自分を恨むような口ぶりに気押(けお)されてしまったのかもしれない。売春を続ける女性たちをひと括(くく)りにして同情を寄せる気はない。同時に「世界で最も古い仕事だから」といってこの稼業を丸ごと必要悪のように肯定するケイコさんの言い方にも馴染めなかった。当事者の抱えた事情やこの仕事への向き合い方は実にさまざまだ。遊びの金を得るために始めて抜け出せなくなった人もいれば、借金を抱えたすえにヤクザにカタにはめられた人もいる。「セックスワーカー」という自覚を持って労働環境の整備を訴えながら働いている人もいる。個別の問題を切り捨てて、既成の価値観でひと色に決めつけてしまっては、それこそ「浄化運動」と同じ次元になってしまうだろう。私は沖縄のアンダーグラウンドに生きる一人ひとりの話を聞くことの意味を改めて思った。

ケイコさんへのインタビューをしてから一年ほど経った頃に、タクシードライバー大城から、彼女が逮捕されたことを知らされた。売春防止法の斡旋の罪である。私は店に何度か行ってみたが、いつまでも閉まったままだった。

二〇一四年の春、私が国際通りを歩いていると、一〇メートルほど前方で手を小さく振る女性がいた。顔を思い出せない。近づくと、「藤井さーん」と声をかけてきた。「どなたでしたっけ?」と相手の顔をまじまじと見た。ケイコさんだった。辻の夜の街にいた頃とは別人のようだ。すっぴんに近い彼女には透明な美しさがあった。

「もう、やめたんだよね。逮捕されて、勾留長かったし、もうこの商売はできないと思ったからね。今度パクられたら実刑だから。沖縄では今までのような商売は難しいと思う。今はこの先の居酒屋でアルバイトしているから、こんど来てみて。おっと、遅刻しそう。じゃあね」

そう言って彼女は足早に立ち去った。私はケイコさんの後ろ姿が国際通りの往来に飲み込まれるまで立ちつくしていた。

第3章

闇社会の収奪システム

ヤクザ者を怒鳴りつけたおばあ

沖縄の方言でヤクザのことをアシバー（遊ばー）と呼ぶ。主に年配者がつかう言葉だ。かつてはカネを持って遊び歩いているヤクザ者がそう呼ばれた。それが今ではヤクザそのものを指す言い方になっている。

那覇市内のとある特飲街のスナックで呑んでいると、「アシバーは帰れっ！」と怒鳴る声が往来から聞こえたことがある。老婆が精一杯、声を振り絞ったような声だった。ヤクザを相手に威勢のいいおばあがいるものだなとドアを開けて見ると、作業服を羽織った白髪の男が千鳥足で遠ざかっていくところだった。ネオンは薄暗く、人通りもほとんどない道の真ん中で、数名の年配女性が「もう来なくていいよ」と言わんばかりに白髪の男の背中に向かって、野良犬でも追い払うようなしぐさをしていた。年老いた元ヤクザを怒鳴りつけたのか、酒癖の悪い「遊び人」を放逐したということなのか。

彼女たちはスナックへと客を引くために路上に出ている。自分が引いた客が入ればビールをついだり、話し相手になる。このような店は「おばあスナック」と呼ばれるが、だいたいどの店も、自分の客の売り上げの半分を自分の取り分にするというシステムになっている。オリオンビールの小瓶が一〇〇〇円だとすると、店と女性で五〇〇円ずつ分け合う。かつて売春をしていた女性たちが高齢になり、こういう客引きをすることも少なくないようだ。

私は特飲街などで、よくそういう客引きに応じて酒を呑んでいた。それは、沖縄のアンダーグラウンドに蠢(うごめ)く人々への取材の手がかりを得るためでもある。アシバーを追い払う声を聞いたのは、奄美出身だという七〇代のママが経営するスナックだった。店の経営権も彼女が持っているらしい。五～六人座れるカウンターとボックス席が一つ。客は私一人だった。外の様子を見ていた私がカウンターに戻ると、ママは「昔のクセが抜けなくて、タダで酒が呑めると思ってるわけさ。アシバーには昔は世話になったものだけど、今は呑んだらお金を払うのが当たり前だよ」と苛立っていた。

そうか、やはりあの千鳥足の男は元ヤクザなのか。沖縄に限らずスナックなどの水商売とヤクザの間には分かちがたくしがらんだ関係があり、かつてはみかじめ料なども存在し続けてきたが、近年、暴対法や暴排条例の浸透によって、表向きはそういうカネの流れが減ってきているのはまちがいない。沖縄では以前は、地回りのヤクザが売り上げの半分以上を吸い上げていたともいうが、景気がよかった時代ならまだしも、今、スナックがどこも閑古鳥が鳴いている様子を見ると、売り上げからみかじめ料を払うのは不可能だろう。

内地と沖縄を結ぶ売買春ルート

二〇一三年八月、出会い系サイトなどを使って沖縄本島内の女子中学生や高校生など一九人に、沖縄や東北地方などで売春行為をさせていたとして、沖縄県内の売春グループの三人が宜野湾署や県警暴力団対策課などに逮捕された。一九人のうち一三人は一八歳未満で、うち中高生が九人いたという。学校に通いながら売春をさせられていた少女もいた。デリヘル嬢として、沖縄のほか、宮城や福島、新潟、静岡など本土八県に派遣され、多い日には一日四~五人の相手をしていたようだ。

売春グループの男たちはインターネット上で女性になりすまし、一〇代の少女たちがよく使う絵文字などを用いて、割のいいアルバイトがあると誘う。同世代の同性からの勧誘や情報提供が売春のきっかけになることが多いという慣例を知ってのやり口だろう。そこで「釣られた」少女たちは金額や場所などの説明を受け、客のもとへと送迎されるという仕組みだ。少女たちが売春をして得たカネは主犯格の男に集められていたが、一部が沖縄の指定暴力団・旭琉會(きょくりゅうかい)の構成員にも渡っていたことが判明した。その構成員は、別件の組織犯罪処罰法違反（犯罪収益の収受）容疑で逮捕されていたが、売春マネーが暴力団へも流れていることが明らかになったのである。

このように、暴力団構成員や関係者が少女を勧誘する行為に直に絡むのではなく、本土へ「派遣」する際、あるいは沖縄へ連れてくる際に、仲介者として各地域で関わるケースはめずらしいことではない。本土と沖縄を結ぶ売買春ルート。——本土の繁華街から沖縄の風俗街へ、ヤクザが絡んだルートに乗せられて人身売買同然で女性が連れられてくる。あるいは沖縄から本土へ一〇代の女性たちが半ば騙されるように連れて行かれ、借金返済を本土でさせられる。そうした話は沖縄のアンダーグラウンドに少しでも足を踏み入れるとすぐに耳に入ってくる。

沖縄ヤクザの戦後史

ここで沖縄ヤクザの歴史を辿ってみたい。沖縄ヤクザのルーツの一つは、戦後の米国統治下で「戦果アギヤー」と呼ばれた、衣類や薬品などの米軍物資を基地から盗み出し、沖縄や台湾や近隣アジア一帯に売りさばいていたアウトロー集団である。「戦果アギヤー」が扱う盗品は、拳銃や火薬など戦争で使用する武器弾薬類も含まれていた。

米軍の取り締まりが厳しくなると、彼らは特飲街の米兵相手のバーからみかじめ料を取ったり、酒場を経営したりしてシノギを得るようになる。彼らは不良米兵対策の用心棒としても重宝されていた。おばあたちに追い払われた先の老アシバーは、当時特飲街を肩で風を切って歩いていた感覚が抜けきらないのだろうとスナックのママは言っていたが、往時の記憶は今やかろうじて残るばかりということだろう。

一九六〇年代に入ると県内各地でアウトローたちが新たに頭角をあらわすようになり、それがグループ化して愚連隊になっていく。那覇市を拠点とした「那覇派」と、コザ市（現沖縄市）を拠点とした「コザ派」が生まれ、縄張りなどをめぐって血みどろの抗争を繰り返すようになった。

コザ派は主に戦果アギヤーをルーツとし、那覇派は空手道場の使い手たちが用心棒稼業を始めたことが母体となっている。やがて「コザ派」から「山原（ヤンバル）派」、「泡瀬（あわせ）派」などに分派し、那覇派からも「普天間派」が分派し、それらが入り乱れて激烈な抗争を展開する。しかし、一九七二年の沖縄の本土復帰を前に、沖縄上陸を目論（もくろ）む山口組を阻むために彼らは大同団結し、一九七〇年に「沖縄連合旭琉会」を結成するのである。すでに沖縄には山口組に近い別の組織も存在しており、そうした存在が沖縄ヤクザの結束をうながしたという見方もあるが、いずれにせよ、全国制覇を目指す山口組系の沖縄事務所はわずか一ヵ月で撤退することとなった。大同団結は功を奏したのだ。

ところが復帰の二年後の一九七四年、構成員の処遇をめぐって沖縄ヤクザは分裂する。「沖縄連合旭琉会」を脱退した上原一家は、「沖縄連合旭琉会」の大幹部である「ミンタミー」こと新城喜史（しんじょうよしふみ）を宜野湾市のクラブ「ユートピア」で射殺する。クラブユートピアはすでに取り壊されてもはや痕跡もないが、当時は真栄原新町の「入り口」に面した県道を大謝名方面に一〇分ほど歩いた左手あたりにあった。その先はかつてはキャンプブーマーやキャンプマーシーがあり、一九七二年に返還された土地である。国道五八号と交わる一画の路地にはかすかに当時をしのばせる老朽化した謝名特飲街が残っている。小さな一画なので、注意を払わないと気づくことはないだろう。地元の古老の話では、当時は映画館やスナック、クラブなどが軒を連ね、米軍基地から派生して潤った典型的な特飲街だったという。

新城を殺された沖縄連合旭琉会側は上原一家に対して凄惨な報復を加え、さらに抗争は激化した。新城のあとを継いだ又吉世喜も、識名園で犬を走らせながらオートバイを運転しているところを、あとをつけてきた敵対勢力に銃殺された。抗争で使われた武器には米軍がベトナム戦争で使用していたものも数多く含まれていたようだ。この抗争では双方で六名が死亡する。

二人の大幹部を殺された沖縄連合旭琉会は一九七六年、「沖縄旭琉会」と名を改め、八一年に山口組直系組織と兄弟分の盃を交わす。しかし、組織内に反発がくすぶり、一九八二年、二代目旭琉会の会長である多和田真山が、ナンバー2の地位にいた富永清率いる富永一家の組員に沖縄市のスナックで射殺される展開となった。三代目会長となった翁長良宏は富永と協力体制を構築したため、その後七年ほどは平和が保たれていたが、一九九〇年代に入って両派の内部抗争が起こる。この二つの暴力団間のぶつかり合いは「第六次沖縄抗争」と呼ばれ、熾烈をきわめた。これにより無関係の高校生と覆面パトカーで警戒中の私服警察官二名がそれぞれ対立組織の組員と間違えられて射殺されるなど常軌を逸した事態を呼び、沖縄で暴力団排除の風潮が強まる結果となった。また、これを機に県警の徹底的な「頂上作戦」が勢いづいた。

抗争をおさえ込もうとする県警や県民の運動は、全国的な暴力団対策法の制定への追い風にもなった。暴対法施行直前の一九九二年二月に抗争終結宣言が出され、分裂から二一年を経て沖縄旭琉会が四代目旭琉会を吸収合併するかたちで、二〇一一年一一月、「旭琉會」ができる。初代会長となったのは富永清だった。沖縄ヤクザの悲願とされた統合まで、那覇派とコザ派の抗争から数えればじつに四〇年以上の長きにわたる時間を要したことになる。

旭琉會の大幹部に話を聞きに行く

沖縄ヤクザの歴史の中では、上陸してきた山口組を「島ぐるみ」で追い返すために団結が成立することもあったが、内部抗争の渦中で山口組系組織に協力を依頼するなど、沖縄ヤクザと本土ヤクザの接点が無数に生まれた。沖縄ヤクザが内ゲバ抗争を繰り返せば繰り返すほど、本土のヤクザとさまざまな関係ができたのである。沖縄で殺人を犯した構成員が報復を避けるために本土へ逃げ、そのまま行方が知れなくなるケースもあった。本土のヤクザにかくまわれながら各地を転々とし、闇社会の中で身を隠し続けたのだろう。また沖縄を飛び出して内地の暴力団に飛び込み、そこでのし上がっていった者も少なくない。

旭琉會は建て前としては山口組などの本土の大組織とは「友好関係」にあるが、直接的な上下関係はなく、旭琉會の二次団体のある幹部は今でも「菱（山口組）が直轄している風俗店などには神経を尖らせていますよ」と口にする。沖縄ヤクザと本土ヤクザの間には複雑な感情が絡み合っていると言っていい。

そういう微妙な関係なのだが、内地の暴力団と沖縄の暴力団が連携して、シノギとして「人身売買」に関わるという現実は、これは間違いなくあるのだ。

私は旭琉會の大幹部にそのことを尋ねる機会を得た。彼は現在の会長を支え、長年にわたって分裂状態にあった両派を統一に導いた重要人物の一人であり、沖縄のヤクザ社会の生き証人と言っていいだろう。大幹部には、事前に雑誌記事と手紙を送り、取材の意図を伝えておいた。

大幹部宅で話を聞けることになった。若い衆が詰めている部屋の横を通り、玄関から大広間に通されると、古武士のような面持ちの初老の大幹部が出迎えてくれた。黒澤映画にでも登場しそうな存在感があった。あらかじめ訊きたいことを手紙で伝えてあったが、開口一番、大幹部が私に言ったのは、「私はね、個人的には女で飯を喰うことは嫌いなんだ。我々の世界は一定の品格というものも必要でね。クスリ（覚醒剤）や女はやらないとか。もちろん一部の者はやっていると言われてもしかたがないが、半グレのやつらとは違う組織の規律が必要なんです」ということだった。そして、「この問題は君のほうが詳しいと思うよ」と前置きしながら丁寧な口調で語り出した。大幹部の携帯電話はひっきりなしに鳴ったが、そのたびに「ちょっと失礼する」と私にことわりを入れる律儀な対応ぶりだった。

「一昔前は双方の合意の上で、納得のいく金額をみかじめ料としてもらっていた。真栄原新町や吉原ではボディガードというより、何か客とトラブルがあった時に対応するということです。真栄原にはたまたま二次団体の事務所があったけれど、真栄原をおさえるためでも、女を管理するためでもない。復帰前までは、一家のやつが逃げた女をつかまえるという仕事もあった。沖縄の女が内地へ逃げるパターンです。Aサインバー（米軍許可施設。後述）でも、売春をやらされなくても、たくさん借金をさせられよったから、女は逃げるんです。そういうことはあったが、沖縄のヤクザ社会全体として売春を収入源にしてきたことはない。むしろ警察のほうが（業者から袖の下を）もらっているんじゃないか」

そう言って彼は警察批判へと話を転換した。売春を事実上放置してきたのは、金銭などの授受がひそかにおこなわれていたからで、警察こそがそれに甘んじていた面もあるのではないかと言いたいようだ。

――沖縄と本土の間の売春ルートには本土のヤクザも絡んでいて、本土のヤクザも、沖縄のヤクザも逮捕されていますね。

「あくまでそれは個人プレーさ。組織でそういうことは一切やっていない。そういうシノギには組織はタッチしない。沖縄に別の組織が入ってきて事務所を構えたりすれば、それはいちゃもんつけるだろうけど、単発的な個人プレーについては組として関知しない。かといって、厳しいお触れを出したりもしていないが、組員の奥さんがそういうことをしているとか、その手のスナックをやっているとか、そういうことはたまにあると思う。内地とのルートも組員の個人的なつながりだろう。事実、この問題で、これまで暴力団対策法の使用者責任を幹部が問われたことは一度もない」

先述した第六次沖縄抗争時、一九九〇年一一月、那覇市前島の組事務所前の路上で、アルバイト中に対立組織の組員と間違われて射殺された定時制高校生の両親が、当時の沖縄旭琉会の富永清会長と実行犯らが所属する島袋(しまぶくろ)一家の島袋為夫総長と実行犯らを相手取り、総額一億円以上の損害賠償を求めて提訴した。これは刑事責任を問えない暴力団の幹部に「使用者責任」（民法７１５条）の適用を求める全国初の訴訟で、これ以降、山口組五代目組長らが提訴されるなど、全国各地で同種の訴訟が起こされるようになった。

最高裁も、沖縄ヤクザのトップの使用者責任を認めない二審判決を支持する結果に終わったが、この裁判の過程で暴力団追放沖縄県民会議が結成され、組事務所使用禁止訴訟も起こされた。沖縄における暴力団への嫌悪感の根っこの一つはここにもある。全国的な「反暴力団」の狼煙(のろし)が沖縄から上がっていたことは意外に知られていないのだ。

売春は組織の資金源じゃない

――琉球空手を体得していたヤクザは、乱暴を働く米兵相手に素手で喧嘩をしたという話も聞きますが、沖縄の売春街の「治安」のためにヤクザは必要だったと思われますか？

「私がこっちでヤクザになった頃は、自分のオンナがそういう商売をしているというのはあった。復帰前の沖縄は『アメリカ世（ユー）』（米国統治時代）で仕事もなく、女性はほとんど売春でしか喰っていく方法がなかった時代ですから。戦後の米兵の狼藉（ろうぜき）は実際には知らないんだが、ひどかったということはもちろん聞いている。米兵とトラブると、組織というより、ヤクザが個人的に対応してきたと思うが、同時に組織があったから、不良や腕っぷしの強い米兵がそれ以上は暴れなかったという面はあると思います。かといって、こっちが組織として意識的にその街を守ろうとしたわけじゃない」

――真栄原新町や吉原などがなくなっていくことをどう思いますか？

「浄化運動の事情は詳しくはわからないが、私としては街がなくなっていくことにはとくに何も感じない。ああ、そうかという感じだな。ああいう街が売春という商売で成り立っているのはよろしくないと思っているんだ。いろいろと事情はあるとは思うが、そこにヤクザが関わっているとしたら、スナックやクラブをやるよりラクにシノギができると思ってしまうのかな。ああいう街はないほうがいいとは言わないが、なくなることを残念に思う感情はわかないね。警察がずっと街をつぶそうとしてきたから、ああ、まただという印象です。

警察は社会正義だと思ってやっているんだろうが、売春は組織の資金源じゃないのはおかしい。何度も言うが、警察がヤクザのせいにしているのではないか。はっきり言ってうまみも少ないんだ。組を抜けたやつがやっている場合が多いのではないか。うちでやったことがわかったら破門です。うちは厳しいんです。とにかく女を使って稼ぐのはよくない」

やがて大幹部の話は、二〇一一年に沖縄県でも施行された暴力団排除条例への疑問に移った。

「我々といえども人間扱いをしないというのは、基本的人権を考えたときにおかしい。ヤクザというだけでアパートも借りられないなんて間違っていると思わないか。法の下の平等は守るべきだと思う。沖縄ではヤクザが一般の人に会うのを遠慮するぐらいだが、人間と人間のつき合いがあるし、芸能界なんかはそれで成り立ってきた。とくに沖縄は芸能人と我々の距離が近い。我々とつき合って悪質な利益をあげているのなら話は別だが……」

そして大幹部は、「かつて米兵からの暴力をなくすために、防波堤のように売春街ができた側面があるとは知らなかった。君の文章を読んで初めて知ったよ。女性を性の防波堤にするのは間違っている。僕はヤクザだけどそういうことはよくないと思っているんだ」と別れ際に付け加えた。

吉原をシマにしていた元ヤクザ幹部に会う

それからしばらくして私は、かつて吉原やコザ一帯をシマにしていた、暴力団の元幹部に会う約束を取り付けることができた。その組はいまも存続し、旭琉會の二次団体となっている。

私は彼に教えられた住所に向かった。ゴーストタウンと化した吉原から歩いて数分のところにある古びたアパートだ。電話をかけると「ああ、着きましたか。いま行きます」と元幹部は答え、しばらくすると私の目の前のアパートの二階のドアがゆっくりと開き、杖(つえ)をついた老人が一段ずつ階段を降りてきた。元幹部は七〇代前半で、肺病を患っているという。そのせいで痩せ細り、かなり老けて見える。「体調がすぐれないから、長い時間は辛(つら)いのですが、どこか近くでコーヒーでも飲みましょうか」と、クルマで数分のところにあるファストフード店に入った。店内では若い親子連れがはしゃいでいる。子どもたちの喚声で元幹部のしゃがれ声はかき消され、口元まで耳を近づけなければ言葉を聞き取ることができなかった。

元幹部に旭琉會の組織図を見せると、彼はそこに目を落とし、人名を指でなぞりながら、ああこの人はもう亡くなりましたねえ、ああこの人はもうヤクザを辞めてますよ、と懐かしそうに話し出した。元幹部は、本土復帰直後にヤクザの道に入り、沖縄連合旭琉会と上原一家が抗争状態に至ったころに「戦力」として請われてコザにきたという。

「私はもともと浦添出身で、そこでヤクザをやっていました。戦争（抗争）が続いていた一九七〇年ころにこっちの組に頼まれて応援で入ったんです。吉原では、街ができてからしばらくはみかじめ料をもらっていたと思います。街の店の組合とは反目してましたから、個々の店からもらうようにしていました。店に属してない立ちんぼの女の子も、いちおう組にことわってからやってましたね。ですが、全部の店からもらっていたわけではありません。全体の半分ぐらいですね。売春をしている店が多かったが、売春をしてない店もありました。組員の妻や、愛人がやっている店もありましたし、組の事務所も街の中に置いてました。当時は我々の重要な資金源の一つではありました」

――みかじめ料はいくらぐらいだったんですか？

「月に二万円ぐらいですよ。店からもらうこともあったし、個人からもらうこともありました。何十万とかは店も払えませんし、我々ももらえません」

――街ではどういうトラブルが多かったのですか？

「このあたりは米兵相手に商売してきた街ですから、店で米兵が酔っぱらって暴れたり、女の子にしつこく言い寄ったりした時には間に入りました。もちろん沖縄の男が遊びにきて、店や女の子とモメても連絡が来る。モメるのはだいたい金額についてです」

——上部団体や幹部は知っていたのですか？

「知っていました。が、シノギとして組をあげてやっていたわけではないんです。街には荒っぽいやつらも集まってきますから、自然と用心棒的になっていった。幹部の許可を得るとか、そういうことはしていません。そもそも沖縄のヤクザはシノギは個人単位です。組織立ってシノギをするということはほとんどない。多くは別の仕事をしながら、組に属しているんです。ヤクザとしてはバクチやかすり（上前をはねること）で稼いでいました」

——店との関係は街がつぶれるまで続いていたのですか？

「私はもう引退して数年になりますが、現役の頃のある時期からはやめていました。いつからとははっきりと言えませんが、本土復帰してからはだんだんとつき合いがなくなっていったと思います。とくに一〇年前ぐらいからは景気もよくなくて、みかじめ料ももらえなくなりましたね。それに、暴力団とつながりがある店は警察から狙われるようになったから、もともと組合も我々と接点を持つのを嫌がってきたし、無理強いはできません。街に活気はあったのですが、売春の店から集めるカネはあてにできなくなっていったんです」

――ときどき、ヤクザが絡んだ人身売買事件が報道されますね。

「そうですね。喰えないから、そういうことをするんだと思いますよ。ヤクザが喰うのに困っている。内地のヤクザと組んでそういうことをやるんです。いま沖縄のヤクザはほとんどが正業を持っていると思います。ちがう仕事をしながらシノギをしている。でも、覚醒剤や売春に関わっていることがトップにバレたら破門ですから、組には戻れなくなる」

「浄化運動」によって吉原が街としての歴史に幕を降ろしたことを、元幹部に問うてみた。彼と私が向かい合っているファストフード店からは、吉原が目と鼻の先だ。元幹部は吉原の方角を見ながら言った。

「お客と結婚する女の子が多かったですね。そうすると仕事をやめて、スナックを出したりしてました。街がなくなる前は、ブラジルなど南米、フィリピンや韓国からも女の子が来ていました。地元の子もいましたが、内地から来る子も年々増えていましたね。むかしは生きるために仕方なくやっていたと思うが、今は遊ぶカネ欲しさや、昼間の仕事に就けない女の子が多くなったように思えました。それにしても、今は真っ暗な街になってしまって……賑やかだったのにさびしくなったなあ。真栄原新町や吉原は、警察と市民軍団によってつぶされたわけです」

元幹部が「市民軍団」と口にしたのがおかしかった。名うてのアシバーから「軍団」と呼ばれる市民運動は、沖縄のアンダーグラウンドにとって相当の脅威だったのだろうか。

元幹部の声がだんだん聴き取りづらくなり、咳がまじるようになった。体力の限界だろう。

まるで人身売買のような非道な所業

かつて真栄原新町で「ちょんの間」を経営していて、街に「浄化運動」の波が押し寄せてくると、早々に見切りをつけて廃業し、その後は那覇市内の繁華街の一角で風俗案内関係の仕事に就いている人物が私に語ったことがある。

「今はヤクザはシノギがキツい。だから売春は手っとり早いが、組員のままでやると上部の責任が問われるから、組を抜けてからやるパターンが増えてますね。ホスト遊びで借金でクビがまわらない女や、家出してきた女をひっかけるのは簡単です。それに今は売春のハードルが低いから、もうかるよと言えばついてくる。私は元組員ではありませんが、スカウトするやつや、カネを貸すやつなど、関わっているうちの誰かが暴力団と接点があることはまちがいない」

いわゆる「共生者」だ。指定暴力団の構成員ではないが、ヤクザネットワークやヤクザマネーと共生している者たち。かれらが売春防止法や児童福祉法違反で逮捕されたとしても、一網打尽となるような証拠はない。警察は共謀共同正犯で幹部を挙げようとするが、非常に難しいのが現状だ。

彼は私に二〇〇一年に報道された、売買春絡みのある事件のことをしきりに語った。それが一つのターニングポイントだったと言うのだ。『琉球新報』二〇〇一年二月三日付に、「『まるで人身売買』／悪質化する売春あっせん」と題した記事が載った。

《昨年4月以降、売春問題で警察などに駆け込む深刻なケースが増えている。1月31日には売春防止法違反（売春の場所提供）に問われていた女性飲食店経営者（40）に懲役1年6月、執行猶予3年が言い渡された。県外出身の女性が多額の借金を背負わされ売春を強要されているケースもあり、あっせんルートが浮かび上がっている。

「ドライブしようよ」。A子さんは、札幌（さっぽろ）の繁華街で男に声を掛けられた。サラ金に約数十万円の借金。持病が理由で仕事もみつからずあせっていたA子さんは「夜の仕事だけど」との言葉にためらいながらも誘いに応じ、別の男を紹介された。男は「売春は犯罪だけどソープ（個室付き特殊浴場）は違う。危険なものではないので心配しないで」と強調した。

大阪経由で沖縄へ。沖縄に来るまでに会った数人の男たちの人相は、次第に怖くなっていった。働く条件として①紹介料と利息を含めた300万円の借り入れ②1年1カ月間働く③返済は1日3万円の百回払い――を提示。怖くてとても断れなかった。連れてこられた宜野湾市真栄原の社交街は異様な雰囲気が漂っていた。初めて事態の深刻さに気が付いた》

この記事によると、同じ店には同ルートで来たらしい北海道出身の二〇代の女性もいた。他の店にも県外出身の若い女性が多く、中には一〇代もいたという。偶然にもA子さんと同郷の女性の姿もみられた。

《店ではベッドと鏡台があるだけの六畳部屋が与えられた。家賃2万円の仕事場兼住宅。シャワーとトイレは共同。台所はなく、シーツは2、3日に一回替えるのみ。1日15本（15分を一本と計算）、7万5000円のノルマが課された。4割は経営者への支払いだった。

客を取るたびにとても惨めで情けない気持ちになった。自然と小声になる呼び込みに何度も怒鳴る経営者。ノルマを達成できないと延長して働かされた。数十万の借金が数百万に膨れ上がってしまった》

県警はあっせんルートの解明などの捜査を進めたと記事にはあるが、大阪から沖縄まで連れてきた男について逮捕状を取ったものの、行方はつかめなかったという。こうしたルートには複雑に闇社会のネットワークが絡んでいる。私は、こうしたルートに乗せられて沖縄へやってきて、七年以上にわたって沖縄でセックスワーカーとして働いてきた女性とコンタクトをとることができた。

大阪から沖縄に売られた女性

ユリさん（仮名）と知り合ったのは、那覇市中心部にある風前の灯（ともしび）状態にある風俗街だった。その一角にある「旅館」の薄暗い入り口に座って、ユリさんは女性ファッション誌を読んでいた。沖縄では「ちょんの間」のことを「旅館」と呼ぶことが多いが、本土復帰後に売春防止法が全面施行されて以降、売春業を公然と営んでいた「特殊飲食店」が「旅館」と看板を変えたことに由来すると言われている。

赤い照明で玄関付近が照らされ、三人の女性が客を待っていた。ユリさんは奥にいて、比較的、年齢を重ねているように見えた。声をかけると、彼女は顔をあげた。「私？オッケー。奥へどうぞ」

「旅館」は築年数五〇年以上の二階建て木造家屋で、一階はベニヤ板で仕切られた個室が並んでいた。内部は薄暗い。黴臭さが鼻をつく。部屋に入ると、四畳半あるかないかで、煎餅布団が敷きっぱなしになっていた。部屋は赤色の電球がついていて、壁全体が薄赤色に染まっている。汚れたキティちゃんの毛布が目に入った。そこで初めてユリさんの姿をまじまじと見た。かなり太った三〇代後半と思われる女性だ。脂肪のついた下腹がジーンズの上に乗っている。

　私は自分が知りたいことを率直に告げ、雑誌記事のコピーを渡し、もし取材に応じてくれるなら、今度来るまでに読んでおいてくれるように頼んだ。彼女は相槌（あいづち）をうちながら私の申し出を聞いてくれたのだが、自分が大阪出身で、高校を出てからヘルスなどの性風俗で働いたあと沖縄に渡り、真栄原新町で働いてきたと来歴を明かしてくれた。

　数日経って彼女から連絡がきた。まずは夕飯を食べにいこうという誘いだった。彼女の「職場」の近くにある、彼女の行きつけの焼き鳥屋に入った。いきなり客のふりをして訪ねてきた中年の男をユリさんが警戒しないはずがない。彼女のほうから私にいろいろと質問してきた。どうして「書く」仕事を選んだのか、どうして沖縄に通いつめているのか、女が身体を売って稼ぐことをどう思うか……。私が逆取材を受けているような展開になったが、プライバシーを打ち明けてもいい相手かどうか、取材者としての私を見極めようとしていたのだと思う。

　それからまたしばらくして、彼女から連絡がきた。自分の身の上を何度かに分けて話してくれるという。インタビューを受けることを承諾してくれた理由を尋ねると、「藤井さんが雑誌に書いた通り、沖縄にこういう街があったことを記録しておいてほしいから」と言った。最初のインタビューは、沖縄市にあったユリさんのアパートの近くの喫茶店で行った。彼女は沖縄市から那覇までバスで通っていたのだが、アパートにはたまにしか帰らず、ほとんど「ちょんの間」に住み込んでいたようだ。

「宜野湾市の真栄原新町には二〇〇〇年の八月、二六歳の時に行って、八ヵ月間働いたよ。翌年の五月に内地に戻ったの。ヤクザみたいな人たちの繋がりで来たから、あっちとこっちのパイプラインがあって。大阪のヤクザと沖縄のラインだね。内地からこっちへ来ている子の半分ぐらいは、そのラインだと思う。全国で借金とか抱えている女の子の情報を把握するネットワークがどっかにあるんじゃないかな。内地から来る女の子はそれに乗っかって沖縄に来てるパターンが多いよ」

沖縄―本土ルートをいきなり目の当たりにさせられたことに私は驚いた。しかし、ユリさんは鬱々とした表情は見せない。あっけらかんとした語り口で、煙草を頻繁にふかしながらしゃべり続けた。

――どうやってそこのネットワークとユリさんがつながったわけ？

「私はよくホストクラブで遊んでいて、お金を払う払わないで揉めちゃった。その時にその店のホストにストーカーされて、お金を払えって言われ続けたの。自宅もずっと見張られて、私が働いていた風俗店もずっと張られて、払えないって開き直っても押しかけてきた。そのホストからの電話には出ないようにした。お金は払えないから無視してたら、今度は公衆電話から一日に何十件も取り立ての電話が入る。それで精神的におかしくなってきたんだ。

それで、知り合いの女の人に相談したの。未払いが二〇万円くらいあって、払えないからストーカーされてるって。そしたら、『自分の知り合いにカタつけさせて支払いを半分にするから、その代わりこっちに一〇万円払って』って言うから、それに従ったの。だけど、その話はウソで、私はバカだから、いいように利用されて、カタはつけてもらえなかったんだ。その上、その女の人がカタつけるために動いたからカネ払えっていうことになって、その人の知っている闇金を紹介されて、借りて払うことになったわけ。

それで闇金への一回目の支払いのために、当時やってたヘルスの仕事を超頑張ったんだけど、どうしても足りなかった。すみませんって謝っても、それじゃ困るって言われた。どうしたら良いんですかって訊くと、沖縄に借金抱えてる子を紹介するところがあるけれど、どうする？　って誘われたわけ」

借金地獄から売春強要へ

返済に不足したのは数万にすぎなかったが、闇金から借りたカネにはトイチ（一〇日で一割という高い利息のこと）で違法な利息がつき、あっという間に雪だるま式に借金がふくらんだ。この時点で完全にカタにはめられたわけだが、ユリさんはそれに気づかなかった。

「とりあえず沖縄に一週間ちょい行って様子見て、大丈夫そうだったら、そのままいて頑張りなよって言われたの。借金がなくなって貯金ができるよって。もし一週間いてダメそうだったら帰ることもできるからって。でも、いざ行ったら、聞いた時とはぜんぜん話が違ってて、来た月はカネが入らないとか訳わかんないこと言われて、八月から半年間の約束だったのにそれが延びることに最初からなってた。その上、紹介してもらった沖縄のお店と、大阪の紹介者に一〇〇万円の紹介料が取られるわけ。それも全部、私の借金になってたの」

――端的にいうと、つまりはユリさんは売られてしまったわけだ。結局、いくらぐらい借金をつくらされてしまったの？

「トータルで日掛けで三〇〇万組まされて、金利が五〇万円ついて、三五〇万円の返済になってた。本番は一五分で五〇〇〇円。最初は経営者と折半だった。だから客を一人取って二五〇〇円。一日の返済額は二回に分けて取り立てにくる金融業者に払うんだけど、利息分だけでも一日に一万以上払わないといけない。それだけでも最低でも四人取らないとダメ。それに足りないと、不足分にまた利息がついたりして借金が増えるわけ。それに借金を支払ったら、生活費がないから、さらに客を取らなきゃなんなかった。携帯もなにもかも没収されるし、財布の中身も常にチェックされるし、チップとかもらってもそのまま売り上げで持っていかれるし、ほとんど監禁だね」

——一日に何人の客を取らなければならないというノルマはあったのですか？

「一日に一五本取らなきゃいけないことになってたの。ノルマが達成できないと、夕方五時から朝の五時までみっちり働いた後に、店のオーナーに呼ばれるんだよ。へとへとで疲れているのに、主（オーナーのこと）のおうちに呼ばれる。それで説教されるの。お前なんで今日こんなに本数が少ないんだって。そういう説教がイヤで頑張ったっていうのもある。

たまにお店のママが、『私がお金出すから付けときなさい（足しておきなさい）』って言ってくれたんだけど、『イヤです』って断ってた。取れないのは自分が悪いんだから、と……。ある日、夕方五時から朝五時までの間であと三〇分で終わりというときに一三人だった。あと二本取らないといけない、その時ママが見るに見かねて、『私が一万円出すから付けときなさい』って。つまり二本分を足して、それでノルマを達成したことにしなさいということね。オーナーに対してはノルマが達成できたように見えるから。でも、悔しいからそういうのはやらなかった。日掛けの借金を返すと、残った分が給料としてプールされてた」

——オーナーのことを沖縄では「主」と呼ぶんだね。ママさんというのは、その主から店を借りて経営している立場の人のことですね。日掛けの借金を回収しに、業者が一日に何回もやってくると聞いたことがあるけれど。

「売り上げの回収は主がやって、主が貸し金業者の『集金さん』と呼ばれている人にお金を渡すわけ。ひどい話なんだけど、夕方五時から朝五時までがむしゃらに働いても本数が少なかったら、一〇〇〇円しか『前借』できない仕組みになってた。『前借』っていうのは、タバコとか飲み物とか自分で使う生活費をプールされてる自分の給料から使うこと」

——最終的には借金を返し終わって、貯金もできたわけですか？

「自分の借金を返し終えて残ったのが七〇万円ぐらい。売れっ子だと、一〇〇〇万円の借金を返して二〇〇〇万円貯めて内地へ帰った子もいたよ。ナンバーワンやナンバーツーはそうだった。沖縄にマンション買ったりとかしてた女の子もいたね」

私は「県外から連れてきた少女ら4人に売春強要」と題された一枚の新聞記事のコピーをユリさんに見せた。記事にはこうある。《沖縄県宜野湾市で、県外から連れてきた少女ら4人に売春を強要していた飲食店経営者ら4人が逮捕された。高校生の少女(17)を含む4人の女性はいずれも関西方面出身で、男らに借金を理由に売春をさせられていたという。逮捕されたのは、宜野湾市真栄原の飲食店従業員、三沢光彦(29)、浦添市前田の無職、松本良一（28）、宜野湾市真栄原の飲食店従業員で五代目山口組系健心会組員、松本和之（27）、住所不定の飲食店経営で三代目旭琉会構成員、川平春次（39）。4容疑者は宜野湾市真栄原の飲食店内で少女らに売春をさせ、またアパートに住まわせ管理していたという。宜野湾署は売上金は暴力団の資金源になっていた可能性が高いという。「借金があるんやから働いて返さんといかんやないか」と脅されていた、と、少女は話している》

——『琉球新報』二〇〇四年一〇月二日付夕刊

一読して目をあげたユリさんに「ユリさんは、よく逃げ出そうとしなかったね」と私が言うと、彼女は自嘲気味に笑ったが、私に同意を求めるように述懐した。

「私、がんばったよね。意地もあったし、大阪にいた時つき合っていた人もいたし……。その人もヤクザだったけど、私を売り飛ばしたやつとはグルじゃない。つき合っていたヤクザは行く行かないはお前が決めろって言ってた。大阪の風俗で働いていた給料も一回彼氏に渡して、一日おきに一万円もらっていたの。持っていたら使ってしまうことになるし。借金の支払いが滞っちゃまずいじゃん。だから全部給料預けて、二日に一回一万円もらって、それで自分が欲しいものがあればそこから買って、家賃もそこから払ってた。

彼氏は、お前が沖縄から帰って来るのを待ってる、お前が沖縄に行ったからって俺はお前を見捨てたりしないよって言うの。じつは、沖縄で借りた三〇〇万のうち、二〇〇万はその彼氏に送ってたの。というのは、大阪でホスト以外にもトイチの借金があったから、それを全部清算してもらったり、沖縄にいる間のアパートの家賃とかも全部払ってもらってたの」

「売られた」沖縄に再び戻るまで

ユリさんがはまった借金地獄を「自己責任」というのは簡単だが、あきらかに恣意的に仕組まれた罠(わな)に陥れられ、人身売買の被害者になったと言っていいと思う。しかし、それを彼女は認めたくないようだった。彼女の「自分はだまされたのではない」という自尊心を込めた言い方も、彼女が逃げ出そうとしなかったことも、ユリさん流のけじめの付け方なのだろうと私は解釈するしかない。

その大阪のヤクザとは別れ、結果的には沖縄に渡って八ヵ月ほどで借金はすべて消えた。貯金は七〇万円できた。生々しい傷跡を見せられるようなユリさんの被害体験なのだが、私が沖縄で知り得た範囲では、ユリさんと同じように警察へ駆け込むより我慢して境遇を受け入れてしまうケースが多いようだ。だからこのような非道な所業が犯罪として表沙汰になることが少ないのである。

「沖縄に八ヵ月ぐらいいて、それで全部返し終わって、また大阪に帰った。当時、真栄原新町は内地や沖縄の女の子が二〇〇〜三〇〇人もいたから、これ以上女の子を置く箱

（店）がなかったこともあるし、お前は借金終わったから帰ってもいいぞって言われた。じゃあ帰りますって、飛行機のチケット取ってもらって大阪に帰ったわけ。

二回目に沖縄に来たのは、真栄原新町で友だちになった女の子を訪ねていったの。彼女は結婚して沖縄に永住する予定の女の子なんだけど、ずっと連絡を取り合っていた。同じ関西出身だし歳も近くて仲よくなった。そしたら、ある日連絡が取れなくなったんだよね。で、沖縄にいる共通の知り合いに電話して、『連絡取れないんだけれど知らない？』って訊いたら、なんとその時、その知り合いのすぐ横にいたのよ。電話をかわってもらって話したら、旦那さんとケンカして、携帯を折られて、ケンカした時に首の骨も折られて全治三ヵ月で入院してたって。それで私の連絡先も分からなくなって自分も心配していたんだよって」

友人をいたわり、懐かしんで、ユリさんは自分が「売られた」沖縄に戻ってくる。当時、飛行機のチケット代すら持っていなかった彼女は、真栄原新町時代の知り合いにチケット代金を借り、その金額を振り込むように頼み込んだという。知り合いとは、以前の店とは別の「ちょんの間」のオーナーで、条件はそのオーナーの真栄原新町の店で働くことだった。

「真栄原に戻ったら、お店が警察に挙げられたりして、閉まっている所も多かったな。私は友だちに会って、真栄原新町で一週間ぐらい働いて帰る予定だったけれど、友だちが『帰ったら寂しいから帰らないで』って言う。じゃあ、しょうがないねってことになり、チケット代を振り込んでくれた主に『友だちに帰るなって言われているんだけれど、どっかアパートないかな。敷金礼金かからないところ』って相談したら、『敷金礼金なしの六万円だよ』と紹介されて借りることになったわけ。主に飛行機代も返さなきゃならないし、また働き出したんです。私は経験があったから、お金の取り分は私が六でお店が四にしてもらった。

でも、ある日起きたら立てなくなっていて、ほんとにゆっくりしか歩けないの。病院に行ったら腰の骨が欠けていて、神経は大丈夫なんだけれど、しばらくコルセットをして治療しなきゃなんなくなった。それなのに主が、腰痛くてもいいから店に来てとか、痛くなったら帰ってもいいから来てとかって言う。それなら行かない方がマシだと思って辞めちゃった。

じつは離婚したその友だちも真栄原新町で働いていたんだけど、そのうちに辞めて、なんだかんだで吉原（沖縄市）でお店を経営するようになったんです。私もそのお店に移って、七年くらいいたかな。彼女とは今は連絡つかなくなっちゃったけど。振り返ると、私が二度目に沖縄でアパートを借りたのが二九歳。いま三六歳だから、一週間のつもりが結局七年以上経っちゃった」

そう言ってユリさんは笑った。突拍子もない行動を繰り返した挙げ句、ユリさんは真栄原新町と吉原でのセックスワークに舞い戻った。売春街で七年間生きることになったわけだ。初めて沖縄に「売られた」時とちがうのは、借金漬けになっていなかったことぐらいだろう。

警察の摘発が続いたから街に見切りをつけた

ユリさんの辿った軌跡は、沖縄—本土の売春ルートの上で運命づけられた体験だったと言えるかもしれない。大阪の風俗で働いていたユリさんは、ホストクラブなどでつくってしまったツケや闇金業者から借りたカネを焦げつかせ、身売りされるようなかたちで沖縄に渡ってきた。風俗業界ではこれを「沈める」と言う。大阪から沖縄の「ちょんの間」の街に沈められたのである。

ユリさんに二度目のインタビューをしたのは沖縄市の中心部である胡屋(ごや)十字路ちかくの居酒屋だった。

「私が吉原に移ったのは、誘われたせいもあるけれど、真栄原新町は警察の摘発が増えてきたから、もう働けないと思ったんだよね。だから見切りをつけたということもあったの。でも吉原もだんだん摘発がすごくなってきて、那覇に出てきたわけ。売春防止法で逮捕されるのはだいたい経営者だけど、女の子も事情聴取される。私も事情聴取は一回経験がある。事情聴取されたらすぐに警察から出てこられるのは分かっているんだけど、やっぱり嫌なもんなんだよ。

真栄原にいる時、私がいたお店が警察に挙げられたんだよね。そこは何店舗も経営してるけっこう大きなお店だったから、主はその業界では有名な人だった。その人は売春防止法とは別に挙げられてた。なぜかというと、主は女の子に手を出すのが好きで、覚醒剤を無理やり打とうとかしてたから」

——じゃあその経営者は覚醒剤取締法違反で逮捕されたわけですね？

「そう。だから懲役になった。結局、お店のママさんやお姉さん（働いている女性の世話役のような役割）をしていた人たちが動いて、主が出所してくるまでの間は吉原の知り合いのところで女の子を預かってもらってた。女の子が逃げると困るから他のお店に預けられているみたいな状態かな。店に手入れがあったとき、たまたま私は休みだったの。だからその時は警察に連れて行かれなかったけれど、しばらくしてから警察に呼ばれて、事情聴取を四時間くらい受けた」

——その時、警察では何を訊かれた？

「何でこの店を知ったの、とか、何でここに来たの、とか、何でここで働いているの、とか……。根掘り葉掘り訊かれて、逮捕された経営者のうちにこういう人が来なかったかとか、写真を見せられた」

ユリさんが見せられた写真は沖縄の指定暴力団の構成員の顔写真と見てまちがいない。

県警生活安全課を牽引役に、売春街壊滅運動を進めながら、警察官たちは売春店の経営者と暴力団のルートを解明し、カネがどのように暴力団に流れたかを躍起になって調べようとしてきた。警察にとっては暴力団壊滅につながる情報であり、喉から手が出るほどほしかったはずだ。

「知っててもこっちは知らないで通さないといけないから、『知りません』って答えた。『本当に知らないの?』って警察の人にしつこく訊かれたけれど、『知りません』で通した。『じゃあ、ママは仕事終わってどこに行ったの?』とか訊かれたら、『売り上げ持ってオーナー(主)のところに行くんじゃないですか。それだけだと思いますけど、私は知らないです』って答えてましたね」

覚醒剤、合成麻薬、女の子をクスリ漬けにして……

――警察は売春街の覚醒剤ルートも調べてたということだね。

「女の子が無理やりシャブ打たれそうになって警察に駆け込んだという話はたまに聞いたからね。私は主に気に入られていて、休みになるたびに電話がかかってくるわけ。『お前今日休みだろ。飯食いに行くぞ。家にいても寂しいだろ』って。それでお酒飲みに行って、酔っ払った時に主とセックスするとお金くれた。大きい金額じゃないけど、二〇〇〇~三〇〇〇円とか。買いたいものがあったら買ってもらったりもしていたね」

――二〇〇〇～三〇〇〇円？

「そうだよ。主からシャブ打たれそうになったことはないけど、合成麻薬みたいな錠剤は飲まされたことがある。一錠一万円するんだって。二錠飲んじゃったから大変、幻覚とかあって、危なかったよ。自分はとりあえず幻覚だけだったけど、食欲もなくて、ずっと水分だけとってるような状態になっちゃった。逆に主が心配してくれて、ご飯つくってくれたりしたよ」

甘言を弄して、ユリさんをクスリ漬けにしようとしていたのではないだろうか。だとすると、完全な犯罪行為に巻き込まれていたことになる。

「主はクスリをどっかから仕入れて来るんだよ。セックスするために飲ませるんだと思う。自分は一錠飲んでも全く効かなかった。それで、もう一錠飲めって言われたの。イヤですとも言えないし、それで飲んだら今度は効きすぎちゃって、結局仕事も何日か休んだよ」

――ユリさんがいた二〇〇〇年代前半ぐらいは、真栄原新町にはヤクザも出入りしていたのかな。それでも「ちょんの間」の組合ではヤクザを排除しようと努力していたらしいですね。

「裏でヤクザとの繋がりはあったと思う。あくまで裏、でね。金融屋や店の組合に入っている経営者でも元々ヤクザをやっていた人もいた。でも、経営者組合の人たちって、結束力が強いというか、ルールを守らないやつがいたらすごかったよ。変なやつが入ってきたら、組合の人が囲んで説得して追い出すんだけど、言うことを聞かなかったら、組合の人みんなでそいつをボッコボコにしたこともあった。とくに勝手に女の子を引き抜こうとしたやつには厳しかったね。引き抜きはご法度だから。たまに女の子がお店の人に『今のお客さんに引き抜きされそうになった』って報告するんだ。引き抜きのためのスカウトが、店にお客として来るんだよ。そうすると電話一本で経営者たちがみんな集まって来る」

ユリさんは大阪から沖縄へと、どっぷりとセックスワークの世界に浸かった。沖縄に長年いるうちに根がはえるような感覚になり、居酒屋で知り合った男性と結婚もした。しかし、結婚生活を始めてみたものの男性は働く意欲を見せず、光熱費も払えなくなった。ユリさんは結婚を機に売春をやめていたが、生活費を稼ぐために仕方なく再び「ちょんの間」に戻る。すると夫はユリさんをなじり出し、結婚生活は数ヵ月で破綻した。ユリさんは三五歳になっていた。

以前に取材したリエさんもそうだったが、ユリさんの腕には自傷行為の傷痕が目立つ。ユリさんが仕事をやめる潮時はとっくに来ているようだった。私は彼女の生い立ちを初めて聞いた。

「私の母ちゃんは大阪で家政婦をして働いてた。父さんはいない、というか、私は戸籍上私生児なの。父親にあたる人は傷害事件をおこして刑務所にいる。母ちゃんは沖縄に来て、当時の私の旦那にも会ったことあるんだよ」

私はインタビューを緩やかに切り上げてユリさんと別れ、戦後の那覇復興の象徴とされる巨大な市場の中を酔いの中でさまよいながら帰った。市場の中で品物を運搬するターレットトラックが走り回っている。私は何度も方向を見失い、迷路のような市場の中を数十分歩き回った。時刻は朝の四時をまわっていた。市場の中は表の世界の活力にあふれていた。

売春街は暴力団の資金源なのか

ユリさんから聞いた話を裏付けるためにも、真栄原新町の「ちょんの間」の経営者と闇社会の関係、あるいは経営者組合の実態を話してくれる人物を私は探した。連絡だけはつけたもののそのまま立ち消えになったり、インタビューの約束を反故(ほご)にされたりしたのだが、やっと「社長」と呼ばれる「ちょんの間」の元経営者に会うことができた。彼は約束通り真栄原新町からほど近いゲーム喫茶に来てくれた。六〇代前半の「社長」は身長は高くはないが、がっちりした体格の強面だった。薄い色のついたサングラスの奥からしばらく私の顔をじっと見ていた。聞けば十数年間、「ちょんの間」の経営をしてきたという。真栄原新町がゴーストタウン化するぎりぎりの間際まで店を開け、女性を置いていたそうだ。同業者でつくる組合では中心的な立場だったらしい。

私が取材意図を話し終えると、「いいですよ。私が知っていることならお話しします。もう、新町はつぶれてしまいましたから」と承諾してくれた。私が質問をする前に、彼のほうから一九九五年の米兵による少女暴行事件の話を切り出した。普天間基地返還へのきっかけとなり、県民の怒りが燎原（りょうげん）の火のごとく広がったあの事件について、警察との信じがたい密約めいたやりとりを私に語ったのだ。

「取り調べの中で暴行事件の加害者は、言い訳かもしれませんが、米兵は真栄原新町では遊ばせてくれない、人種差別だというようなことを言ったらしい。そのせいでしょう、地元の警察から全店を米兵ＯＫにしてほしいと言われたんです。それから、中が見えないように扉をつけてスナックのような外観にするとか、店の外に椅子を出して女の子を座らせるのはやめるとか、そういう黙認事項について求めてきましたが、結局、まとまりませんでした」

――ほんとうにそんなやりとりがあったんですか？

「ありましたよ。警察は言わないと思いますが」

――「ちょんの間」で働いている女の子はどんな人が多かったですか？

「夫のDVや離婚でとにもかくにも逃げてきて食べるに困っている子とか、ヤクザに売られてきた子、あるいは騙されて借金を背負わされてヤクザから逃げてくる子とかです。だいたい子どもが一〜二人はいました。沖縄は仕事がないですから。内地から来る子はアルバイト感覚の子もいましたね」

――街が暴力団の資金源だという警察や市民運動の言い分はそれなりに説得力がありますが、実際はどうだったんです？

「逆ですよ。組合では、暴力団や、ヒモとしてヤクザがくっついている経営者は絶対に入れないようにしていました。オーナーの会合で怪しいと思う奴（やつ）がいると、送り迎えを誰がしているのかを調べたり、どこから来ているかを調べました。暴力団と関係があるとわかるとやめてもらっていました。

もともと沖縄には暴力団のシマはなく、シマ割りをしようとして抗争に発展したぐらいで、真栄原新町を仕切る特定の組はなかったんです。かつてはヤクザが事務所を構えていたと言われていますが、それは若い衆が待機しているような事務所ではなく、麻雀（マージャン）をして遊ぶ場所だったと聞いています。山口組と沖縄のヤクザはつながってはいますが、ルートと言っても、それは組織としてのものではなく、組員個人がつながっていたということだと思います」

女性を縛る恐ろしい「日掛け帳」

「浄化」作戦には暴力団の資金源を断つという、誰も異議をとなえることができない大義名分があった。実際に二〇〇四年に発覚した、県外から連れてきた少女ら四人に売春を強要していた飲食店経営者ら四人が逮捕された事件では、売春をさせられていた当時一七歳の高校生の少女を含む女性はすべて関西方面出身で、借金を理由に売春をさせられていた。逮捕されたのは経営者の他に飲食店従業員で、五代目山口組系健心会組員と三代目旭琉会構成員もいた。

二〇〇一年に発覚した、札幌の繁華街で男に声を掛けられた女性が最後は真栄原新町に連れてこられて働かされていた事件では、被害者女性はサラ金に数十万円の借金をつくっていた。持病が理由で仕事も見つからずあせっていたところ「夜の仕事」に誘われ、一人の男を紹介された。男は「売春は犯罪だけどソープは違う。危険なものではないので心配しないでいい」と言葉巧みに大阪経由で沖縄へ連れていった。

これらの事件の話を「社長」にすると、彼は溜(た)め息をついた。

「そのときはヤクザの関与はわからなかった。私たちにとって不覚でした。ホストルートで女性たちが内地から来ることが増えていたことは知っていたのですが……。間に入った者は逮捕されず、ここを紹介したヤクザだけが捕まったというわけです。でも、繰り返しますがそれは例外で、ほとんどの店はヤクザとは関係がありませんし、真栄原新町は暴力団の資金源にもなっていません」

——内地からのホストルートはよく耳にするんですか？

「私も以前、北海道から来た子を引き受けたのですが、一〇代だということがわかってすぐに北海道に帰したことがあります。高校生のときにホストクラブにはまり高校を中退したそうです。その借金を沖縄で返せとホストが言うそうです。ホストはあとで俺も沖縄に行くから、と言いくるめたとか。沖縄に行ってくれないと店をクビになるから、と迫ったらしい。そういうパターンを私たちは〝ホストくずれ〟と呼んでますが、ある女の子は間にヤクザ関係が入って、最初は五〇万だった借金が三五〇万まで膨れ上がっていたことがあります」

「日掛け帳」という、名刺サイズの二つ折りになったカードを「社長」から見せてもらった。こまかく一〇〇マスが仕切ってあって、そこに番号がふってある。一回返済するたびにそこに金融業者が印を押していく。あと何回支払えば借金がチャラになるのかがひと目でわかるようになっている。「日掛け帳」は女性に代わってカネを借りている経営者が管理する。一見するとただのスタンプカードにしか見えないが、身を沈められていた女性たちにとっては自分を縛る恐ろしい道具に見えたことだろう。スタンプは簡単にはたまらない仕組みがすでに出来上がってしまっていることにすぐに気づくからだ。

北海道の事件などはどのように明るみに出たのだろうか。

「一人の女の子に二万〜三万を払って会話を楽しむ客がいたんです。そうすれば一時間ぐらい話せますから。それで女の子から事情を聞くうちに、それはひどいと客が同情して、知り合いの警察官に知らせたそうです。北海道のケースはそうやって発覚したらしい。

私たちがやってきたことは法に触れるかもしれない。だけどね、私たちは世の中の縁の下の力持ちという気持ちでやってきたんですよ。女の子たちを助けていたんです。世の中には裏と表があります。裏でしか生きていけない女の子もいるんです。風俗でしか生きていけない子もいる。街をつぶしたり、売春はいけないことだと大声で言うのは簡単ですが、そういう女の子をどうするのか。役所に掛け合っても、ちゃんと対応などしてくれない。私たちは監視もつけてないから、女の子はいつでも逃げられるし、警察へも駆け込めます。でもほとんどの女の子がそうしないのは、信頼関係が成り立っているし、女の子がこの稼業を必要としているからです。逃げた女の子の借金がかさんで何千万にもなった経営者もいます。私もいまだに女の子の借金を立て替えたおカネが数百万残っていて、ちがう仕事をしながら金融業者に返済してるんです」

「社長」は真栄原新町が壊滅したあとに自殺した経営者がいると私に強調した。「食い詰めた挙げ句に生きることが嫌になったんですよ、きっと」。そう「社長」は拳をかたく握りしめてテーブルの上に置き、私の目をまっすぐに見て述懐するのだった。

売春をめぐる人身売買の構造

私は、那覇県警で売春街の摘発に関わった人物からも話を聞きたかった。人づてに数人の警察関係者とコンタクトをとることができたが、そのうちの一人とのやりとりを紹介したい。会ったのは那覇市内の喫茶店だった。彼は沖縄ヤクザの抗争史をざっと説明したあとに、「本家（山口組）と三代目旭琉会のトップとはつながりが強かったし、沖縄のヤクザが分裂したのもそもそもはそこに起因しています」と話し出した。

「もともと沖縄のヤクザはあまりみかじめ料を取らなかったけれど、分裂後にはヤマトのヤクザのように組織化されて、みかじめ料が発生したんです。つまり沖縄のヤクザの世界もヤマトスタイルになったわけです。上納金も本土の組織のようには多くないと聞いていますが、沖縄はやはり経済的にキツい。もともと沖縄のヤクザは土木事業に巣くって間を抜くというタカリをしていました。覚醒剤も大きな資金源ではありません。そもそも沖縄では公式には六〇〇〜七〇〇人の構成員がいるとカウントされていますが、正業を持っていたり、ふだんはカタギの仕事をしている者が半分以上だと思います」

——売春街で「人身売買」のような事件が摘発されるたびに暴力団が見え隠れしますよ

ね？

「事件化されるたびにヤクザはだんだんなりをひそめていって、逮捕された経営者が廃業しても、また別の人物が借りて営業を始めるということの繰り返しでした。客足は絶えないからいくらでも店舗の借り手はいる。借り手は暴力団の構成員であることがわかったら組合から断られますが、借り手がヤクザの親族であったり、準構成員や関係者であったりすれば正体を把握することは警察ですらかなりの時間と手間を要します。だから、とりあえず店舗は借りられる。そして、あっという間に営業が始まり、そのうちにまた警察は証拠をつかんで逮捕者が出て、ヤクザの関与がバレる」

――事件のたびに組員の名前が新聞に出ます。でも組織としてはやっていないと関係者は口を揃（そろ）えて言いますよね。

「売春やクスリは一部では関わっている者がいましたが、実際、組織としては大きなシノギではないんだと思います。売春は組織全体としてはやらないし、組織的な指示もないはずです。沖縄の暴力団は、政権が公共工事を減らすと同時に資金源も減りました。沖縄は交付金を使って行われる公共事業の土建で成り立っていたわけですから。それが少なくなってくると、非合法のゲーム喫茶で賭博のようなことをやるようになりました」

では、末端の組員が勝手にやっているということですか、と私が質問をすると、「そうじゃないと思う」と言う。

「おそらく二次団体、三次団体の若頭クラスは知っているはずです。なぜなら、内地から女性を連れてくる時に、本家（山口組）の看板を使うからですよ。ホストルートは警察もマークしていますが、内地のホストのケツモチは本家でしょう。本家の看板を使ってみかじめ料を取ったり女性を連れてくるからには、（受け入れる側も）末端の組員しか知りませんでしたということにはできないはずです」

そして、「しかし、それを証明することが難しいんです」と苦虫を嚙みつぶしたような顔をし、最後にこう言った。

「これは私の考え方ですが、若頭が知っているということは、組織的にやっているという言い方もできる。末端の組員が売春をシノギとして勝手にやっているのは、上部へのみかじめ料を払うためでしょうし、二次団体の一部が仕切っているということもつかんではいる。でも警察はさらに上部とのつながりを立証できない。供述がなくてもカネの流れがおさえられれば身柄を引っ張りますが、それが立証し切れない」

末端組員や足を洗った元組員が内地のヤクザといわば個人取引のようなかたちでやっているという解釈だけでは、全体像を正確に把握したことにはならない。女性を連れ回す際に介在する、送り出す側の人物、間に入る人物、引き受ける側の人物の背後に何らかの「看板」がないことには、相互の信用を担保することができないからだ。

自説を語った警察関係者は、「ちゃんと書いてくれよ」と言い残して小一時間で帰っていった。

沖縄―本土のヤクザのルートに乗せられて売春に従事させられた女性、女性を直接雇った売春施設の経営者、沖縄ヤクザの大物、それを取り締まる県警関係者……私は力を尽くして取材に当たったが、闇のルートを解明できたわけではない。だが、沖縄とヤマトに張りめぐらされた売春をめぐる人身売買の構造、その一端を垣間見ることはできたと思う。ユリさんの体験は、必ずしも個別の特異なケースではなく、闇の収奪システムに組み込まれた膨大な事例の中の一つと言えるのである。

第4章

娼婦とヤクザと革命——幻の映画『モトシンカカランヌー』の「アケミ」を捜して

売春女性と政治闘争が交錯する幻のドキュメンタリー

幻の映画と言ってもいいだろう。沖縄について撮られたドキュメンタリー映画は数多あるが、一九七一年に公開された『モトシンカカランヌー――沖縄エロス外伝』という特異な映画は、歴史のなかに埋もれてしまった感がある。大島渚、竹中労、松田政男、平岡正明など、一部の左派知識人に当時大きなインパクトを与えたようだが、今では語る者はほとんどいない。「モトシンカカランヌー」とは、沖縄の方言で「元手がかからない仕事に従事する者」を意味する。つまり売春女性はその象徴的な存在なのだ。

主人公は「アケミ」という自称一七歳の売春女性である。映画は、沖縄の吉原や照屋で売春するアケミをはじめとする女性たちの語りと、本土復帰目前の沖縄で繰り広げられる政治闘争、そして基地に駐留する米軍の映像を交互に織りまぜながら構成される。

当時、日米両政府は日米軍事同盟再編強化の一環として沖縄返還に合意し、それにともない、復帰前に在沖縄米軍が二四〇〇人の基地労働者を人員整理することを決定した。そのことに反発して全軍労（全沖縄軍労働組合）がストライキに突入する。そこに「内地」の労働組合や新左翼セクト等が応援部隊としてなだれこみ、沖縄は一気に政治的騒乱の坩堝と化すのである。映画の中で、様々な政治的立場からのアジテーションと、沖縄の底辺を生きるアケミたちの淡々とした日常が交錯する時、そのあまりの落差に観る者は衝撃を受けるのではないだろうか。

モノクロフィルムで記録されたこのドキュメンタリー映画は、NDU（日本ドキュメンタリストユニオン）によって製作された。NDUは、反戦運動に携わっていた早稲田大学中退者らによって一九六八年に結成された映画集団である。『モトシンカカランヌー』製作の中心を担ったのは、その後もドキュメンタリー監督として第一線を走り続けることになる布川徹郎で、一九六九年にベトナム反戦闘争の統一戦線を描く『鬼ッ子―闘う青年労働者の記録』を作ったあと、一九六九年から米国統治下の沖縄に入り、ヴィザが切れるたびに「内地」へ戻るという、「出国」と「再入国」を繰り返して『モトシンカカランヌー』を撮影したのだ。

私は、『モトシンカカランヌー』という映画の存在を知ってからというもの、できるだけ早く観たいと思っていたのだが、当時のインディペンデントな作品であり、市販化もされていなかったため、ずっと機を逸していた。版権などを管理している在阪の小さなライブラリー「プラネット映画資料図書館」と交渉して『モトシンカカランヌー』を観る機会を得たのは、映画の存在を知ってから数年が経過してからだった。

復帰を目前にした沖縄の荒々しい「政治の季節」が、そこには剝き出しにされていた。紋切り型の言葉でしか沖縄の現実を語らず、教条的な政治運動を目指す左翼諸党派とは距離を取りながら、ナイーブな感性を持った若きドキュメンタリストたちが沖縄の政治的変革の深部、また外部で起きていることと正面から向き合おうとしている。深層の現実が己につきつける問題と格闘しようと懊悩する姿が伝わってくる。観念的なイデオロギー用語を叫ぶ「反戦学生」にありがちな硬直した政治闘争ではなく、『モトシンカカランヌー』を撮影した青年たちは、もっと別の変革を探っていたようである。彼らは沖縄のアンダーグラウンドに届く目線を確実に持っていたと思う。

この稀有なドキュメンタリー映画を観て以来、私は沖縄の夜の街で取材するたびに、『モトシンカカランヌー』のアケミが頭のなかでクローズ・アップした。今、私がインタビューしている売春女性たちの顔が、映画のなかのアケミとだぶって見えてくるのである。肌が浅黒く、彫りの深い面立ちの女性と会うときはなおさら、他人を突き放すようなしゃべり方をするアケミがそこにいるような錯覚を覚えた。

映画は、コザの照屋地区にあるアケミがつき合っているヤクザの家で、彼女が訥々と身の上をウチナーグチ（沖縄方言）でしゃべるところから始まる。アケミは沖縄方言と標準語を混ぜて話し、感情的になると「シャラップ」といった英語が飛び出す。アケミの語りを、ウチナーグチを解する友人に手助けしてもらい、文字起こししてみる。

「モトシンカカランヌー？　ホーでぃみやちゅばて？（女性器で身を助ける？）　吉原とか、あんなところで、アレする、オマンコさせる人でしょ？　あんたたち、日本から来た時、吉原に行ったでしょ。わかるんだから。ひゃー、すけべえ。うちは継母であるわけさ。

本当のお母さんは広島にいるわけよ。お母さんに怒られて出て行きなさいと言われたわけさ。してから、うちは中学一年だから、遊ぶのわからんさね、出ていっても遅くなっても、夜一一時に帰っていたわけさ。おうちに帰って『開けて』と頼んでも、誰も開けてくれないわけよ。起きているのに。もう行くとこないさね。友達で学校に行かない人がいて、女の人で、すこしズベ公みたいな人だったんだけど、『うちへ来ない？』って言うからさ、三日帰らんかったわけさ。それで遊びが好きになってるわけさ」

アケミはヤクザとやりとりしながら、初体験は中学二年の時で、強姦だったと話す。

「ゴーカン、こわくてやよ。終わってからさ、おなかばかり押してから、妊娠したらいかんて、中学二年生！　ファックユー！　シャーラップ！　チューガー　ヒンガー（自分自身を汚いと蔑むスラング）、ぬぅがさみぃ（何で私が悪いのか？）シャラップヒア！」

アケミの肩には刺青があり、手の甲には煙草の火を押しつけた傷痕が残っている。その魅惑的な顔の表情、ぶっきらぼうな語り口とは裏腹に、存在そのものが抱える痛みが瞬時にこちらに伝わってくるショットだ。彼女は今もまだ生きているのだろうか。生きているとすれば、どこでどうしているのか。

アケミが歌う「十九の春」と「ストトン節」

ある日、東京・神保町のとある映画関連書を扱う古本屋を渉猟していた私の目に、なんと『モトシンカカランヌー』の企画書が飛び込んできた。たった十数ページのそれには数千円の値がついていたが、迷わず購入して、近くの喫茶店へ駆け込んで、興奮を抑えながらページをめくった。

《ところで、今、私たちは沖縄の「売春婦」を素材とした映画を作ろうとしています。「渡航許可証」もおり、出発の予定日も迫っている現在、私は、インタビュウ用のマイクをもってあなた（売春婦）に向かったとしても、いったい、どんな言葉であなたに語りかけたらよいのかわからないのです。というのは、マイクを持つ私と、モトシンカカランヌーであるあなたとの間には、沖縄と東京という海を越えた距離以上に遠い隔りがあるように思えるからです》

政治闘争の中で沖縄と東京の間をどう越えるかが問われていた時代に、彼らがさらなる存在間の越境を試みていたことがわかる。

当時、この企画書を熱を込めて書いたであろう布川徹郎の訃報を私が知ったのは、彼が亡くなった二〇一二年二月より数ヵ月後のことだ。私はもっと早く彼に連絡をつけるべきだったと悔やんだ。アケミのことはもちろん、警察の取り締まりと市民による「売春街浄化」運動についても、布川がどう感じるのかを訊いてみたかったが、かなわぬことになった。布川は晩年、大阪市東住吉区の長居公園で野宿者が行政当局によって排除されたことへの反対運動にも関わっていたようなのだ。友人や関係者が布川を追悼した論集『燃ゆる海峡』（インパクト出版会、二〇一三年）を読むと、政治的ドキュメンタリー映画の新たな方法論が模索されていた時代のなかでの布川という監督の重要性は充分に伝わってくるが、『モトシンカカランヌー』に登場するアケミの「その後」に関心を持つような論者はやはりいない。布川の訃報に背中を押されて、私はアケミのことを少しでも知るために、『モトシンカカランヌー』に関わった人たちや、四〇年前の映像に登場する人物たちにできうる限り会ってみようと思い立った。

ところで、映画の中で強く印象に残る二つの唄がある。一つは、アケミがしゃがれた声で歌う「十九の春」だ。一般的に知られる「十九の春」は「私があなたに惚（ほ）れたのは／ちょうど十九の春でした／今さら離縁と言うならば／元の十九にしておくれ」という歌い出しで、一九七四年に田端義夫が歌って一躍全国的に知られるようになるのだが、唄の出自には諸説があり、作曲者も作詞者もじつは不明であることは意外に知られていない。

『モトシンカカランヌー』でアケミが口ずさむ「十九の春」、あるいは沖縄では「吉原小唄」とも「尾類小（ジュリグワー）小唄」とも呼ばれる歌はこんな歌詞だ――「見捨てられてもわたくしは／あなたに未練はのこしゃせぬ／年も若くあるうちに／未練残すな明日の花／見捨て心があるならば／早くお知らせ願います／白菊、ボタンの花よりも／まだまだ立派な花がある／一銭二銭の葉書さえ／千里万里の便りする／同じ部落に住みながら／会えないわたしの身のつらさ／ハッちゃんハッちゃんと呼んだとて／ハッちゃんにゃ立派な方がある／どうせやくざなこのおれにゃ／初恋ばかりが身にしみる」

この唄は、田端義夫が歌って全国でヒットする前に、沖縄本島や八重山諸島、奄美地方ではすでに知られた唄であった。「十九の春」の歌詞は、即興で歌われて定着していったものを含めれば二〇〇以上あると言われ、恋愛唄でありながら時代や世相を色濃く反映してきた。ルポライターの竹中労はその著『琉歌幻視行』（田畑書店、一九七五年）のなかで、「十九の春」は「吉原小唄」だと娼婦が言っていたこと、そしてこの唄は詠み人知らずだと伝えている。映画監督の中江裕司（なかえゆうじ）も、『ナビィの恋』に出演した風狂の民謡歌手・嘉手苅林昌（かでかるりんしょう）から、この唄は戦前から歌われており、「尾類小小唄」と呼ばれていたと聞いた、と証言する。尾類とは、前にも述べたが、那覇市の辻遊廓で働いていた遊女のことを指し、「〜小（グワー）」という接尾語をつけると親愛の情をこめた呼び名になる。

『モトシンカカランヌー』のなかでもう一つ忘れがたい唄は、アケミと同じように吉原で働く売春女性たちが口ずさむ「ストトン節」である。幾人もの彼女たちの映像と唄が重なるせいもあるが、うら悲しく、やり切れない思いにさせられる。

「四つ、夜中に起こされて　五つ、いやとはいえません　ストトン、ストトン　六つ、むりやりさしこまれ　七つ、泣いたり笑ったり　八つ、やられた後からは　九つ、子供ができたのよ　ストトン、ストトン　十で、とうとうできました　男の子なら　東大へ女の子なら　吉原へ　それで親子は楽するね　ストトン、ストトン」

はじめから『モトシンカカランヌー』を撮ろうとしたわけではなかった

『モトシンカカランヌー』を撮ったNDUは、学生や社会人を合わせて総勢一五人ほどのメンバーで構成されていた。『モトシンカカランヌー』には布川以外にも数人の共同監督がいる。台湾の先住民族で組織された旧日本陸軍部隊「高砂義勇隊」の戦死者が靖国神社に合祀される問題を描く『山草之歌―台湾原住民の吶喊　背山一戦』を製作した井上修もその一人である。

井上は私に会うなり『モトシンカカランヌー』の製作資金について面白いエピソードを聞かせてくれた。すでにNDUが製作していた『鬼ッ子―闘う青年労働者の記録』に歴史家の羽仁五郎がいたく感動し、当時の若者たちに絶大な支持を得た『都市の論理』(勁草書房、一九六八年)の印税から、気前よく四〇万円を渡してくれたというのだ。四〇万は今の金額に換算すると三〇〇万くらいだろうか。社会党から依頼されて製作した『鬼ッ子』のギャラと、『鬼ッ子』のいくばくかの興行収入をそれに合わせて、沖縄でドキュメンタリーを撮る計画へと進んでいったようだ。

復帰前の沖縄では様々な政治闘争が入り乱れ、「内地」から来た反戦運動や労働組合の活動家もそこに合流し、沖縄は社会運動の最前線となっていた。一九六九年、沖縄の県民共闘会議は、爆撃機B52の撤去やアメリカの原子力潜水艦の寄港阻止などを主張してゼネストを打つ準備をしていたが、けっきょくゼネストは行われなかった。しかし、事態は別の方向に展開していく。既述のように、復帰前に在沖米軍が二四〇〇人の基地労働者の人員整理を決定するのだが、それに反発して、全軍労がストライキに突入するのである。当初、ＮＤＵはこの一連の沖縄のゼネスト闘争を撮りに行くことを目的としていた。はじめからモトシンカカランヌーを視野に収めていたわけではなかったのだ。

「フェリーで沖縄に渡ったんです。ゼネストの撮影をするために準備をしていたら、週刊誌か何かでモトシンカカランヌーの存在を知ったんです。そこからモトシンカカランヌーたちを撮影してドキュメンタリーを撮ったらいいという話になった。同じ売春街である真栄原新町の存在は知っていましたし、那覇市内の十貫瀬などの街も見ましたが、撮影対象には選びませんでした」

こう井上は振り返った。私が神保町で見つけた『モトシンカカランヌー』の企画書は、つまり当初の目論見を変更した後につくられたものだったのだ。

「ＮＤＵの撮り方は、撮る対象をどうこう解釈しないという方針でした。沖縄で起きている現実の一瞬をとらえて、それ以上の註釈（ちゅうしゃく）は加えない、と。撮影者である私たちが売春婦とたわむれるのも、それで現実の一断面を伝えられればいいと思ったからです。売春がいいか悪いか、あってもいいのか、ない方がいいかという結論は出さずに、現実だけをとらえよう。それが私たちの考えるドキュメンタリーであり、あとは観る側が判断してほしいという態度でいました」

アケミについてはどんなことを知っているか、井上に尋ねた。

「当時、アケミは一七歳だと言っていましたが、名前もふくめて、話は半分本当で半分ウソかなあという印象でした。売春をしていた女性たちには、本音を言ってもはじまらないという気持ちがあったと思います。働いていた女性たちの半分以上が親や本人の借金でがんじがらめにされていて、それを返すために体を売るという境遇でした。明るくふるまってはいましたが……。当時私は二二〜二三歳でしたが、アケミにはどこか憧れがありました。私の中学、高校の不良の延長線上というイメージで見ていましたね。私は他の売春婦たちもそういう目で見ていて、一緒に遊んでいたという感じでした。

アケミと知り合ったのはたまたま僕らが借りていた照屋のアパートの隣同士で、そこにアケミのヒモのような男が住んでいて、仲間も出入りしていた。アケミがそこに通ってきてはブラブラしているもんだから、自然と仲よくなったんです。最初は彼らがヤクザだとも、アケミが売春婦だとも知らなかった。アケミやヤクザが私たちの機材に興味を持って、彼女が『十九の春』を歌って録音して、それをまた聞かせるというのが彼らにウケた。ギターを弾けるヤクザもいた。そこから急に親しくなり、アケミがヒモであるヤクザにカネを渡しに来ているようだとわかったんです」

アケミのヒモは当時の沖縄のヤクザの原型となる愚連隊の一つ「山原派」のメンバーだった。沖縄ヤクザの歴史については前章でも述べたが、井上はアケミの「ヒモ」の男については、「当時の沖縄のヤクザの中で伝説的な人の息子だった」と記憶している。

「だから彼はそれなりにおカネは持っていたはずだから、ヒモというより、もしかしたら逆にアケミにカネを渡していたのではないかとも私は思っていました」と井上は想像を付け加えた。

「アケミは広島生まれで、小さい頃に沖縄に来たと言ってましたが、詳しい素姓は聞いたことがない。私の想像ですが、親に捨てられて沖縄で育てられたんじゃないかな。継母からひどい目にあってそれで逃げ出したと言ってましたから。彼女が字を書いているのは一度も見たことがなかった。日本語（標準語）をしゃべるのも嫌そうでした。一度、彼女が働いている店に行こうと思ってついていったら途中で逃げ出されました。コザの保健所通りでしたから、あそこは白人街でホテルがたくさん建っていた。米兵相手のAサインバーで働きながら、売春もしていたと思う。だけど、ホテルで売春をしていた女性たちはだいたいホテルと契約していて、その前に立って客を誘うパターンでしたが、アケミが立っているところは見たことがありません。いわゆる街娼というやり方ですが、それをやっていたらあれほど毎日のように照屋に遊びにはこられなかったと思うんです。彼女とは、全軍労のゼネストを撮りに行くようになってからは疎遠になってしまいました」

コザの「保健所通り」とは、ゲート通りとパークアベニューの間にある、当時は保健所があった通りのことをいう。戦後、沖縄で性病対策が強化された時代、コザの売春女性が日々、性病予防の注射を打ちにきたり、検診のために通っていた通りである。保健所の前では米兵が、性病検査を終えて恋人が出てくるのを待っていた。「ハニー」たちは「彼が外で待っているからはやく帰りたい」と、性病でないことがわかると下着を脱ぎっぱなしで飛び出していくこともあったという。

NDUのメンバーとして途中まで『モトシンカカランヌー』の撮影に参加し、その後エッセイストになった村瀬春樹が、『誰か沖縄を知らないか』（三一新書、一九七〇年）という本を書いている。このなかにはアケミについて次のような記述がある。すこし長くなるが引用する。

《アケミは十七歳、コザのAサイン・バーの女の子だ。未成年者はバーに勤めることを禁止されているから、アケミもきっと何かの手段でもぐりこんだのだろう。毎週土曜日ごとに行なわれる琉球警察の手入れに二度も捉まりながら、二度とも放りこまれた護送車の窓から逃亡したというお転婆な娘だ。アケミは、りつ子やえみ子よりずっとドライで、ずっとクレイジーで、これはAサインの若い女の子の間で流行しているのだが、ミニ・スカートからすらりと伸びている腿の内側に、秘かに刺青を彫ってある。

アケミはやはり島生まれだ。アケミの母はアケミがまだ幼かったある日、突然、島を捨てて家を出てしまった。父もまた、本島へ渡り、アケミの知らない女の人と結婚した。新しい母は二人の子供を連れていた。継母は、よくある話で、実の子を〈ひいき〉して、アケミには辛くあたった。父はアケミの〈味方〉をしてくれたが、父がアケミの肩をもてばもつほど、アケミと継母の関係は冷たくなるばかりだった。アケミの父はそれをどうすることもできなかった。すっかり頭に来たアケミは、ある日家を飛び出してみた。りつ子と同じように、二、三日、友達の家を転々としたが、やがて恐さがつのって、家へ飛んで帰った。夜だった。家に着いて、戸を開けてくれるように父や母を呼んでみたが、返事はなかった。激しく戸を叩いたが、だめだった。アケミが帰ってきたことを知りながら、父も母も戸を開けようとしなかったのだ。あたりはとっぷり暮れていた。アケミは自分が〈余計者〉であることを悟った。

その夜は、ちょうど送ってきてくれた女友達のところでやっかいになった。いまから考えると、その娘が〈いわゆるズベ公だったのサ〉と、アケミは声をひそめて回想する。その時から、アケミひとりの世界が開けたのだ》

アケミやヤクザが住んでいた照屋の家は今もあった

私はアケミがヤクザの情夫と暮らしていた家を訪ねてみようと思った。当時、ＮＤＵの撮影隊もその家の並びに住み込んでいた。先の村瀬の著書から再び引用する。

《僕らの貸しハウスの周辺はかなりヤバカッタ。僕らのハウスの並びの一番奥の家は、琉球警察の機動隊員の家で、那覇でデモや集会のある朝などは、彼氏は僕らの目の前を、警視庁から送ってもらった、東京の機動隊とおそろいの青い乱闘服を着込んで、ヘルメット・警棒をがちゃつかせながら出勤していった。
しかも、斜めむかいの若い女性が住むハウスには、いつもＣＩＤ（軍関係の重要犯罪捜査課）の黒人ＭＰ（ミリタリーポリス）が出入りしていた。そのＭＰは、彼女のところへ、一日おきくらいにパトカーを乗りつけては、朝まで泊っていくのが習慣になっていた。僕らは、ＣＩＤの大きなパトカーの運転席に、手錠とＭＰの黒い腕章が放り出してあるのをよく目撃していた》（傍点は原文、カッコ内引用者）

その家は沖縄市の照屋にあった。私は井上に書いてもらった大雑把な地図を片手に、沖縄市のコザ十字路に立った。この一帯は、荒涼とまでは言わないが、虫食い状に土が剝き出しになった空き地が多く、時折、乾いた熱風が砂塵を舞い上げる。あたり一帯の商店やテナントの過疎化もさることながら、国道三三〇号線の拡幅工事によって道路に面していた老朽化した建物が削り取られ、加速度的に表情の乏しい町へと変貌しているようだった。

那覇市と沖縄市を結ぶ幹線道路である国道三三〇号線は、コザ十字路で国道三二九号線と交差する。三三〇号線はかつて軍用道路であり、合衆国二四号線と呼ばれていた。一方、三二九号線は北上するとうるま市から名護市へと続くが、この道路も米国統治下では合衆国一三号線と呼ばれていた。つまりコザ十字路は、戦前には存在せず、米国統治下につくられた軍用道路の交差点なのである。軍用道路ができる前は、この一帯は越来村といい、交通の要衝や人々で賑わう場所は別のところにあった。ちなみに沖縄の大動脈である国道五八号線は合衆国一号線と呼ばれた。

コザ十字路一帯で売春が行われていたことは既述した。一九五一年には十字路周辺にバラック小屋が建って日用品が売られ始め、それがコザ十字路市場の始まりだった。一九五三年には付近に映画館もできるなど、一帯が一大飲食店街として発展していく。コザ十字路の南側には銀天街（沖縄市銀天商店街）という商店街が今もかろうじてあるが、往時の隆盛は見る影もなく、人通りも少ない。銀天街・本町通りのメインのアーケードを抜け、その先にゆるやかにカーブするだらだら坂を上がっていくと、かなり以前に閉店したと思われる朽ちたバーらしき建物がある。壁には消えかかった英語で店名などが書かれていて、歓楽街だったことがしのばれる。ここがかつて「照屋黒人街」と呼ばれ、他の特飲街とは異なり、黒人米兵があちこちの基地から集まり、飲み、遊び、買春し、住民に暴行を加えたり、白人兵士を襲ったりした街だった。

一九五三年頃までは白人も出入りしていたというが、白人街が現三三〇号線を挟んで反対側の城前（しろまえ）地区に移り、やがて「ＢＣストリート」や八重島が白人街になっていく。そうした「分離」は、当時は白人と黒人の「抗争」が絶えなかったため、米軍の人種政策の一つとして行われたとも、照屋から白人のほうが出ていったとも言われているが、銀天街ができた一九七八年頃からは黒人の姿も見かけなくなったという。

旧照屋黒人街を抜けると、どこにでもあるような住宅地が続く。くねった道の先に大型スーパーやガソリンスタンドのある県道があり、米軍ハウスを模したような平屋十数軒が規則的に並ぶ一画が視界に入る。どの家も壁は白く、屋根瓦は沖縄風の赤瓦の形をしているが、白く塗り固めてある。数えてみると、一つの敷地に平屋が一五棟、整然と三列に並んでおり、幹線道路側に面したほう、つまり半分ぐらいの家屋は空き家になっていた。そこがアケミやヤクザ、ＮＤＵのメンバーたちが寝起きしていた家々だった。いまも当時の姿をほぼそのまま残しているようだ。

私が敷地内に入って歩き回っていると、白いランニングシャツを着た老人が声をかけてきた。不審者と間違われたのだろうと思い、説明しようとすると、私の言葉を遮るように自分の鉢植えの自慢を始めた。老人に各家屋の間取りを尋ねると、八畳ほどのワンルームの家もあれば、２ＬＤＫほどの広めの間取りの家もあるそうだ。家の壁には家屋の番号が直接書かれている。道路に面している側から外壁に「No.１」、「No.２」と番号がペンキで書いてあるのである。これは戦後の沖縄の建物の特徴だ。

かつてここで、『モトシンカカランヌー』を撮るために、布川徹郎ら日本から渡航してきたＮＤＵのメンバーたちが共同生活をしていた。そしてその並びの家には『モトシンカカランヌー』に登場するアシバーたちが住んでいて、そこにアケミが出入りしていたのだった。

現在の敷地内を改めて見回すと、台所の窓を開けたまま料理をしていた女性が、不審そうな目でこちらをじっと見ている。私は窓越しにその女性に取材の旨を伝え、昔のことを尋ねた。すると、安心した表情になり、「ちょっと待っててくださいね」と手を休め、誰かを家の奥に呼びに行ってくれた。まもなく八〇代と思われるしゃきっとした印象の老婆がすたすたと出てきた。聞けば、五〇年近く住んでいるという。

「ヤクザもんが何人かで住み込んでいたのはむかえの家。その横に東京から来ていた学生たちが住んでいたよ」

屋根等に補修が施されたが、すべてが当時のままだという。ヤクザが住んでいたという家の窓から中を覗いてみると板張りになっていて、八畳ほどの広さがある。この狭い空間に、いかつい男たちや派手な身なりをしたアケミが出入りしていたのか。体臭や香水や泡盛のにおい、アケミがくゆらす紫煙までが漂ってくる気がした。老婆によると、空き家が目立つ幹線道路に面したほうは取り壊されマンションが建てられるという。アケミたちが暮らしていた空間は、四〇年以上の時を経て姿を消してしまうようだ。

体制からも反体制からも切り捨てられた者たち

『モトシンカカランヌー』には強く記憶に残るシーンが他にもある。布川らが借りていた家に「脱走黒人兵」たちが集まり、布川らと車座になって酒を飲みながら、片言の英

黒人専用飲食店が並んでいたコザ（現沖縄市）の照屋

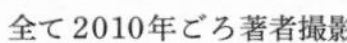

全て2010年ごろ著者撮影

語でアジテーションを飛ばしあう。一瞬とはいえ、日本人の若きドキュメンタリストと黒人米兵が空間を共有した沖縄の時代性、また布川らの問題意識と行動力に衝撃を受ける。このシーンについて、井上らとともにやはり共同監督をつとめた今郁義に尋ねた。

「コザの中央公園で彼らが集まっているのを撮影したんです。彼らの中にブラックパンサーのメンバーが一人いて、他はブラックパンサーの支持者だった。ベトナムには行かないで沖縄に滞在していた。みんな大卒のエリートで、エアフォースでした。彼らはみな知的で、ブラックパンサーの政治闘争の理論もよく理解していた」

撮影後はそのまま沖縄に住みつくことになった今は、そう語った。

ブラックパンサー党は、黒人革命を唱えたマルコムXが暗殺された後、一九六六年にカリフォルニア州オークランドで結成された政治組織である。その後、活動の場は急速に広がり、一九六〇年代後半から一九七〇年代前半にかけて、アメリカ全土で黒人解放闘争を展開した。彼らはアメリカにおける黒人社会を米国内植民地と捉え、黒人たちに武装を呼びかけた。また、米国と敵対関係にあったベトナムやキューバへの連帯の意志を表明していた。彼らの武装は革命を志向することの現れであると同時に、米国白人社会からの日常的な差別や迫害に対する自衛でもあった。彼らは黒人が暮らすゲットーで、貧困層に食糧を配布するなど、黒人社会の自治にきめ細かく関わろうとしたことでも知られている。そして、米国統治下の沖縄でも、駐留米軍内部に党員が存在していた。

当時の沖縄米軍基地は、ベトナムへと出撃する拠点であった。ベトナム参戦を拒否して脱走する兵士をかくまう運動は、本土でも「べ平連」が、「JATEC＝反戦脱走米兵援助日本技術委員会」として展開していたし、ベトナムへと飛び立つB52爆撃機を阻止することが、ベトナム民衆に連帯することであるという考え方は、沖縄でも、本土でも、社会運動思想として支持を集めつつあった。

沖縄駐留中の脱走米兵をかくまう売春女性の心情が、後年の作品になるが、吉田スエ子の『嘉間良心中』（『新沖縄文学』六二号、一九八四年一二月掲載、第一〇回「新沖縄文学賞」受賞）という小説に描かれている。脱走する一八歳の白人兵と五八歳の売春女性が愛し合う日常が綴られていくのだが、私が引き込まれたのは、年齢を重ねて「引退」しようかと悩む、身寄りのない売春女性の孤独の深さであり、脱走米兵が彼女の唯一の心の安寧を得る居場所になっていくことだった。

今郁義は、黒人脱走兵たちが「日本で平和運動をやっている人たちは、売春婦の声を聞くべきだ」と主張したことが強く印象に残っているという。

「沖縄ではゼネストが打たれようとしていて、それを応援し、連帯するために内地から労働運動団体や新左翼党派の人たちがフェリーで何百人とやってきました。『モトシンカカランヌー』では、私たちが沖縄の売春婦についてインタビューするシーンがありますが、あれはこちらの意図的な質問でした。当時は韓国へのキーセン観光が社会問題化して批判されていましたが、日本の活動家たちは、口では沖縄奪還の論理を展開し、反安保を叫ぶ一方で、沖縄の夜の現実にはまるで関心がなかった。売春に従事する女性に嫌悪感すら示す活動家もいました」

『モトシンカカランヌー』でカメラを向けられた反戦黒人兵たちは、アメリカでの過酷な黒人差別の現実のなかで、体を売る黒人女性たちを身近に数多く見てきただろうし、その暮らしそのものが「革命」の現場だと考えていたのではないだろうか。勇ましい政治用語を表層的に並べ立てる運動からは、底辺の生活実態が見落とされることが多い。黒人脱走兵たちからのそういう忠告だったのかもしれない。

本章冒頭に『モトシンカカランヌー』が当時の一部の左派知識人に影響を与えたと述べたが、この作品を観て感激した竹中労は、その後、布川らと行動を共にするようになり、翌年に『倭奴へ―在韓被爆者無告の二十六年』というドキュメンタリー映画を共作している。一九七二年一月に、沖縄各地で『モトシンカカランヌー』、『倭奴へ』、そして竹中がかつて製作した『さんや'68冬』という三本の作品を上映する「映画シンポジウム・さらば、幻視の祖国よ！」という連続イベントが行われたようだ。しかし、布川、竹中のほか、新川明、川満信一ら沖縄知識人もパネラーとなったシンポジウムは、『モトシンカカランヌー』を口を極めて罵倒する新左翼各派の怒号が渦巻くものとなったと竹中は書いている（傍点原文）。

《那覇のタイムス・ホールでは、一人の青年が立ち上ってこういった。「あなたたちは、何が面白くてこういうキタナイ映画を撮るのか？　娼婦というのは肉体も精神も腐り果てた最低の女だ、沖縄にはもっと美しいものがある、労働者人民の英雄的な闘争がある。なぜそれを撮ろうとしないのか？（中略）」

革マル、中核、石反同（中城石油コンビナート反対同盟）等、意識的に会場を混乱させようとしてやってきた、いわゆる〝活動家〟たち、日本語で日本の党派の連中とまったく同じ口調で、生硬なアジ演説をブチまくる沖縄の小僧っ子ども、いうにことを欠いて、「お前は一度でも闘ったことがあるのか！」などと、この私をつかまえていう》

――『琉球共和国』（ちくま文庫、二〇〇二年）

この苦い体験を踏まえて竹中は、体制からはもちろん、反体制運動からも完全に切り捨てられた「モトシンカカランヌー」を主人公とした社会変革を沖縄で模索していくのだが、『モトシンカカランヌー』を本当は誰に観てもらいたかったかについて、前掲書で次のように述べていることは印象的だ（傍点原文）。

《コザにおける上映の〝成功〟を、私はよろこんではならぬと思う。なぜなら、監視にきた数人のやくざを除いてそこには、『モトシンカカランヌー』の真の〝観客〟であるべき、コザの娼婦・ヒモたちの姿がなかったからだ。私は深夜の売春街を歩いて、二十枚ほどの招待券を彼女たちにくばった。だが、彼女たちは会場にあらわれなかった。それは当然のことであったが、当然のことである故に私の胸を重くしめつけた》

元アシバーは浜比嘉島で土を耕していた

私は今にも「アケミ」について訊いてみたが、「撮影後、コザでアケミという女性を知らないかと、写真を見せながら聞き回ったことがあるが、誰も知らなかった」と言う。別のルートを辿ってみるしかなさそうだ。『モトシンカカランヌー』にはヤクザたちも登場する。その中でもひときわ不敵な顔つきの髭面のアシバーがいる。彼に会ってみたい。真っ黒のスーツを着込んだ彼からは、不敵な視線と摑みかかってくるような凶暴さが漂ってきた。当時のアシバーはこのようなスーツを日常的に着ることはなかったようだから、わざわざ撮影のために着込んだのだろうか。彼に会えば、アケミのことが何かわかるかもしれない。

私は彼が浜比嘉島にいるということをある筋から伝え聞いた。わかったことは、Mというニックネームと、この島で大蒜を農作しているということだけで、詳しい住所は調べがつかなかった。浜比嘉島は、本島の東側金武湾に浮かぶ周囲六・五キロほどの小さな島なのだが、今は勝連半島から橋がかけられているから、クルマを走らせればものの数分で行くことができる。すぐ隣の平安座島、宮城島、伊計島までも橋づたいに渡ることができる。道沿いの褐色化した珊瑚の崖には、まるで荒ぶる海面のような、人を寄せつけない神秘的な威圧感があった。崖を見上げると、洞穴をふさいだような形跡が目につく。地元の人に尋ねると、風葬の痕だという。かつては崖の横穴に遺体を入れ、鷹（たか）や鳶（とんび）が屍肉（しにく）を喰らい、やがて霊魂は天に昇るとされたそうだ。

　橋を渡るとすぐに道路の両側に畑が姿を見せる。大蒜畑である。路肩にクルマを停めて、まずは無人販売所で大蒜を買おうと思って物色した。浜比嘉島の太陽をあびた小振りな大蒜の房は、スーパーで売られている大蒜を見慣れているせいだろう、ゴツゴツとした無骨な手触りに少しばかり驚かされる。

　ふと遠くに目をやると、つなぎの作業着を着た屈強な男性が電動カマで雑草を刈り取っている。私はまずは手がかりを得ようと走り寄り、彼に話しかけた。

「このあたりで大蒜をつくっておられて、むかし、コザの照屋でMと呼ばれていた男性を知りませんか？」

　するとその真っ黒に日焼けした髭面の男性は仕事の手を止め、数秒間、私の顔をじっと見ていた。あ、この顔は、もしかしてと私が思った瞬間、その男性は無言のまま人指し指でゆっくりと自分の顔を指さした。声をかけたのが、Mその人だったのである。

　彼は私の取材意図を一通り聞いた後、作業小屋で話をしようと言った。ブンブンと扇風機が音を立てる作業小屋の壁に、迷彩色の作業着がかけてある。扇風機が熱気を含んだ空気をかき回した。

　私は『モトシンカカランヌー』のMが登場するシーンをプリントしたものを鞄（かばん）から取り出した。照屋の住宅の前で黒いスーツを着込んで精一杯いきがった若き日のMが映っている。すっかり白くなった髭面が一瞬、緩んだ。

「ヤクザになって、山原派に入って二～三年目の頃の写真だな、これは。当時は二〇歳で、喜舎場朝信の下っぱだった。ヤクザのカッコよさに憧れてたんだ」

前章で概観したように、戦後、沖縄ヤクザの母体となったのは愚連隊だった那覇派とコザ派だが、一九六〇年代前半は那覇派とコザ派で抗争が繰り返され、やがてコザ派から「泡瀬派」が、那覇派からは「普天間派」が分裂する。これが沖縄の第一次抗争であり、一九六四年一一月、泡瀬派は旧コザ派首領で山原派の顧問だった喜舎場朝信の乗用車に銃弾を撃ち込む事件を起こす。喜舎場朝信は沖縄ヤクザ勃興期の伝説的な人物でもあり、本拠地を照屋に置いていた。

「あの頃、シノギは（円に換算すると）月に何百万もあったよ。売春やってる店とかスナックとか何百軒からのみかじめ料だ。照屋の家は事務所兼寝床にしていた。八名ぐらいが出入りしてたかな。当時はスナックや売春宿からのみかじめ料をめぐって、ヤクザ同士で縄張りをめぐってよくモメていた」

眼光は鋭い。太くささくれだった指で煙草に火をつける。聞けば「アケミ」は、仲間のリーダーである「フジモト」というヤクザと、照屋の住宅とは別のところで暮らしていたという。そちらが本当の愛の巣というわけで、アケミは照屋の家にもたまに泊まりにきていたようだ。むさ苦しく、いかつい男たちの共同生活の場で、寝起きまでともにしていたのはアケミだけだった。

『モトシンカカランヌー』に登場するM以外の三人のヤクザの名前や消息もわかった。一人は九州に渡り一家を構えた。一人は本土に出て渡世街道を歩んだ。そしてアケミの男だった「フジモト」はカタギになったとMは言った。M自身は『モトシンカカランヌー』が撮られた三〜四年後に足を洗ったというから、沖縄の日本復帰の直後だ。つまりリーダーの「フジモト」とMだけがヤクザから足を洗ったことになるが、「フジモト」の行方はわからないようだ。

「俺は（ヤクザが）バカらしくてやめたんだ。遊ぶのにもあきた。入るときは憧れていたが、だんだんとカネが入ってこなくなった。親分も小遣いをくれなくなっていったし、つまり、ヤクザで喰えなくなったということ」

当時は、沖縄ヤクザが次第に「内地」の暴力団のように組織化されていった時期にあたる。内地の暴力団組織のように上納金制度ができ、それを納めるのもむずかしくなったらしい。

アケミは伝説のヤクザの息子とつき合っていた

Mはこの島で一九四九年に生まれた。子どもの頃は芋を喰う貧しい生活をしていた。本島まで出るのに船で一〜二時間はかかった。最初はコザで労働者の手配師のような仕事をして、上前をはねて儲けた。米軍から拳銃も麻薬も掠めとってきて、横流しをして利ざやを得た。取り締まりも緩かった。賭場の見張り役をして稼いだこともある。ヤクザをやめてからは内地へ青果物を卸す仕事を始めたが、中古車販売業に手を出したところで失敗し、島に帰った。当時は仕事で東京や大阪へも三〜四回行ったことがあるという。

アケミはいつもミニスカートをはいて明るい性格だったとMは記憶している。「十九の春」を歌うアケミの様子も覚えていた。渡世街道を歩き続けることになる仲間のアシバーの一人にギターを弾ける者がおり、その男とアケミがNDUの持ち込んだ録音機材を面白がった。競いあうように歌ったり、演奏したりして、それを録音してもらって喜んでいた。そのあたりは井上の回想と重なる。

「アケミは外人専門に相手をしてた。年齢は一七歳だと言っていた。主にセンター通りやゲート通りで客をひろっていた。そういう女から俺たちはみかじめ料をもらっていたんだが、要するに、みんな女のヒモだったわけだ。さきにカタギになったのは俺だけど、まだヤクザをやっていたフジモトと喧嘩をしたことがある。喧嘩のきっかけは、前にちょっとしたことで俺が殴ったことを根に持っていて、瓶を割ったのを持って向かってきた。やるんならやれと俺は言ったが、けっきょく、あいつは襲ってはこなかったな。コザのセンター通りを牛耳る『三人衆』と呼ばれてたヤクザがいて、そのうちの一人がフジモトだ。ミンタミーの息子だよ」

私は驚いた。アケミのつき合っていたアシバーは、沖縄ヤクザで伝説の「ミンタミー」こと新城喜史の子どもだというのだ。新城喜史は目玉がギョロリとしていたことからミンタミー（めんたま）と呼ばれていた、元コザ派の幹部だ。那覇派の首領で、やはり沖縄の伝説のヤクザの一人である「スター」こと又吉世喜を襲撃して重傷を負わせた人物である。この事件をもって沖縄のヤクザ抗争の火蓋が切られることになるのだが、のちに新城はコザ派の一部を率いて「山原派」と名乗り、熾烈極まる抗争を経て復帰前の一九七〇年に統一団体「沖縄連合旭琉会」を結成し、彼は大幹部となる。復帰と共に沖縄に本格進出してくるであろう山口組に備える必要もあった。しかし、統一から三年半ほど経った一九七四年の「ユートピア事件」で、ミンタミーは上原一家の二五歳の男に撃たれるのだ。ミンタミーは絶命し、この事件が沖縄ヤクザ戦争のさらなる引き金となるのである。

Mと会ったあと、私は別のルートで「フジモト」の消息を調べてみると、他にも使っていた苗字（みょうじ）があることがわかり、「入院中らしい」「死んだ」「精神を病んだ」などの情報が錯綜（さくそう）した。どうして父親と違う苗字を名乗ったのか、なぜ苗字が複数あるのか、それ以上のことは詳らかにはならなかった。

「アケミのことはわからない。もう死んだんじゃないかなあ」

そう言ってMは煙草に火をつけた。根拠はないがそんな気がするという。Mの吐き出す紫煙が扇風機の風の気流に巻き込まれ、狭苦しい作業小屋の中を駆けめぐってから消えていった。

真栄原新町にアケミを捜して

じつは布川徹郎と井上修は二〇〇九年にアケミ捜しの旅に出ている。四〇年後の『モトシンカカランヌー』を撮る企画を立てたのだ。彼らは沖縄市の元アウトロー関係者などを訪ねてまわったが、手がかりは得られずじまいだった。その三年後に布川は亡くなり、井上は病を患い、無理がきかない身体になってしまった。井上は私のインタビューを受けている最中もときおり息を切らした。

「砂辺（すなべ）に親戚がいるとか、ゲート通りに知り合いがいるとか、噂はいろいろありましたが、いっこうに消息はわかりませんでした。そして、真栄原新町にアケミという名前の女性がいると聞いたのです。真栄原新町の地主で店も経営している人のところにいる五〇歳すぎの人で、ハーフだと聞きました。アケミは生きていれば六〇近くのはずですが、年齢をごまかしていることはふつうなので、もしかしたら本人かもしれないと行ってみました。でも、その地主はもうそこにいなくて、手がかりはそれ以上なくなっています」

かすれ気味の声で、井上はそう言った。『モトシンカカランヌー』が撮られた後、アケミがコザを離れ、県内の売春街を転々とした可能性は大いにある。私が取材した限りでは、長らく仕事を続けてきた売春女性たちが一ヵ所だけに「居つく」ことは少なく、加齢や人間関係のもつれ、経営者の逮捕など、様々な事情から、働く街や店、頼る経営者を替えていくケースがほとんどだった。

私は勝手に布川と井上の思いを引き継ぐつもりになり、アケミの写真を何枚も持って様々な歓楽街に出向き、アケミ同様に売春で生計を立ててきた女性や経営者、元ヤクザ、現役ヤクザなどに聞いてまわった。まるでアケミの幻影を求めて歩くような日々だった。井上もそうしてほしいと願った。

井上が有力情報として私に伝えた真栄原新町で、「浄化」後は細々と経営していたスナックに、売春を生業（なりわい）にしていた女性たちに集まってもらったりもした。彼女たちは「浄化」作戦で真栄原新町がゴーストタウン化した後もそのまま住み続けた人々である。オーナーや経営者を頼り、そのまま暮らしている。どうせ空き家になってしまう店を住処（すみか）に変え、いわば互助グループのようにして生活しているわけだ。女性たちの多くは生活保護を受けて日々をしのいでいた。

そこでわかったことは、「アケミ」という女性が属していた店は「浄化運動」にともなって廃業していて、オーナーも行方がわからないということだった。

私がアケミの写真を店のカウンターに広げていると、次から次へと女性たちが集まってきた。所属していた「ちょんの間」が閉店するまで、現役として売春をしていた三〇代後半だという女性が写真をじっと見ている。するとそこに、開けっ放しのドアから小学校に上がるか上がらないかの男の子が二人飛び込んできた。シングルマザーである彼女の子どもであることはすぐに会話からわかったが、遊んできなさいと言われると二人は連れ立って自転車に乗っていった。街は無人に近い状態なので、子どもが遊ぶには、かっこうの広場になっていた。

「〇〇さんのところにアケミというお姉さんがいたさ」

いまはその店を切り盛りしている、五〇代後半の女性が言った。かつては食事をつくったり、洗濯をして売春女性たちの生活の世話をしていたという。世話役になるまでは、彼女も売春をしていた。

「でも、一九七〇年ぐらいに一七歳だといまは六〇すぎだよね。そしたら、歳が合わないんじゃない?」

「アケミさんは肩に落書きみたいな刺青をしています」。私は口をはさんだ。

「刺青ね。イラっとすると入れるのよ。リストカットすると(傷痕を気持ち悪がって)客がつかないし、髪の毛をざくざくとハサミで切ったりしてストレス発散してたもんだよ。だからさ、刺青を入れてる子は多いよ。背中全体に入れている子もいる。それを見て勃(た)たなくなってしまうお客もけっこういたよね」

座がどっとウケたが、彼女たちが抱えたストレスの凄(すさ)まじさが伝わってくる。私も二〇代後半の売春女性に、背中一面に入った悪魔をアート化したような美しい刺青を見せてもらったことがあるが、彼女の場合はタトゥーを入れること自体が趣味だった。アケミの刺青は名前や英単語を刻んだだけの、自傷行為に近いものだったのかも知れない。

あるいは暴力的に誰かに刻まれたものだったか。

「ところでみなさん、ここに住んでいるんですか？」

「そうだよ。みんなシングルマザーだからさ、シングルマザー同士でここで共同生活みたいな感じ。仕事が急になくなったから生きていけないよ」

先ほどの五〇代後半の女性が実情を吐露した。

「そういえば、私が前にいた吉原の店のオーナーがアケミさんという人の弟だったけど、年齢が合わないねー」

アケミとは誰だったのか

彼女たちはあれこれと記憶をたどってくれたのだが、結局のところ、真栄原新町の「アケミ」と『モトシンカカランヌー』のアケミは別人だということがはっきりした。名前は同じだが、年格好が違う。「アケミ」は彼女たちの「源氏名（げんじな）」で最も多いそうだ。

次に念のために訪ねたのは、アケミが在籍していたのではないかと言われていた売春店のオーナーをよく知る、自らも店を経営していた六〇代の男性だった。真栄原新町壊滅後は廃業して、いまはタクシードライバーをやっている。彼は写真を見るなり即答した。

「これはあそこにいたアケミじゃない。顔が違うよ」

『十九の春」を探して』（講談社、二〇〇七年）という本を書いた元毎日新聞記者の川井龍介は、コザでAサインバーを経営していたという人物に会い、アケミの映像を見せると「知っている子だと思う」という返答を得たと同書に記している。

当時一八～一九歳のその人物（男性）によれば「友人の彼女」だったそうで、あるときアケミが逃げたので、自分も一緒に追い掛けてアケミの実家まで行ったという。具志川あたりの畑に囲まれたあばら屋だった。土間もなく土の上にそのまま建っているトタン葺きの家だった。学校に行くか行かないかの男の子が二人いて、穀物を入れる袋にくるまっていて裸足で震えていた。「なんともいえない嫌なものを見た」とその人物は川井に語ったそうだ。

その人物は、アケミはもう生きてはいないだろうと言い、常時ハイミナールというクスリを服用してフラフラの状態だったと川井に話している。ハイミナールとは睡眠薬の一種で、一九八〇年の『警察白書』には、《昭和30年代の後半に入ると、「ハイミナール」等の睡眠薬や鎮静剤の乱用（いわゆる睡眠薬遊び）が発生した》と書かれている。川井が聞き取ったこの話は重要ではあるが、その人物が語る女性がアケミだと特定できたわけではない。

さて、アケミとはどんな女性だったのだろうか。これまでの証言を総合して推測すると、アケミはコザ（沖縄市）のどこかの街にあるAサインバーで働いていた時期があり、米兵（白人）相手に「保健所通り」付近のホテルで売春をしていたと考えられる。『モトシンカカランヌー』が撮影されていた時期は、すでに照屋は黒人街となっていたが、彼女は黒人相手の売春はしていなかったようだ。売春女性のほうも白人を相手にする者と、黒人を相手にする者とで分かれていたのである。

Aサイン（Approved・許可済）制度は一九五三年に始まった、米軍による、米軍向け飲食・風俗店に対する営業許可制度で、中断期間を含みつつも日本復帰時まで実施された。売買春による兵士への性病罹患（りかん）をくい止め、沖縄の飲食店や風俗店が米軍要員やその家族の健康と福祉に脅威を与えないように、衛生基準や建築基準をクリアした施設にのみ米軍向けの営業許可を与える制度である。今でも古い店に行くと当時の「Aサイン」を店内に飾ってあるのを見かけることがある。

Aサイン制度は一九六三年から基準が厳しくなり、施設内での売春行為を禁じたため、売春行為が行われている店や地域には「オフ・リミッツ」と呼ばれる米兵・軍属立ち入り禁止措置が講じられた。オフ・リミッツに指定されると店や街にとっては死活問題につながるので、一九七〇年前後はAサインバー店内や店の裏手の小部屋で半ば公然と売春をするより、近隣のホテルを利用するようになっていった。現在でも四～五階建てのホテルが保健所通り近辺にいくつか当時の姿を留（とど）めている。Aサインバーの他にも「ショートタイムハウス」と呼ばれていた売春専門の店もあった。

買春の料金は街によっても違い、白人街のほうが黒人街の照屋より高かったという。白人街のセンター通り付近だとショート一五分で五ドルで、三〇分一〇ドル、オールナイトは二〇~五〇ドルが相場だったらしい。また場所や容姿だけでなく、英語によるコミュニケーションができるかどうかによっても料金に差があり、当然ながら売春女性本人や、所属する店の稼ぎも違っていた。Aサイン制度については「文庫版追補章」で詳述したい。

連綿と存在し続ける売春女性たち

コザの売春女性たちは仕事を求めて集まってくる離島出身者や奄美出身者が多かった。今も「与那国などの八重山や宮古から来た女の子が多く、オーナーも離島出身者が多かった」と語っていたし、村瀬の文章から推測しても、アケミは離島出身だった可能性が高いと思う。

一九七三年に沖縄県社会福祉協議会・売春対策沖縄県連絡協議会という組織が発行した『売春対策関係資料集』(沖縄県社会福祉協議会、一九七三年)には、婦人相談員も様々な手記を寄せている。その中に、前田清子という相談員が『モトシンカカランヌー』を観た感想を書いているのを見つけた。酷評である。いや評価以前に、「沖縄の売春婦」を取り上げたこと自体に憤激しているのだ。

《映画「ムトシンカカランヌー」(原文ママ)を見て、実にお門違いな社会の感を受け身震いがしました。麻薬中毒者や売春が直接性病につながり、人体をむしばむ恐ろしい性病が社会に蔓延(まんえん)し、家庭へ持ち込まれることから、社会環境をみだし、青少年の健全育成の上からも大きな害毒を与えるなど、いろいろと大きな社会的問題があるにもかかわらず、一般県民の関心があまりにもうすい事がくやまれ、保護更生指導がいかに大切かを痛感します》

『モトシンカカランヌー』に込められたメッセージは、新左翼の党派活動家からだけでなく、沖縄の一般社会からも拒絶されることが多かったような気がしてくる。

あるとき私はアケミ捜しについて、その経緯を、畏友の民謡歌手の大城琢(たく)に話したことがある。私より六〜七歳歳下の大城は、嘉手苅林昌の孫弟子筋にあたり、古くから歌い継がれる沖縄各地の民謡を拾い集めて演奏し、唄っている。民謡酒場で沖縄風のポップスをリクエストされてもやんわりと断るという「反観光」的ともいえるスタイルを取り続ける、沖縄民謡界では異色の存在だ。

彼は私の見聞したことに寡黙に耳を傾けていたのだったが、後日、彼から何編もの自作のウチナーグチの歌詞が送られてきた。私の取材エピソードを聞いて思いつくままに作詞したのだという。

《太陽雨(てぃだぬあみ)ぬ恵(めぐみ)　安安(やしやし)と受(う)きて　咲(さ)ちゅる花知(はなし)らん　闇(やみ)ぬ枯(か)り毛(もう)》（——太陽の下で不

自由なく世間を渡ってきた人たちに、私たちの枯れた原っぱみたいな闇の生活はわかりはしないだろう)

沖縄民謡の基本スタイルは即興で、古くから唄われているよく知られた曲に、自由気ままに歌詞をのせて三線を弾く。男女のペアで掛け合いのように色恋にまつわる戯れ言を唄ったりする。少しずつ歌詞が変えられ、また整えられて伝播していく。曲は作詞者がわかっているものもあれば、不詳の場合もある。アケミの唄った「十九の春」、いや「尾類小小唄」も、そうやって唄が自己増殖していった末のものだったのだろう。歌い継がれた唄の中では、連綿と存在し続ける売春女性たちの思いが響き合ってきたような気がする。

アケミの口ずさんだ「十九の春」と、大城琢が作ってくれた歌詞が、私の中で交響した。アケミは生きているのか、もうこの世を去ったのか、本当のところは結局わからなかった。だが、『モトシンカカランヌー』が映し出す光景が、今から四〇年以上前のことだと思えなくなったことだけはたしかなのである。

第5章

歴史の底に置かれた売春女性——佐木隆三が見た沖縄

「日本人であること」をめぐる、大江健三郎『沖縄ノート』の問い

前章に登場する布川徹郎らNDUや竹中労のほかにも、復帰前のアメリカ統治下の沖縄に通いつめた本土の作家やジャーナリストがいる。

大江健三郎は一九六四年以降、何度も沖縄を訪れ、その経験を問い直して『世界』に『沖縄ノート』の連載を開始する。筑紫哲也（ちくしてつや）は朝日新聞の沖縄「特派員」として、復帰に至る激動の沖縄社会を取材し、その後も自らのジャーナリスト人生のなかで沖縄にこだわり続けた。

大江健三郎が一九七〇年に刊行した『沖縄ノート』（岩波書店）と、筑紫哲也が八〇年代末以降に『NEWS23』などで行った沖縄報道は、復帰以降に本土の側に形成された沖縄イメージに少なからず影響を与えたと私は思う。序章でも触れたが、それは沖縄を「平和と反戦を希求する島」として捉える態度だと言えるかもしれない。沖縄からの声に真摯に応答し、沖縄の歴史に対する責任を自覚しようとすることでもあっただろう。私にしても、大江や筑紫の仕事には敬意を抱いてきたし、自分なりに多少は学んだつもりでもある。だが、ひょんなことから「沖縄アンダーグラウンド」と出会い、刹那そこ

に身を置いてしまったがために、大江や筑紫の沖縄観の中では視野に入ることがなかったであろう人たちの存在感が、自分の中でどんどん大きくなっていった。

『沖縄ノート』で、大江はこう書いている。

《ただ熱病によって衰弱しつつもなお駆りたてられるような状態で、日本人とはなにか、このような日本人ではないところの日本人へと自分をかえることはできないか、と思いつめて走り廻(まわ)っているのだ。（中略）沖縄へ内部の逡巡(しゅんじゅん)の声と、外部からの拒絶の声にさからって、あるいはその抵抗感覚をたよりにしてとさえいっていいかもしれないところの、旅をくりかえすことが切実に必要であると感じられる、といっておきたいからである》

穏当な日本語のリズムを壊す勢いで綴られる文章が、この時代の大江の情熱的な沖縄への思いを表している。そして、「日本人とはなにか、このような日本人ではないところの日本人へと自分をかえることはできないか」という一節は、この本のなかで執拗(しつよう)にリフレインされ、大江の問題意識は読む者を揺さぶる。

ただ大江は、復帰に至る政治的・社会的状況と向き合いながら、あくまで理念のなかで、「日本人であること」を問い続けたという印象があるのだ。沖縄の人たちの多様な姿と、日本人である自分の内面の多様性が対等に出会うことを理想としながらも、この本にはやはり売春女性も夜の売春街も出てこない。コザの琉球少年院について書かれたくだりがあるけれど、それは少年院に留め置かれた少年たちの実情に迫るというよりも、自分を問いただすための文学的な原風景として描かれているようにも読めてしまう。

「娼婦」を通して沖縄との関係を探る

復帰前の沖縄にいた日本人のなかで異色と思えるのが、ノンフィクション作家の佐木隆三だ。

佐木は一九三七年生まれだから、三五年生まれの大江とは同時代人と言っていいだろう。映画化もされたベストセラー『復讐するは我にあり』などの著作で知られているが、もともとは八幡製鉄所で組合活動をしながら労働者文学を書き始め、六〇年安保前には共産党員でもあった。そのような左派文学の担い手として出立しつつも、その後佐木は犯罪という、規範を超える人間の所業に注目して、そこから社会を描く作風に転じていく。犯罪ルポルタージュを小説に昇華させて「ノンフィクション・ノベル」というジャンルを切り拓いた佐木は、二〇一五年に下咽頭がんのため亡くなった。以下の佐木との会見記は、佐木の死のちょうど一年前のことになる。本章を、「沖縄アンダーグラウンド」に踏み込んだ大先達へのメモワールとして書いておきたい。

「『沖縄アンダーグラウンド』に踏み込んだ」と述べたが、佐木は一九六八年からコザ

（沖縄市）に住み、売春宿に入り浸って本土にルポを書き送り糊口をしのいでいた。佐木の沖縄滞在は長い期間ではなかったが、沖縄の激動期を売春という現場から記録し続けたレポートは、『沖縄と私と娼婦』（合同出版、一九七〇年）、『わが沖縄ノート』（潮出版社、一九八二年）、『娼婦たちの天皇陛下』（同、一九七八年）などの著作にまとめられている。大江の『沖縄ノート』と同じく一九七〇年に刊行された『沖縄と私と娼婦』のあとがきにはこうある（傍点原文）。

《わたしの精神の開けっぴろげさと、それが生業である娼婦の肉体の開けっぴろげさとは、かならずしも噛みあわなかったが、もともとそれはそういうものかもしれず、ということは、わたしの肉体で彼女らを穿つには彼女らの肉体が広大にすぎてかなわず、しからば彼女らの精神を開けて覗こうとしたものの己れの開けっぴろげさが災いしたのかもしれず、それはそのままわたしと沖縄の関係であるのかもしれない》

大江が沖縄の歴史を前に「日本人であること」を観念的に自問自答したとすれば、佐木は娼婦という存在を通して、自らの身体で沖縄との関わり方を探ったと言えるかも知れない。私は佐木隆三には幾度か会っていたが、佐木の沖縄時代について話を聞いたことはなかった。だが「沖縄アンダーグラウンド」を彷徨するうちに、八〇歳にならんとする老作家のかつての仕事がいっそう貴重なものに感じられるようになり、彼が「娼婦」のことを書くに至った経緯や当時の思いを聞いてみたくなったのである。

私は佐木に会う前に、佐木の沖縄関連の著作に頻繁に登場する場所に行っておこうと思い立った。それは「アカムヤー」という場所である。沖縄本島中部東海岸から太平洋に突き出す勝連半島、その先端部に位置する在日米海陸軍の港湾施設「ホワイトビーチ」の近くにある。アカムヤーは「赤ムヤー」と書き、沖縄の方言で「赤い森」のことを言う。乾燥した赤土が風に舞うと松林が赤くなるためこう呼ばれ、ここは戦後まもなくから存在する「売春地帯」だった。地帯といっても、数軒の店舗が町外れの森の中に肩を寄せ合うように建つばかりであり、かつては「松島特飲街」とも呼ばれた。

「アカムヤー」という妖しい悪所場

一九八七年一二月に刊行された『新沖縄文学』冬季号に、詩人の仲本瑩（なかもとあきら）が一〇年以上前に見た風景として「アカムヤー」について記している。

《アカムヤーも、中城湾から照間に抜ける地形の一角にあって、ぼくが最初にその付近にまぎれこんだのは、ミーニシ（秋から初冬頃にかけて吹く北風）の最中（さなか）であった。いまから十年より前のアカムヤーはサトウキビ畑と島尻マージ（赤土）の赤茶けた風景の中に置き去られた世捨て人の吹きだまりといった感じであった。そこが妖しい特飲長屋だと知ったのは、実はしばらくたってからである。他所で働けなくなった年増（としま）の女が寄り集まってやっているらしいということで、年寄り相手の飲屋ぐらいに片づけていた。
しかし、コザや具志川あたりで呑む酒の回数が重むにつれ、誰とはなしにアカムヤーの話がささやかれ、何度か誘われもしたがついに行く時節を失してしまった。それでも具志川から半島へ抜ける折、その場所へ来るとどうしてもそこへ視線がゆくようになった。サトウキビ畑の彼方（かなた）の松林と赤茶けた土と家並に、覗いてはいけない女たちの商いが不思議な妖しさをかもしだして、ぼくの想像力を釘付けにしたのである》
（カッコ内引用者）

悪所場が発する妖しい魅力が、詩人の感性によって捉えられている。こんな文章を読むにつけ、佐木もしばしば出入りしたらしいこの街に私は妙にひきつけられた。

アカムヤーの場所は、地元の古老に聞くとすぐにわかった。ホワイトビーチから県道八号でまっすぐに西進した与勝（よかつ）あたりは、以前は米兵で賑わい、売春も行われていた一帯である。かつてバーだった、時代を感じさせる建物が今でも建ち並んでいる。その往年の繁華街から数キロほど中城湾の方に入ったところにアカムヤーはある。県道に標識はまったくなかった。私が尋ねた古老は「アカムヤーはヤクザが日本刀を振り回した恐ろしい場所だ」とアカムヤーの方角に顔を向けた。

「日本刀」事件について調べてみると、一九六五年に愚連隊グループの一人が、松島特飲街の自警団から暴行を受けたことへの報復として、グループで特飲街に殴り込みをかけた騒ぎだということがわかった。愚連隊グループのリーダー格が、付近にいた三人を日本刀で切りつけ、逃げる一人を追いかけて胸を刺して殺した。被害者の三人は客として訪れた関係のない者たちで、負傷者二人のうちの一人と死亡者の一人は未成年だった。一方、殴り込みをかけた愚連隊グループも、ほとんどが未成年だったようだ。警察も把握していなかった一党で、コザ派や泡瀬派らが抗争を繰り返していた時代だから、いずれかの暴力団に連なる末端グループであった可能性が高い。愚連隊グループは、事件の前から松島特飲街を訪れてはみかじめ料を要求していたので、特飲街側は自警団を組織して対応していた。自警団のほうも暴力団員が構成していたので、代理戦争的要素もあったのだろう。当時の新聞は「アカムヤー」＝松島特飲街のことを次のように紹介している。

《松島料亭街は、美里村吉原の料亭街とともに売春地帯として名を売っている。字南風原の本部落から東側におよそ五百メートル離れ、与勝八号線から百メートルぐらい中にはいった森の中にある。五〇年ごろからバーや小料理店がぽつり、ぽつりでき、現在十九軒が営業、約三十余人の女給が働いている。まちの発展とともに数年前から不良者や暴力グループが出入りするようになり、暴力ざたがたえなかった。そのため、料亭側では全業者が団結して六三年三月ごろ自警団を結成、暴力しめ出しにのり出し、昨年六月ごろまで事件らしい事件もなかった》

——『沖縄タイムス』一九六五年四月一七日付朝刊

脱線してしまったが、沖縄の売春女性をめぐる佐木の文章を読み、さらにその舞台について調べていくにしたがって、アカムヤーというのは重要な場所であるように思えてくるのだった。

娼婦を続けると、アカムヤーにおちることもある

下調べのようにアカムヤーを見た後、私は佐木を訪ねた。佐木は生まれ故郷にほど近い、門司（もじ）の山の中腹に住んでいた。居酒屋を住居へとリノベーションした山小屋のような家。招き入れられた書斎の窓からは門司港が一望できる。気持ちのよい風がふっと抜け、茶寅柄（ちゃとらがら）の猫が私たちが向かい合う座の横を何度も横切った。挨拶もそこそこに、私はアカムヤーの想（おも）い出から佐木に尋ねたのだが、彼はちょっと困った顔をしている。「アカムヤーのことはよく覚えていないなあ」とこぼした。高齢のせいか、記憶が甦（よみがえ）らないようなのだ。

佐木に、アカムヤーだった場所の現在の写真をｉＰａｄで何十枚も連続して見せた。

当時、佐木が通っていたであろう平屋の店は大半が解体工事の最中で、屋根が取り外されて壁だけになっている。しかし、同じ様式の建物で現在も生活が営まれている場合もあり、剝げかけたコカ・コーラの壁絵などは、おそらく昔の面影を残しているにちがいない。佐木はだんだんと記憶を取り戻した。アカムヤー地区の最も奥まった、その先は崖という場所に建つ家屋が、彼の通っていた店だということも思い出した。膝を打って喜び、「わあ!」と子どものような声をあげた。

「赤土を見ているうちに思い出してきました。ここは琉球新報の記者に教えてもらったところです。街のどん詰まりにあったんです。壁にコカ・コーラのロゴが書いてある店もあった。そうそう一度、奥にある部屋も見せてもらいましたが、窓から下がすぐ崖になっていましてね。そういえばアカムヤーでアメリカ兵は見たことがありません」

アカムヤーにまつわる思い出話を始めた佐木は上機嫌だった。自らの記憶に街の輪郭が現れてきたことが嬉しいようだ。

「いつもタクシーで行ってました。『アカムヤー』とドライバーに告げると、だいたい連れて行ってくれました。飲み屋もありましたが、何より、年とった人が女性を買いにいく場所でした。当時私は三〇代後半でしたが、今の私ぐらいの年齢のおじいさんが来てましたよ。当時の私からすれば『おばさん』のところに、『おじいさん』が泊まっていくわけです。そういう店が三~四軒あったと思います。一軒の建物に女性たちが何人かいるという感じでした。私が通っていたのは奄美出身の五〇~六〇代の女性の店です。

コザの吉原にいた現役の娼婦を、アカムヤーのその店に連れて行ったりもしました。吉原の女性も『将来は自分もアカムヤーの女性になるかもしれない』と言ってました。娼婦を続けるということは、そういうところへおちていく可能性もあるという意味だったんでしょう。アカムヤーは売春街でしたが、体裁はいちおう飲み屋ですから、カウンターがあって、女性はそこにみんな住み込みで働いていました。奥に小部屋があったんですが、私は泊まらずに飲みながら話を聞いていた。

井上光晴（みつはる）さんを連れて行ったことがあります。光晴さんは、『俺はここに泊まるぞ』と言い出しました。本気なのかわからなくて、結局、泊まらずに連れて帰りましたけど」

井上光晴は戦後の左派文学を代表する作家の一人で、直木賞作家の井上荒野（あれの）の父にあたる。『地の群れ』などの作品で、炭坑夫、被爆者、被差別部落民など、虐げられた民どうしの捻（ねじ）れた関係と差別の現実を鮮烈に描いて戦後文学に衝撃を与えた。映画監督の原一男が井上光晴を追ったドキュメンタリー『全身小説家』を観ると、自らをも物語上の人物に仕立て上げていくような、虚と実の狭間（はざま）に生きた人のようだが、社会の下層の人たちへの思いを抱き続けた井上にとって、アカムヤーは大いに感じるところのある場所だったと想像される。

ちなみに、佐木をアカムヤーに連れていった元『琉球新報』記者は判明したが、取材は無下な口調で断われた。

幻の街を今に伝える体験談

さきに紹介した詩人の仲本瑩の文章のなかに次のような箇所がある。

《運転手はコザからひとりの初老の男を乗せた。おとこはアカムヤーまでの道を指示して、サトウキビやススキの間を抜けて、ポツリと灯がともっている不思議な飲屋の集まっている場所へ導いたのである。無言で金を払った男は、一軒の店の中に消えた。それから年月を重ねるうちに、運転手は果たしてそれが現実だったのかどうか段々自信を失っていったのである。まるで狐か何か魔物に惑わされたか、夢だったのか不可思議な思いをひきずって》

この話と、古い地図を照合してみる。県道から、アカムヤーと呼ばれた二〇軒あまりの家が集まっている一帯までは、地図上には一軒の建物の表示もなく、崖があることがわかるだけである。アカムヤーは仲本の詩的な表現どおり、崖の上の闇の中に浮かぶ幻のような集落だったのだろう。

「アカムヤーは戦後にできた街です。私が沖縄にいる間は続いていました。その後、たぶん自然消滅していったんだと思います。若い女性はいませんでしたから。アカムヤーで働いている女性たちは、かつて真栄原新町や吉原で働いて、歳を取って客がつかなくなってから、年金をもらいながら働けるところがあると誘われて流れ着くんだと奄美出身のママは言ってましたね。当時、アカムヤーのような売春街には奄美の人が多かった。奄美の人は仕事がなくて沖縄本島の米軍基地の近くに集まってきた。その後、今さら奄美に帰ってもしょうがないという感じで、そのまま居つく人がかなりいたのではないか」

私が訪れた時、アカムヤーだった区域の半壊状態にある平屋建ての周辺には、真新しいマンションが建っていた。その周辺で聞き込んでみたが、街の歴史を語ってくれる人は誰もいない。まだ解体工事が始まっていない平屋から、四〇代ぐらいの女性が出てきたので声をかけてみたが、わからないという。区域の入り口あたりに雑貨店のような古びた商店があった。中に入ってお茶を買い、店の外で飲んでいると、店番をしていた八〇歳前後の女性が道に出てきた。「ずっと、ここで商売をされているんですか？」と私は尋ねた。「はい、そうですよ」。「昔は、このあたりはアカムヤーと呼ばれていて、賑やかだったそうですが」と水を向けると、「そうですねえ。うちにも何人か女の人がいましたよ。とっくの昔に亡くなりましたけれど……」。そう言うと、女性はおじぎをして店の奥にひっこんでしまった。再び声をかけても彼女は外へは出てきてくれない。

アカムヤーという街の存在は、語られぬままに歴史のなかでさらに幻となっていくのではないだろうか。佐木の体験談は、そういう幻の街を今に伝える貴重なものだったと私は思う。

「沖縄の売春と、その象徴するもの」

佐木はなぜ、復帰前の沖縄に住み、沖縄の売春についてのルポを日本に書き送り続けたのだろうか。『沖縄と私と娼婦』で、佐木はそのモチーフを語ることは難しいとしながらも、ある「自負」について語っている。

《わたしが沖縄とかかわりをもつようになって、とりわけ売春に注目し娼婦にアプローチしたのは、しかし娼婦の数が多いことに触発されたからではない。どう説明すればいいか、実は自分でもわからないのだから、したり気にここで動機について語るのはやめる。ただこの本におさめた、五度の沖縄行を通じて書いたわたしのルポルタージュに登場する個々の娼婦の貌（かお）から、これまで黙殺されがちだった沖縄の売春と、その象徴するものについて、なにか摑んでもらえるのではないかと自負していることだけは言っておこうと思う》

観念的に考えるよりも、沖縄のアンダーグラウンドの具体的な姿をルポルタージュすることで、「これまで黙殺されがちだった沖縄の売春と、その象徴するもの」を読者に届けられるという佐木の手ごたえが感じられる。四四年後の今、佐木は当時をどう振り返るのか。

「当時、メディアの中で私は新左翼の書き手として認識されていました。新左翼の男だって当然スケベなわけだけど、売春に関わることは、話題にすることもある種のタブーだった時代です。そういうところは非常に教条的なんです。でも沖縄にいると、売春について、社会の問題としても自分のセックスの問題としても、身近につきつけられざるを得ない。だからそこから目を逸らさずに『内地』に書き送ってやろうと思いました。コザの吉原にいた〝はっちゃん〟という女性とウマが合いましてね、いろいろな話をしてくれました。やがて彼女は結婚するんですが、私と親しかったのでダンナさんからヤキモチを焼かれましたよ。はっちゃんはアタマの回転が早い女性で、当時、売春女性は特殊婦人と呼ばれてましたが、彼女たちを更生させようとする運動をやっていた婦人相談員と対談をしてもらったこともあります」

その模様は佐木の『わが沖縄ノート』に収録されている。『わが沖縄ノート』という書名からは、佐木が大江の仕事を意識し、それとは別の沖縄を切り取ってやろうという思いを抱えていたことが伝わってくる。「S子」というのがはっちゃんのことである。

S子　売春はいけないって、国が言っているでしょ。どうしていけないのかなあって、ウチなんか考えるんですよね。前借金で縛られて、売春させられるのは、よくないと思うですよ。でも、ウチはそうじゃない。カネが荒稼ぎできるのは、この仕事しかないと思ってやっているんです。

相談員　あんた自身ね、売春ということ、どう思ってるの?

S子　ウチは、べつに……。

相談員　正当な職業かしらね。

S子　常識的にいうと、正当な職業でもないみたいでもあるけどさ。売春してべつに悪いと思ったことは、ないですね。それなりの楽しみをさして、その代償としてカネをもらってるわけですから。

相談員　あたしね、自分自身を、もうすこし大事にしてもらいたいの。

S子　大事にするって……。自分自身を大事にするって、どういうこと?

相談員　大事にすることよ、自分を。自分の春を、操をね、カネで売る

S子　その、大事にするってことが、どういうことなのかかな。

相談員　そうねえ、なんと言ったらいいのかしら。

ということはね、正当な職業とは思わないですよ。

自らの「職業としての売春」を冷静に見ている「はっちゃん」と、売春を「操を売る」という旧来の道徳でとらえるばかりの相談員との決定的なすれ違いが、むしろ興味深く感じられる。佐木はこの対談で、沖縄で売春に携わる女性がどんな視線に晒されて

いるかを描き出したかったのかも知れない。

沖縄在住の間に、佐木は沖縄の女性と結婚する。はっちゃんは佐木の妻とも親しくなったので、しょっちゅう佐木宅へ食事をしにやってきたという。

「当時の私の飯のタネが売春街だということは女房も知ってましたから、はっちゃんは大事な人だとわかってくれていたと思いますよ。私が借りていたアパートはコザの今の市役所のすぐ近くにありました。アメリカ兵のハニーばかりが住んでいるところなんです。ハニーというのは米兵の彼女のことですね。女房はよくそういうところに一緒に住んでくれたなあと思います。クリーニング店の主人がそのアパートを経営していたんですが、私は物好きなヤマトンチューだと思われていたのではないでしょうか。アパートの周囲には普段から白人兵も黒人兵も歩いてました。日常的には普通につき合ってるんですが、何か揉めごとが始まると、黒人と白人で分かれるんです。

結婚したのは一九七一年一二月三〇日です。日付も覚えています。その直後の復帰の日に、コザのパークアベニューにアメリカの副大統領が来た。それをアパートから妻と二人で見ていました。妻が言うんです。『二七年間もアメリカの施政権下にあったから、古い親戚のおじさんに会ったような、なつかしい気がする』って。日本の政治家を見てもそういう気持ちにはならない、と」

八幡製鉄所と沖縄の戦争スクラップ

佐木が沖縄に渡ったきっかけについても訊いてみた。最初から沖縄の売春問題を取材しようとしていたのだろうか。

「違います。一九六八年の琉球政府の主席公選で屋良朝苗(やらちょうびょう)さんが当選しました。その取材に行ったのが最初です。沖縄に行ったのは、今あえて言えば、日本の戦後史を自分に則してとらえ直そうという気分があったんです。私は一九五六年、一八歳のときに高卒で八幡製鉄所に就職しました。第二次大戦でこてんぱんに破壊された八幡製鉄所が、一九五〇年に始まった朝鮮戦争をきっかけに立ち直っていった。いわば八幡製鉄所は、日本経済の『奇跡の復興』の前線にいたわけです。その頃、クズ鉄は製鉄所の重要な原料でした。純鉄とクズ鉄が半々ぐらいでしたから。

歴史の話になりますが、日本がアメリカに宣戦布告したのが一九四一年一二月。その半年前から欧米は、対日スクラップ輸出停止をやって、そのために日本は南部仏印ベトナムに石油欲しさに侵攻していった。これは日本のその後にとって重要な事態で、開戦の引き金になったという見方もあるほどです。鉄クズは日本の現代史と深い関係にあるんです。

一方、沖縄戦を記録した『鉄の暴風』(沖縄タイムス社、一九七〇年)という本が出ています。沖縄にはものすごい量の砲弾や爆弾がアメリカの艦隊から撃ち込まれた。当時の砲弾、爆弾、兵器の残骸は、日米合わせて二五〇万トンと言われていますが、これらの戦争スクラップを、アメリカは『戦利品』だと言って勝手な処分を禁止しました。ところが朝鮮戦争が始まり、スクラップが重要な資源材料になると、本土からスクラップ目当てに多くの業者が沖縄に船を乗りつけたんです。

私が製鉄所で働いていたころ、沖縄の戦争スクラップには不発弾が混じっているため、それが爆発して何人か死んだということを聞いていました。年間一〇人ほど、スクラップヤードで死者が出ていたと記憶しています。一九六八年一一月に沖縄に取材に行ったときに琉球政府の資料を見たら、一九五六～五七年頃は、スクラップ産業が黒砂糖を抜いて総生産額の一位になっていた。そして新聞報道で、スクラップを掘る作業中に一〇〇〇人近い子どもの死者が出ているということもわかった。カネのため、生きるためにはここまでしなければならないのかと衝撃を受けました。僕が最初にショックを受けたのは売春街ではなかったんです」

佐木の原点とも言える八幡製鉄所での勤労体験は、沖縄の戦争スクラップと切っても切り離せないものだったのである。戦後日本の奇跡の復興が、朝鮮戦争という犠牲の上にあったということは私などでも認識していたが、そこに沖縄の戦中戦後史がこのように関わっていたとは、佐木の話を聞くまでまったく知らなかった。

「売春して生きていくしかない」という声

佐木の記憶は次々に甦ってきた。自らの沖縄体験を反芻するように、一九六八年の、米軍占領下での琉球政府の第一回行政主席通常選挙の話を始めた。

「那覇市長だった西銘順治(にしめじゅんじ)が主席選挙に出ていました。アメリカからの沖縄即時無条件返還を求める屋良朝苗さんの応援演説で大江健三郎が来ていて、本土との一体化を訴えた西銘陣営には石原慎太郎が応援に来てました。私は屋良陣営の取材で行ったのだけれど、あるAサインバーで石原に遭遇した。そこで石原は、『大いに股を広げなさい』などと言っていました。

私は沖縄の新聞記者に誘われて、最初は宜野湾の吉原に連れて行かれました。Aサインの店に入り浸るのはそのあとなんだけど、私にとっては吉原が行きやすい雰囲気だったんです。当時、学研の雑誌の嘱託記者を二年ほどやっていまして、沖縄への毎回の外貨持ち出しが五〇〇ドルでした。コザの胡屋十字路にあったAサインバーのマスターが言うには、当時はベトナム戦争末期で、沖縄から出撃する米兵がバラまくドルでバカみたいに儲かったそうです。洗面器にドル紙幣を入れていたのが、入りきらずにバケツ、そしてドラム缶に入れていたらしい。そこのマスターは毎晩三〇ドル持って飲みに行っていた。当時の学校の先生の月給と同じぐらいです」

私は沖縄で「売春街浄化」運動が進められたことを佐木に報告した。佐木が濃密な時間を過ごし、そこを足場にして沖縄と日本について、また人間の営みについて考え、書いた街は今はもうなくなっているのだ。

「時代とともに価値観は変わっていくものでしょう。真栄原新町や吉原がなくなったのも、そういうことだと思います。アカムヤーも含めて、ああいう街がずっと続くとは思っていなかったけれど、当時売春街で働いていた女性たちから、凄絶な沖縄戦に巻き込まれて夫を亡くしたのでここで働くしかないという声をたっぷりと聞いてきた身としては、行き場がない女の人が身体を売るしかなくなるという事情が理解できます。是非は別としてその街へ行けば食べて行けるという、そういう場所なんですから、今もそうして働かざるを得ない女性にとっては、街がなくなってしまって大丈夫なのかなとは思います。働く場所がなくなって、子どもさんを連れて心中したり、自殺したりしないだろうか、と考えてしまう。非正規労働が増えている時世のなかで、とくに今でも貧しい沖縄のことを考えると心配になってしまいます」

佐木は売春女性が沖縄の歴史と社会のなかで置かれた立場を決して見失わない。これは佐木の沖縄体験から導き出された認識であるにちがいなかった。そのうち話は、戦後まもなくから噴出した「性の防波堤」論のことに至った。第1章でも書いたが、当時頻発した米兵の性犯罪を「売春地域」を人為的につくることによって阻止しようとしたことである。佐木の語気が強まる。

「私は『性の防波堤』という言葉自体を認めたくない。何かを守るために何かを犠牲にしていいという発想自体がダメだと思いますよ。人間社会では、自分の肉体や性器を男の欲求を満たすために提供して生きていくという選択が、それは望まれるかたちではなかったにせよ、生きるための選択として認めなければならないと私は思っています。沖縄で私はそういう生き方をせざるを得ない女性たちを大勢見てきました。生存する権利として自分の性器を売る行為を、いったい誰が非難できるのでしょうか」

二重三重に社会の暗部に置かれてきた売春女性

佐木は『沖縄と私と娼婦』のなかで、「性の防波堤」について次のように書いている。

《娼婦であり続ける限り、国家は決して彼女らを保護しない。利用するだけだ。本土における戦後の売春は、「進駐軍から一般婦女子を守る」ために組織されたのが主流で、特殊慰安施設協会という名の公娼制度は警察当局の音頭取りによるものだった。いわば〝防波堤意識〟を要請されたのであり、沖縄でもそれに似たような事情だったが、なによりもここが決定的に違うのは、沖縄そのものが戦前も戦後も本土の防波堤にさせられたということである。そして娼婦は、防波堤の中の防波堤ともいうべき役割を演じさせられてきた》

佐木が出会い、見続けた娼婦たちの背後に広がるのは、沖縄が本土決戦の捨て石＝防波堤になって以来、戦後へと続く荒涼とした現実なのである。焦土と化した戦後の沖縄に、戦時とはかたちを変えた防波堤論が出てきた。それが売春をめぐる「性の防波堤論」である。アメリカ、本土、沖縄という関係のなかで、沖縄の売春女性たちは二重三重に社会の暗部に置かれてきたのだ。佐木がこの文章を書いたのは一九七〇年以前なのだが、佐木はこうした構造の戦中から戦後への連続性をすでに見抜いていたのだろう。

では佐木はなぜ、これほど深く思いを寄せる沖縄を離れたのだろうか。

「一九七一年に起きた機動隊員殺害事件の容疑者の一人として、翌七二年一月に逮捕され、普天間署に一二日間留置されました。公安事件で逮捕されると物書きの世界でもヤバくなり、原稿の注文はがくんと減りました。『朝日ジャーナル』からは仕事がこなくなりました。それまで私は、『アサヒ芸能』と『朝日ジャーナル』で、沖縄の生々しい人間のあり方を書き続けてきたんですが、それが蓄積されて、その後『復讐するは我にあり』のような作品が書けるようになったと思っています。逮捕されなければ、そのまま沖縄に住み続けていたかもしれません。よく一緒に呑んでいた地元の新聞記者に言わせると、当時、私は『沖縄で飲み屋をやる』と言ってたそうです。沖縄をいったん離れて千葉県市川市に引っ越しました。小さい子どもが二人いましたから、とにかく生活をせにゃいかんと思って、新聞広告に季節工の募集が出ていたので、家から近い新日鉄に面接を受けに行ったこともあります。募集の条件は三〇歳未満で、私は当時三五～三六歳でしたから、ダメでした。しょうがないから、新聞配達をしながら長編小説を書くしかなかった」

話は佳境に入り、私は佐木と差しつ差されつ、ずいぶんと芋焼酎を呑んでいた。数時間にわたるインタビューで佐木はかなり酔っぱらったとみえる。これから山を下りて門司港にある馴染みの寿司屋(すしや)に行こうとふいに言い出した。家人は反対したが佐木は頑として聞かない。佐木は足元がおぼつかない状態で、私は仕方なしに一〇〇キロ近い佐木の巨体をおぶい、佐木の家の階段を一歩一歩慎重に降り、タクシーに乗った。ところが門司港近くに出てみると、寿司屋も含めて佐木の行きつけの店はすべて閉店していた。佐木は機嫌を損ねたまま近辺のスナックに入ったのだが、じきにカウンターで寝てしまった。

しばらくすると、佐木がむっくりと顔をあげ、回らないろれつで、しゃべり始める。

「私は一八歳で八幡製鉄所に入り、二〇歳の時に初めて娼婦とセックスしました。あのね、今は私は後期高齢者で、死ぬために下関(しものせき)に帰ってきたわけです。昔の話をしたくなるなんて、本当に歳をとった証拠ですよね。私は沖縄で結婚した妻とも離婚しました。老老離婚です。今、日本人の平均寿命まであと数年の歳になりました。あと何年生きることができるかわかりませんが、少なからず沖縄に関わってきた者として、普天間問題も含めて沖縄の問題がまったく進んでいないのを見ると、辛いです」

そして唐突に「沖縄を返せ」を歌い出した。「沖縄を返せ、沖縄へ返せ」と、佐木はサビの同じ箇所を繰り返し、拳を握り腕を前後に振りながら声を張り上げる。

「沖縄を返せ」は一九五〇年代中頃、本土の共産党主導の「うたごえ運動」のなかで歌われた労働歌だが、一九九四年に八重山出身の民謡歌手、大工哲弘（だいくてつひろ）がアルバム『ウチナージンタ』で取り上げてから再び注目されるようになった。そして反基地運動のなかでは、「沖縄を返せ」という原詞が「沖縄へ返せ」と歌い替えられるようになったようだ。

佐木は歌い終わると、真顔に戻り、「いまは『沖縄を返せ、沖縄へ返せ』と歌うんですよね」と私に言い、また寝入ってしまった。もはや明け方も近い。「そろそろ帰りましょう」と何度も揺り動かしたが、佐木は起きる気配がなかった。私は会計を済ませると、再び佐木を背負ってスナックを後にし、歯を食いしばってタクシー乗り場まで歩いた。背中の上で佐木が立てる寝息は巨漢に似合わず静かだった。

第6章

「レイプの軍隊」と沖縄売春史

占領米軍は「レイプの軍隊」

太平洋戦争末期の一九四五年、沖縄諸島に上陸した米軍を中心とする連合国軍と、日本軍の間で沖縄戦が戦われた。三月二六日に「無血上陸」した米軍はものの一ヵ月半ほどで沖縄本島南部を制圧し、首里を占領し、掃討戦に突入していった。上陸した米兵は一六万人、後方支援部隊も含めると五四万人という途方もない大部隊であった。艦船は約一五〇〇艘を擁し、上陸時は絨毯爆撃のように砲弾、ロケット弾、手榴弾、銃弾が撃ち込まれた。前章で佐木隆三が語ったように、それが「鉄の暴風」といわれるゆえんである。

上陸直後から米軍は、沖縄侵攻軍の総司令官であった米太平洋艦隊司令長官兼米太平洋地区司令官チェスター・ニミッツ元帥による布告第一号を公布、沖縄での日本国施政権の停止を宣言した。これは「ニミッツ布告」と呼ばれた。これが米軍による沖縄の占領統治の基本法令であり、日本の無条件降伏はその五ヵ月後のことである。この一方的な法令により、沖縄と奄美は米軍政府の施政権下に置かれ、何万人という米兵が駐留する「アメリカ世」が始まる。一九四六年一月には北緯三〇度以南の琉球、奄美大島を含む南西諸島はアメリカの占領下に置かれることとなり、一九五〇年には奄美群島政府、沖縄群島政府、宮古群島政府、八重山群島政府が発足、そして一九五二年、四つの群島政府はアメリカ民政府の下に琉球政府として統合されたのである。一九五七年からは、アメリカ大統領が任命する高等弁務官が民政府の長となり、琉球政府はその下に置かれた。

上陸時から米兵は沖縄の民間人に対して傍若無人にふるまい、凶悪犯罪、とりわけレイプ事件を頻発させた。元那覇市議会議員で沖縄の米兵の性犯罪を告発し続けてきた高里鈴代らが作成した、米軍兵士が加害者となったレイプ犯罪の記録冊子『沖縄・米兵による女性への性犯罪　1945年4月〜2008年10月』（基地・軍隊を許さない行動する女たちの会発行）によれば、一九四五年一二月一〇日から四六年五月二五日までの半年弱の期間だけでも、米海軍第九軍事警察大隊が沖縄女性に対するレイプならびにレイプ未遂で逮捕した米軍人・軍属は三〇人（件）にのぼるとされているが、それらの事例の加害者（容疑者）の大半は不明となっている。

レイプ犯罪として表沙汰になっていないケースを含めると、その実数は数十倍になると推測される。一九七二年の本土復帰までに「確認」されているだけでも米軍兵士によるレイプ犯罪は五〇〇件以上とされており、アメリカにおける刊行物の中ですら、被害者は一万人以上にのぼると書かれることもある。

第二次世界大戦後、欧州等の敗戦国でも米軍兵士は性犯罪を繰り返し起こしていた。

また、日本本土でも各地の米軍駐留地近辺で数多くの日本人女性たちがレイプ被害にあっていた。唯一の地上戦が行われ、アメリカ占領下となった沖縄ではその被害が突出しており、まさに占領米軍は「レイプの軍隊」と言っていいほどのありさまだった。

日本本土では、占領軍による日本の一般女性に対するレイプ事件が予測されたため、日本政府が直々に「日本女性の貞操を守る犠牲として愛国心のある女性」を募集し、連合軍向けの慰安所＝RAA（Recreation and Amusement Association）を東京をはじめとする日本各地に設置、売春に従事する数万人の女性が集まったとされる。沖縄にはRAAが設置された記録はない。

鬼畜の所業が日常化した

沖縄における米兵による夥しいレイプ事件の実例は目をそむけたくなるようなものばかりだ。父親の目の前で娘が強姦されたり、母娘が同時におそわれた事例もある。兵舎内に連れ込まれたり、家に侵入してきた米兵にレイプされた事例も目立つ。母親の目の前で娘が連れ去られて行方不明になったり、病院に重傷を負って入院している女性がおそわれたケース、戦争で家族全員を失った少女に食べ物を与えると騙して基地内に連れ込み、輪姦したケースもある。掘っ建て小屋のような住居では防衛のしようもなく、米兵たちはいとも簡単に軍靴で玄関を蹴破って屋内に入ってきて、女性たちを拉致し、レイプした。

高里らが作成したリストから、一九四五年八月前から一二月までの被害を抜粋して引用する。

《病気で野戦病院に入院している少女を、父親の前で米兵が強姦。父親は娘を連れて病院を出ていく　8月前　(容疑者は) 逮捕されるが処罰の方法は不明》

《25歳の女性、義母と野菜を摘んでいたところ、3人の米兵に山中に連れ込まれ強姦される (玉城村) 8・16　容疑者不明》

《義母と食糧さがしのため海岸に出た19歳の女性、米兵につかまり強姦される。翌年4月、男児を出産 (玉城村) 8・20　容疑者不明》

《友人2人と、子どもをおぶって薪取りに出かけた31歳の女性、米兵3人に拉致され、消息を絶つ (宜野座村) 8・21　容疑者不明》

《勝山で3人の女性が2人の米海兵隊に強姦される。女性の1人は米兵の子を出産するが、子どもは夫に殺される (屋部村) 8月頃　加害者の2人は、住民に殺される

（1998年に米兵のものと思われる骨が勝山の『クロンボー・ガマ』とよばれる洞窟から発見されたが、遺骨は3体あり、1人は誰の骨か不明といわれる）》

《子どもをおぶってヨモギを摘んでいた39歳の主婦、4人乗りの米兵のジープで拉致され、カーブで道端に放り出される。背中の子どもは死亡（羽地村）9・8　容疑者不明》

《2人の米兵が女性をレイプ。別の米兵が来たので逃げ去る（伊江島）9・17　容疑者不明》

《男性2人と石川の収容所に親戚を訪ねていく途中の19歳の女性、子どもをおぶったまま3人の米兵に拉致される。男性2人は米兵に銃をむけられ、抵抗不可能。母子は2年後に白骨死体でみつかった（石川市）9・24　容疑者不明》

《46歳の女性、道路で米兵2人に襲われそうになり、崖下に飛び下りて大腿骨骨折。その後、追ってきた2人に強姦される（本部町）10・24　容疑者不明》

《家屋を失って岩の下で居住していた35歳の女性、夜トイレからの帰りに米兵2人に

強姦される。翌年8月、男児を出産（知念村）10・25　容疑者不明》

《集団で芋掘りをしていた女性たちが米兵に襲われ、救助のためかけつけた警察官、米兵と格闘になり射殺される（玉城村）10・29　処罰の方法不明》

《少女を拉致した米兵を追跡した警官、射殺される　11・29　容疑者不明》

《宜野座米軍野戦病院に収容された重傷の女性を、MPが強姦するのを沖縄人労働者が目撃　同年　処罰の方法不明》

《米兵に襲われた16、7歳の女性、全裸で放置されているところを、住民に発見される（勝連村）同年　容疑者不明》

《母親の目の前で、娘が米兵に拉致される。母親は大声で助けを求めながら米兵の手から娘を奪い返そうとしたが、足蹴にされ、娘は連れていかれる。その後不明（宜野座村）同年　容疑者不明》

こうした鬼畜としか言いようがない所業が続き、治外法権状態が日常化すると、被害を受けた沖縄の人々は訴える気力さえ萎えてしまい、事件が表面化することも少なくなってしまったようだ。繰り返すがこれらはレイプ被害のほんの氷山の一角、五ヵ月ばかりの間に起きて、しかも顕在化した事例の一部を列挙しただけなのだ。

闇に葬られた米兵犯罪の実態

米兵の犯罪は性犯罪だけでなく、強盗や暴行致死、クルマで轢き殺すなど、沖縄の人々を人と思わないような犯罪が日々重ねられた。沖縄戦を生き残った人々は、戦後は米兵たちの暴力に怯える日々を送らねばならなかったのである。

米国統治下の沖縄民警察は、一九五二年までは米軍要員の犯罪に対する逮捕権がなく、事件が発生したときには米軍警察機関に知らせるほかなかった。住民たちは米兵が村にやってくるのをいち早く察知して逃げたり、時には農具などを武器に変えて家族を守るなど、自衛手段を講じた。

一九五二年一〇月、布令八七号「琉球民警察官の逮捕権」により民警察に逮捕権が与えられたが、現行犯逮捕であること、米軍警察機関がその場にいないケースに限られること、逮捕できた場合もすみやかに米軍警察に身柄を渡さなければならないことなどが定められ、不公平かつ限定的なものだった。民警察は米兵犯罪の実態を把握するために米軍警察機関に情報提供を再三求めたが受け入れられなかった。実態を明らかにすることにより、反米闘争に火がつくことを米軍が警戒したからだと言われているが、驚くべきことに復帰二年前まで、米軍要員による住民に対する犯罪についての統計が民警察の資料に掲載されることがなかったのである。

日本軍は戦中、沖縄の人々を本土防衛のための捨て石のごとく扱い、挙げ句、敗色が濃厚になると住民に自決を迫った。スパイ容疑をかけて処刑することもあった。沖縄の人々には、日本軍から裏切り以上の仕打ちを受けたという意識が今も根強い。ただ、米軍が上陸する前に日本軍が喧伝した「米軍に捕まると男は戦車の下敷きにされ、女はなぶりものにされる」というプロパガンダは本当だった。高里らによるリストに挙げられた事例はもちろん、後述する、六歳の女児が被害者となった「由美子ちゃんレイプ殺害事件」なども、「レイプの軍隊」の狂乱と残虐をあらわす一例であろう。

米軍政府の異様な「人権感覚」

統治者である当の米軍は、自国兵士たちが「レイプの軍隊」と化している現状に対し、ごく散発的に容疑者逮捕を行うことでお茶を濁していた。

一九四七年三月、米軍政府は頻発する強姦事件を「遺憾」だとする「米軍人ニ依(よ)ル婦女子強姦事件ニ対スル住民ノ指導ニ関スル件」という文書を公にする。だがこれは、被害者側に対して自重や自戒を要請するという、倒錯の極みとも言える内容なのだ。一節だけ紹介する。

《米軍人ニ依リ被害ヲ受ケントシタ場合、勇敢ニ立働キ、顔面手等ニ咬付或ハ傷ヲ与ヘルカ被服ヲ引破リ後日証拠トナルベキ資料ヲ得ルヤウ心掛クベキデアル》

現代の口語に書き直せば、「米軍人によって被害を受けそうになった場合は、必死で抵抗し、顔や手に傷を与えるか、服を引き破り、後日証拠となるような資料を得るように心がけるべきだ」ということである。これが支配者たる駐留米軍政府の、沖縄の人々への「人権感覚」だった。

当時の米兵の獣のごとき行状を検証する際に常に引用されるのが、『タイム』誌の記者フランク・ギブニーが一九四九年に沖縄を訪れて書いた「OKINAWA: Forgotten Island（沖縄―忘れられた島）」（『タイム』一九四九年一一月二八日付）という短編レポートである。

ギブニーの記事全体は米兵の性犯罪についてのものというわけではなく、生活物資に困窮している沖縄県民の現状や、それに対処する米軍政府の施策についてのものなのだが、取材に訪れたギブニーにも沖縄に駐留する兵士たちの狂乱ぶりが伝わったようだ。

《For the past four years, poor, typhoon-swept Okinawa has dangled at what bitter

Army men call “the logistical end of the line,” and some of its commanders have been lax and inefficient. More than 15,000 U. S. troops, whose morale and discipline have probably been worse than that of any U. S. force in the world, have policed 600,000 natives who live in hopeless poverty.》

《Okinawa had become a dumping ground for Army misfits and rejects from more comfortable posts. In the six months ending last September, U. S. soldiers committed an appalling number of crimes-29 murders, 18 rape cases, 16 robberies, 33 assaults.》

原記事中、この二ヵ所が米兵の行状を報告した箇所である。一九四九年一二月三日付の『うるま新報』では次項のように訳されている。『うるま新報』は捕虜収容所や民間人収容地域で配布された戦後初めて発刊された新聞で、アメリカのラジオ放送などを情報源にしており、一九五一年に『琉球新報』となる。ちなみに同紙の記事ではギブニーのレポート概要を報じただけであり、米兵犯罪に関わる箇所についてとりわけ問題視しているわけではない。

軍規律が麻痺した米軍支配下

《過去四か年、貧しい上に台風におそわれた沖縄は陸ぐんの人たちからは戦線の最後の宿営地点と云われ、司令官たちの中の或者は怠慢で仕事に非能率的であった。そのぐん紀は世界中の他の米駐屯ぐんのどれよりも悪く、その一万五千の沖縄駐屯米ぐん部隊が絶望的貧困の中に暮している六十万の住民を統治して来た》

《沖縄は米陸ぐんの才能のない者や除者の態のよい掃き溜になっていた。去る九月に終る過去六か月間に米ぐんへい士は殺人廿九、強姦一八、強盗一六、殺傷三三という驚くべき数の犯罪を犯した》

ギブニーの記事の翻訳は、『琉球史料』（琉球政府文教局、一九五六〜一九六五年）をはじめ、沖縄の戦後を知る上での必須文献の一つである新崎盛暉と中野好夫の共著『沖縄戦後史』（岩波新書、一九七六年）、そして小林よしのりの『新ゴーマニズム宣言SPECIAL沖縄論』（小学館、二〇〇五年）に至るまで、多くの書冊に引用されてきた。

米兵士の性犯罪の被害にあったのは沖縄の女性ばかりではない。一九四五年時点で米軍野戦病院で米兵によってアメリカ人女性看護師や患者に対してレイプ事件が発生したり、四六年には米司令官が、アメリカ人女性は軍駐留地から外出するときはピストルを携帯するようにと指示を出している。これは米兵が赤十字に勤務するアメリカ人女性をレイプする事件が起きたからだ。

米兵の性犯罪に業を煮やした米政府は、一九四六年七月、民警察官に米軍戦闘用のカービン銃と拳銃の携行を認めた。元那覇警察署長の太田利雄は、「警察官とはいえ、ついこの間までは戦ってきた敵国民である。（中略）警察官が、米軍要員の住民地域侵入の訴えを受けて、カービン銃、拳銃に実弾を装塡してジープで現場に出動する光景は、戦闘再開の感じさえあった」と述懐している（『写真集　沖縄戦後史』那覇出版社、一九八六年）。

さきのギブニーのルポに話を戻せば、そもそもこの記事は、軍政から民政への移行に期待をこめる構えで取材されたのだった。しかし、ギブニーが目の当たりにしたのは、「手当たり次第」とでも表現するしかない、米兵たちの沖縄女性に対する野蛮極まりない暴行であり、彼は「米陸ぐんの掃き溜」と記述せねばならなかったのである。軍規律が麻痺したような米軍の支配下に沖縄の人々は放り出されていたことになる。

関東学院大学教授の林博史の研究によれば、一九四五年五月、集落に侵入して女性をレイプした米兵士が同年七月の軍法会議で禁固九年・不名誉除隊という処分になったが、のちに軍務に復帰していたことがわかった（『沖縄タイムス』二〇一三年六月一九日付朝刊）。これは、海軍法務総監が判決を破棄するよう勧告を出したためである。レイプ犯罪を

「女性が能力の限りを尽くして抵抗したとみられるものでなければならない」と定義し、「すごくおびえて叫ぶことができなかった」と証言した女性に対して、「最大限の抵抗をしなかった、叫び声を上げなかった」などの理由で被告を無罪にしたのである。このアメリカ側の言い分は、先に紹介した一九四七年三月に出された文書を地で行ったような発想だった。

復帰後から現在に至るまで、米兵による性犯罪はなくなることはなかった。普天間基地返還のきっかけとなった一九九五年の米兵三名による女子小学生暴行事件をはじめ、今も米兵の日常的な蛮行の恐怖に沖縄の人々はさらされている。酔った米兵が住居に侵入する事犯や交通事故（犯罪）はしょっちゅう起きている。私の沖縄の友人たちに聞いてみても、身近に被害者がいることはめずらしくない。ある同世代の友人は高校生の時に、近所のファストフード店前にパトカーが停まっているのを見たという。閉店間際に米兵数名が入ってきて女性店員をトイレに連れこみレイプしようとしたのだと後で聞いたそうなのだが、その被害者は、なんと彼の同級生の恋人だったのである。

売春は必要悪であるという考え方

戦時中また終戦直後から米兵による性犯罪が頻発する一方で、戦争未亡人たちが生きるために自らの体を米兵に売る「売春」も急増していく。前掲の『写真集　沖縄戦後史』には、「米軍要員相手の行為であるので、（売春行為は）米軍基地の多い沖縄本島中南部の基地近くの部落に多かった。当時の住民の住家は、茅葺き、トタン葺き、テント張りで、部屋数もせいぜい三部屋程度のものであったが、売春婦は、その一室を借りて売春していた。当時、風俗環境や子弟の教育に及ぼす影響を云々する社会ではなく、売春は必要悪である、という考え方さえあった。売春婦が犠牲になって米軍要員を引き受けているから一般の婦女子は被害者にならないですんでいる、という考え方である」と、当時の社会風潮が書きとめられている。

一九四七年には、米国軍政府特別布告第一四号「占領軍職員との売淫禁止」、同一五号「花柳病取締」、同一六号「婦女子の性的奴隷制の禁止」が出された。アメリカ占領下の沖縄本島や八重山諸島、奄美諸島を統治していくための法律は、米国軍政府布告（米軍布告）や琉球列島米国民布告（米民布告）、高等弁務官布告や各指令・布令によって定められた。土地の強制的接収からあらゆる社会的規制に至るまでを一方的に決定するそれらの布告は乱発され、一九四六年四月に沖縄民政府が発足した後もそれら米国からの指示が沖縄を縛ることになったのである。

「占領軍職員との売淫禁止」と「婦女子の性的奴隷制の禁止」は、一見すると米軍の性犯罪を戒める布告のようにも思えるが、米兵に対する売春を禁止しているにすぎず、民間人同士の売買春についての規定はない。売春する女性だけでなく、家を貸した者、斡旋した者も処罰できるようになっていたが、罰を受けるのは「売った側」のほうだけだ。

「占領軍職員との売淫禁止」と「婦女子の性的奴隷制の禁止」の要旨を、『うるま新報』一九四七年四月一一日付は次のように伝えている。

《如何なる女といえども占領軍要員へ娼婦として行動することを禁止し、又何人といえども占領軍への娼婦の周旋を禁じ、占領軍を出入せしめる娼家を存続せしめるを禁止する。且つ公徳を保護するため娼業の目的を以て寄辺なき婦女子を搾取することを禁止し、同様の目的を以て婦女子を説得勧誘移動せしめること、酒類を服用させて幇助又は教唆することを禁じ、その年令の如何を問わず、同意あると否とに拘らず婦女子を娼業の目的を以て年期にて売買することを禁止する》

また罰則については、「従来この種犯罪に対して日本の法令は三ケ月以下の体刑で罰することになるが同布告は（違反者は特別軍事法廷に於て定罪のうえ一万円以下の罰金又は十年以下の懲役若しくはその両刑に処せらるべし）と厳罰を以て臨んでおり」とアメリカからの「警告」を伝えている。

九歳の子どもにまで拡大する「売春」

だが、当時の新聞には、そうした布告も効き目がなかったということを伝えるかのような記事が目につく。『うるま新報』一九四七年一二月一二日付は「青少年犯罪増加傾向」と題した記事を載せ、戦前に比べて殺人や強盗などの刑法犯の増加を報告している。特に増加が目立つのは「軍布告違反」と「経済内令違反」で、交通違反や銃器弾薬の不当所持、軍事施設立入、夜間通行なのだが、「密いん売、特に媒介男の横行などは官紀、風紀の弛緩(しかん)を示す」ともある。同紙一九四九年一一月一五日付には次のように書かれている。

《最近道義問題が取り挙げられ道義心の覚醒の実践運動が活潑(かっぱつ)に展開されんとしているが特に道義頽廃(たいはい)の顕著な実例として沖縄女性の堕落が挙げられ如何にすれば沖縄から闇の女をなくするかが当面の問題となっている。警察部の統計による密売淫検挙人員は一九四七年が密売二八一、媒合一二一、計四〇二（以下この順）、一九四八年三八七、八八、四七五。一九四九年（八月まで）四四四、一七三、六一七となっており、地区別にみるとコザ、前原(まえはら)、那覇が最も多い。これによると四七年より四八年は七三名ふえ、四九年はまだ九か月で昨年より一四二名もふえており逐年増加の傾向にありその原因としては△他所から流れ込んで来る者が漸増していること△生活苦もあろうが多くは虚栄心を満たさんがためであると指摘されている》

媒合というのは仲介者のことであるが、見出しが「虚栄心から顛落(てんらく)」とつけられているのには驚かされる。「風紀の乱れ」を嘆き、汚らわしいものでも見るような書きようだ。売春行為急増の原因を、沖縄の人々の自己責任の範囲内に転嫁したいという為政者＝米軍政府の意を酌んでいるのだろう。

それは翌年の「わが身の転落呪うパンパン娘」という記事からも見てとれる。「文教部社会事業課婦人指導員」が「犯罪面研究調査のためきのうコザ警察署を訪問」したことを報じたものである。ちなみにパンパンとは娼婦を指す蔑称であり、語源には諸説があるが、沖縄語源説もある。

《相対的に犯罪は二〇才から一八才の間が多くその中、窃盗罪が全体の五％、女の犯罪は七〇％が密売淫犯罪の最低年令が九才で然（しか）も年を追うて激増している。これら犯罪の主因は終戦後の戦果思想と遊興の心理と見られておるので、ビンゴとか其（そ）の他目にあまる遊興機関を政治的に法制化することにより一定限度に取締ることが必要だと語っている。なお外人相手のパンパンは殆（ほと）んど二人組で中一人が妊娠すれば他の一人がこれを世話する等異常な共同生活の生態もある模様だが彼女らの心奥の一隅にはちょう落した自己をのろう人間味が悲しくひそんでいるとのこと》

――『うるま新報』一九五〇年一二月八日付

私はこの記事を一読して驚愕（きょうがく）した。最年少は九歳の幼女だというのだ。そして、売春女性はたいがい二人組となっていて、一人が妊娠したら相棒が面倒をみるという生活形態は、凄まじく荒廃した境遇を連想させる。同記事には、その年の一〇月までの「混血児」数（白人、黒人、中国人、比島人別）や「密売淫」数（四六年は一七四だが五〇年一〇月現在で六〇六と増加）、堕胎罪の人数まで載せ、「混血児」は「実際には約六百名もいる模様である」という婦人指導員のコメントも付されている。「混血児」という今では差別語として解されている言い方も、当時は本土でも当たり前に、侮蔑的な意味合いを込めて使われていた。

「蔑視」ということでいえば、「パンパン狩二二名を検挙」（『琉球新報』一九五二年五月一六日付）という記事も異様だ。「首里署では十四日午後四時から夕刻まで署員四十名が出動、宜野湾村大謝名区、宇地泊区一帯の密売淫一斉取締りを行い密淫容疑者二十二名（三十五才—十六才）、ドル不当所持の少年（一六）を検挙目下調べ中」というくだりを読めばわかるように、「パンパン狩」という蔑視に蔑視を上塗りするような表現が当たり前に使われていたのである。これは新聞用語のみならず、警察が「取り締まり」の呼称として使っていた。

戦後復興の後押しで形成された売春街

一九四八年末には那覇の平和通りにテント小屋ができ、米軍に土地を強制接収された人々がそこに雪崩れ込んでいく。あるいは奄美地方や八重山諸島からも人々が移動して、那覇市の人口は膨張していった。アメリカからの援助物資や米軍からの放出品が持ち込まれ、ときには米軍基地から盗み出された「戦果」や横流し品も流れ込み、闇市にも似た一大商業地域ができ上がるのである。那覇の「桜坂」や「栄町」、「十貫瀬」、「神里原」などは米兵だけでなく、県内の人々でも賑わう歓楽街になった。「奇跡の一マイル」といわれた現・国際通りに隣接した桜坂には、売春をともなう飲食店だけでなく、映画館や劇場も建った。琉球王朝時代から続く遊廓だった「辻」も空襲ですべて焼かれ、戦後七年間は立ち入り禁止区域とされていたが、戦前に辻で働いてきた女性たちが再興を願い、やがて再び色街として復活する。戦前から賑わっていた那覇市内の盛り場が息を吹き返し、あるいは自然発生的に街が生まれ、あるいは沖縄本島内につくられた米軍基地・施設によって「街」が新たに形成され、人口が激増したそれら一帯のいたるところで、主に米兵相手の売春が行われるようになるのだ。「特飲街」は戦後の経済復興の後押しを受けて栄え、米軍基地の拡大とともに成長を遂げていくのである。

タクシードライバー大城とともに那覇市内の特飲街をまわっている時、那覇市内で雑貨商を営んでいた彼の父親から聞いたという、一九五〇年前後の特飲街の様子を話してくれたことがある。

「那覇の特飲街は小禄新町、十貫瀬、与儀市場の横の一帯、栄町、神里原、桜坂、泉崎、東町、そして辻でした。コザにあった特飲街は米政府と、時の琉球政府が組んでつくらせたと聞いていますが、那覇市内は自然発生的にできたところと、小禄新町のように地元の人たちと米兵が話し合ってつくった街の両方があったようです。東町は軍港に入る米兵を当て込んでバラックのようなバーを建てて、モルタルで壁をとりあえずきれいに見せて、ハンバーガーとかホットドッグをつまみにして飲ませていたそうです。米兵が景気が良かったころは、一～二ドルの酒を飲んだだけで一〇ドル置いていったそうです。ところが、酔っぱらうとホステスとセックスさせろとなる。交渉が成立すると、それも一〇ドルだったそうです。ホステスは戦争で父ちゃんを亡くしている人が多くて、女手ひとつで子どもを育てていたりして、どんなことをしてもお金を稼ぐ必要があった。キャバレーやスナックにホステスとして入っていても、米兵が『セックスさせろ』と言えば相手をしていたそうです。当時の一〇ドルは今で言えば一万円ぐらいの感覚だから、大金ですよ。

私は子どもの時期に、神里原の近くに引っ越したことがあるんです。自転車が欲しくて新聞配達をしてた。開南や桜坂が配達エリアだったんですが、クリスマスイブに配達していると、バーにいる米兵がチップをくれました。どこのバーに配達しても米兵がチップをくれる。みんな一〇ドルくれて、自転車はすぐに買えました」

目的は売春禁止ではなく、米兵への性病蔓延の防止

一九四七年に同時に出された三つの布告のうち、米軍政府が最も徹底したかったのが「花柳病取締」である。花柳病とは梅毒や淋病(りんびょう)などの性病の総称で、つまり性病予防を目的とした布告である。

布告原文は「南西諸島及(および)其近海居住民ニ告グ。南西諸島並(ならび)ニソノ近海ニ於テ公衆ノ健康ノ保護、並ビニソノ保持ヲ期スルタメ、花柳病ニ罹(かか)リタル者ヲ隔離シ、之(これ)ニ医療ヲ施スハ必要ト認ムルヲ以テ全南西諸島及近海軍政府長官米国陸軍准将フレデリック・エル・ヘイデンハ茲(ここ)ニ次ノ如(ごと)ク布告ス」と始まり、布告全体で花柳病を検査・治療するための病院の創設、病の報告義務、罹患している者の強制引き渡し、罹患者を隠し立てすることの禁止、発生している区域への立入禁止、治療命令などが細かく指令されている。

この布告の本当の目的は、売春女性の急増に比例して性病に罹患する米軍兵士が増えることに歯止めをかけることだ。性病への罹患は兵士や軍隊の士気低下＝戦力低下に直結する、軍事戦略上の重大事である。衛生政策とはすなわち、自国軍隊を維持し、沖縄を足場にしてアジアに睨みをきかせようとしていたアメリカにとっては喫緊の課題であり、たかが性病と放置できる問題ではなかった。

米軍政府は沖縄に保健所を次々と開設し、アメリカ本国から保健衛生政策の専門家や

看護婦らを送り込み、公衆衛生対策に力を入れていく。保健所は性病と伝染病の検査や治療、感染経路の把握などが中心業務で、他の病気に対してはさほど注力しなかったという。

当時は指定病院などの報告だけを見ても性病患者数は増加の一途をたどっており、女性が男性のほぼ二倍の数だった。罹患者は二〇歳前後から三〇歳ぐらいの女性が多く、外国人から感染したケースが圧倒的に多かった。男性は「接客婦」からの感染が多いという報告を鑑みるに、売春をして生きていた女性がいかに身を危険にさらしていたかがわかる。

「花柳病取締」をふくめた三つの布告の目的は、「売買春」の禁止ではなく、それにともなう米兵の性病罹患を予防・減少させるためだったと言っていい。米軍政府は、米兵の性犯罪防止や沖縄住民の人権保護よりも、米軍を構成する米兵の健康対策を優先したのである。

米軍政府がいかに躍起になろうとも、米兵による性犯罪や買春行為はおさまることがなかった。性病に感染する女性や米兵も増え続け、売春地域に米兵の立ち入りを禁じる「オフ・リミッツ」や「Aサイン」制度の創設など、さらなる性病対策を次々に講じなければならない状況が続く。米軍政府の性病対策は、彼らの政治的思惑とリンクしながら、沖縄の売春街の盛衰と街の経済に大きな影響を与えていくことになるのである。

「売春」をめぐるダブルスタンダード

戦後の沖縄は、一九四五年四月に米軍政府布告第一号「ニミッツ布告」が出されて、軍政府の統治下に置かれ、一九五〇年一二月に軍政府は琉球列島米国民政府（USCAR・United States Civil Administration of the Ryukyu Islands 通称ユースカー）と改称される。前述したように軍政府や民政府が出す布告や布令等が沖縄の法規であり、布告第二号「戦時刑法」から一〇号までが占領政策を遂行するための基礎となるものだった。戦時刑法では住民の居住地区内外の通行は昼夜を問わず制限されたり禁止されたりしていた。これは、当初は日本軍の未投降の残兵が軍政府を襲撃することを警戒してのことだったが、米兵が女性目当てに住民地域に侵入する事件が毎日のように起きるので、それを防止するためのものへと変化していく。

一九四九年に、米軍関係者に関わる犯罪や米国民政府の機関に対する犯罪を処罰するために、米国軍政府特別布告「刑法並びに訴訟手続法典（Codified Penal Law and Procedure）」が制定される。それは民政府になった後の一九五五年三月に公布される「琉球列島米国民政府布令一四四号」にアップデートされ、これが沖縄での刑法の最高法令として機能するようになる。多くの「売春」事案は、この中に定められた「安全に反する罪」、「道徳に反する罪」、「公衆の保健に反する罪」が適用され、日本の旧刑法とセットになって「売春」者や斡旋者等に罰が加えられた。

　戦後のアメリカ施政下の沖縄では「売春」は、法的な建て前としては禁止されていたが、「売買春」は半ば公然と行われ、それを専業とする街があちこちにできていく。「買春」する側は圧倒的に米兵や軍属であり、彼らが落とす莫大なドル、すなわち「売春経済」によって、少なからぬ人々が生計を立てるという構造ができ上がる。米軍側も沖縄側もダブルスタンダードに乗り続けてきたということになるだろう。

　日弁連が作成した『売春と前借金』（高千穂書房、一九七四年）には次のように書かれている。

《沖縄では戦後売春を直接取締る法令として婦女に売淫させる者等の処罰に関する立法（昭和28年8月17日、立法53号）、刑法ならびに訴訟手続法典（昭和30年3月16日、米国民政府布令１４４号）第４章道徳に反する罪、（中略）などがあり、売春を間接に取締る法令として、労働基準法（中略）、軽犯罪法（昭和28年9月14日、立法51号）、職業安定法（昭和29年10月12日、立法61号）、児童福祉法（昭和28年10月19日、立法61号）、旅館業法（昭和28年8月31日、立法45号）、性病予防法（昭和27年7月1日、立法37号）、などがある。

　しかし沖縄では売春は公認されたものと見られ、取締法令はなかったかのような錯覚が持たれ、取締りの効果を十分に発揮できなかった。

これらの売春を直接取締る法令は、米軍人軍属と沖縄の女子との間のものだけであり、沖縄人間の売春行為を取締るものではなかったので、野放しの状態にあった。これがために沖縄人専用の売春業者は、公然と営業し、一般住宅地域内にも波及していった。また習俗、血縁関係を重視する沖縄では、婦女子は親のいいなりになり、生活苦などの事情により売春をする婦女子は放置されてきた》

「売春した女性の側」に罰

ここに復帰以前の沖縄で売春を直接取り締まった法律が二つ挙げられているが、私が入手した「コザ・石川・前原治安裁判所」（石川・前原は現在のうるま市）が作成した「刑事第一審裁判」の原本を綴り合わせたもの（一九四九年から一九五二年まで）には、「売春」事案が多数含まれており、米国軍政府特別布告第三二号（一九四九年時の刑法・刑事訴訟法典）と旧刑法によって「売春した女性の側」に罰が下されている。

これまでにいくつか紹介した戦後まもない時期の新聞記事にも「売淫」を取り締まったことが報じられているから、『売春と前借金』に書かれているように、実態に追いつかなかったとはいえ、実際に取り締まりがあったことは事実なのだ。だが戦後の混乱のなかで「沖縄では売春は公認されたものと見られ、取締法令はなかったかのような錯覚が持たれ」ていたことも確かであり、その「空気」が戦後ずっと継続され、真栄原新町や吉原などが生き残ってきた。

「コザ・石川・前原治安裁判所」が作成した「刑事第一審裁判」の判決記録から、一九五〇年五月に起きた一つの「事件」を紹介したい。被告人の女性の供述に、逮捕時の様子が語られている。

《美里のアイスケーキ屋に女中として働きに来ましたが、知人の店に晩遊びに行ったので数分してからヨッパライの米兵が来たので傍(そば)に居ると淫売と疑はれると思って、台所に行って居(お)りますとMPに捕まりました》

ＭＰ（ミリタリーポリス）は米軍基地内での米軍人・軍属などが関わる事件、事故の調査、風紀違反を取り締まる憲兵である。女性を摘発した二人のＭＰの階級は軍曹と一等兵だ。「美里」はのちにコザ市（元は越来村）と合併し沖縄市となる、越来村に隣接した美里村地域のことだ。「犯罪事実」としては、供述と食い違う内容が書かれている。

《被告人は一九五〇年五月三日二十一時十五分頃、美里村美里区四班〇〇方に於て嘉手納航空隊九九六部隊一等兵マフィクリントと一緒に寝台に居り、前記米兵は半ズボンを着用し且つ被告（実名）と性交を為(な)したることを前記ＭＰに陳述した》

具体的に金銭のやりとりがいくらあったかの記載はなく、公訴事実を被告人が認めた供述も記されていないので詳細はわからないが、被告人は、買春をした米兵の供述をもとに有罪となったと思われる。

被告人は大正一二年に浦添村で生まれた。「満二六歳」の「女中」で、子どもがいるとある。彼女は特別布告第三二号二・五・二一違反の罪とされ、同布告と刑法一八条が適用法条で、判決は「罰金五百円・完納できないときは二十円を一日に換算した期間被告人を労役場に留置す」とある。

「密売淫」を「前科者」扱い

終戦まで本土では、公娼制度が容認されていた一方、警察犯処罰令で私娼による「密売淫」は罰則があり、公娼制度によって許可・登録を受けた場所以外で行う私娼行為を禁じていた。罪名は「密売淫」や「媒合」ということになる。終戦後は公娼制度の廃止に関する連合国軍最高司令官の指示で、「婦女に売淫をさせた者等の処罰に関する勅令」が公布・施行され、「婦女を困惑させて売淫させる行為及び婦女に売淫させることを内容とする契約を結ぶ行為」が処罰の対象とされた。さらに警察犯処罰令の改正で「密売淫」に限らず、「売淫をし、又はその媒合若しくは客止を為した者」が本土では処罰されることとなるが、一九四八年に軽犯罪法の成立（本土）により廃止された。

その後、同分野の法律については紆余曲折があった。本土では一九五六年に売春防止法が制定、翌年に施行され、売春の斡旋行為等が違法になった。管理売春を禁止し、「売春」をする女性の保護を目的としてつくられた売防法については今日に至るまでさまざまな議論がある。単純売春は違法ではあるが罰則がないせいで実質的には売春を容認してしまっているとか、買った側も罰する両罰制にするべきだとか、セックスワーカーの労働者としての権利や安全を守るための法整備が必要であるとか、さまざまな意見があるのだ。

しかし、沖縄では本土に遅れること一三年後の一九七〇年に売防法は一部施行され、本土復帰とともに全面施行されることになった。これにより、ポツダム宣言の受諾に伴い法律としての効力を有してきた「婦女に売淫をさせた者等の処罰に関する勅令」も廃止されるに至るのである。

一九五〇年代の警察の記録には「密売淫」の「再犯率」が記述されている。「前科者」扱いなのだ。「密売淫」の主な理由は、貧困や失業であると指摘する一方で、強盗や窃盗などの犯罪と同一視していたということだ。米軍に土地を奪われ、戦争で一家の働き手を失い、住居も定まらず、アメリカからの支援はあるものの慢性的な物資不足が続くなかで、女性たちは家族を養わねばならなかった。戦傷者を抱えている場合などはさらにたいへんな労苦をともなった。戦争未亡人たちが、生活を維持するために米兵相手に売春をしてドルを稼ぐという現実は、当時の沖縄の人々なら誰しもが認識をしていることで、さきの新聞にあるような「顚落」やら「風紀の乱れ」ではないことは、警察もメディアもわかりきっていたはずだ。

一方で、第3章で詳述した「戦果アギヤー」が米軍からかすめとったり、強奪したりした物資が、沖縄の人々の間で闇取引されることを、沖縄警察は人々の窮状を知るがゆえに大目に見るところもあったという。戦果アギヤーに、売春女性が加わることもあったらしい。それはたとえば、女性が米兵の気を引いているうちに別の人間が倉庫から物資を盗っていくという荒っぽい手口だった。沖縄での「特飲街」(売買春街)形成史の背景には、戦後の混乱という一言では片づけられないような、米軍の沖縄の人々への圧政と差別、沖縄警察による売春や犯罪の取り締まりと野放しという状況がからみあっていたのである。

沖縄には米軍のための「慰安所」が必要だという声

米軍布告によって売春が禁止されたことで、民政府の警察官は夜間や未明に売春が行われている地域や場所に踏み込み、売春をしていた女性を現行犯逮捕することになった。しかし、それは危険な任務だった。買春している側の米兵は銃を持っていたからだ。沖縄の警察官も拳銃を構えて突入したという。

取り締まりは買春する米兵の恨みを買い、一九四九年九月、米兵による派出所襲撃事件を引き起こすことになった。深夜一時すぎのこと、コザ署管轄の派出所に米兵五人がジープで乗り付け、当直中だった二人の警察官に向けて発砲し、一人を射殺、もう一人に重傷を負わせるという重大な事件である。こうした逆恨みによる事件が頻発するようになる。コザ派出所襲撃事件から一九日後の『うるま新報』一九四九年九月二三日付に、次のような記事が載った。

《強姦、殺人、傷害、じゅう居並部落侵入など米ぐん員による事件は、一九四六年から四九年までに千件を越す程であるが、これら犯罪の動機は主として裏でおどる沖縄女性との痴情沙汰が原因又は遠因となったものが多い。この種犯罪行為のじゅう民に与える影響は大きく、社会不安から来る悪感情は延(ひ)いてぐん政施行の支障となる虞(おそ)れがあり、且つ花柳病のまん延も憂慮されるので、治安維持の建前から警察当局では対策として、米ぐん員慰安施設の設置を提唱、志喜屋知事は各警察署長会議の意見を諒(りょう)として、近く〔米ぐん員の慰問を兼ねたダンスホール〕設置をミラーぐん政官あて陳情する》

慰安所を兼ねたダンスホールとはすなわち、米兵相手に売春を行う場所のことである。禁止されているはずの行為を、治安維持のために「非合法」施設を設けてそこで行うようにさせたほうがよいのではないかという警察の側からの提案。これは極めてねじれた構造だ。慰安所を設置する場所は那覇、胡差、石川、前原が候補として挙げられていた。

戦後、日本国内の各地でRAAという米軍のための慰安所が設けられるようになったことはすでに述べた。沖縄でも同様の施設をつくることが議論されるようになり始めていたのである。

一九四九年の警察署長会議で提唱された米軍慰安施設を、県内各地につくろうという議論もあった。「慰安所」という「性の防波堤」によって、米兵の性犯罪から「一般婦女子」を守ろうという、倒錯した防犯意識を抱いて、警察署長らが大まじめに議論しているのである。これは警察が一定地域だけを売買春地帯として黙認するかわりに、他地域の売春を摘発し、売春女性たちを「黙認地域」に囲い込んでいくという、取り締まり戦術も内包していた。

一九四五年段階で、本部村で元日本軍慰安所の経営者だった人物が区長と米軍と相談したうえで慰安所をつくり、そこには女性五〜六人が置かれ、米兵が行列をなしたという話がある。数週間後にはなくなったらしいが、米軍施政下の沖縄には、そうした施設が必要ではないかという空気が終戦直後から醸成されてきたことはまちがいない。『うるま新報』は、そうした「売春隔離論」ともいうべき世論が制度化していく経緯を頻繁に報じている。

《戦後激増の傾向にある性病の予防々あつの点から、また風紀上の見地からダンスホールその他慰安娯楽場設置の必要が民政議会その他各方面から論議され、特に大宜見(おおぎみ)公衆衛生部長は性病の完封にはこれあるのみと構想を練り、警察部とも寄々(よりより)協議を進めているが、この種娯楽機関の設置に付いては、社会政策上の問題としてもなお研討さるべきだと、知事も各種資料しゅう集中の由、ところで娯楽場の特殊地域設置には男性は殆んど賛成、婦人側には異論がある》

――一九四九年八月三〇日付

この記事には「知事談」として「慰安娯楽場の設置は公衆衛生部と警察部の方で研究を進めているが弊害のないように設置場所の選定なども早目に決めたいと思っている」、さらに「警察部長談」として、「問題は性病の予防と風紀上のかん点から論ぜられるもので沖縄じゅう民の要望なら郊外にでも設置し度(た)い何らの弊害も伴わなければ早目に設置してもよいと思っている」、また「婦連会長」の談話は「料理屋やダンスホールなど特殊地域を設置すれば家庭生活に水をさす戦前の辻の如き遊廓の復活する虞があり絶対賛成出来ません。何(ど)うしても設置せねばならないとすれば涙を呑んで認める外ありませんが、もっと研究し考慮し度いと思います」というものだった。婦連会長は戦前から続く遊廓街「辻」の復活を危惧していることがわかる。

こうした議論は県内各地で行われ「料理屋は特殊地帯へ　真和志(まわし)婦人代議員会で提唱」(『うるま新報』一九四九年八月二六日付)という記事には「料理屋等の特殊地域設立善悪のけじめのつかない幼児や学童たちが最近村内料理屋に於(お)けるワイセツ行為のまね

ごとをしている向もあるので、寄宮区の婦人会から緊急動議としてその善処方を提出したが、これは子弟の風教上由々しき問題でもあるので、連合婦人会にも訴えて全沖縄婦人の一大運動として料理屋を一か所にまとめて特殊地域を設定してもらおうとおち着いた」とある。

　真和志や寄宮というのは現在の那覇市内の中心部に近い地域であるが、このような「特飲街」＝売春街を隔離しようという県民の声もさかんに新聞に取り上げられ、この問題は沖縄を二分するかのような議論に発展していく。

最初の売春街「八重島」の誕生

「〝歓楽街〟大揺れ　理想と現実の論戦」と題された記事は、「歓楽街の設置可否問題を取り上げ各階層の意見を聴く婦人連合会主催懇談会」での模様を伝えている（『うるま新報』一九四九年一〇月四日付）。

《民政府仲宗根保安課長、池原公衆衛生庶務課長、仲泊事務官、人民党瀬長亀次郎、民主同盟仲宗根源和、牧師仲里朝章氏その他婦連、男女青年会員多数列席、仲宗根保安課長からさきにぐんへ提出のダンスホール設置案を説明これに対しダンスホールの生態糾明の質問があり、瀬長氏は、ダンスホールは美名に過ぎず、検黴（梅毒の検査をすること）制を実施するので（ダンサーは毎週一回性病診断を行う）、明らかに売春街であり、人権擁護、婦人解放の立場から絶対反対を表明、城間越来村長、糸数胡差署長らは中部地区の惨状を例に上げて、青少年の堕落、じゅう民の危難防止の方策として散在する売春婦を一くわくにあつめ、社会の安寧を保持する防壁たらしめよ、と設置論を強調》（カッコ内引用者）

この記事によると、議論は平行線をたどったようだ。瀬長は『うるま新報』社長時代に、沖縄人民党の結成に参加したことにより、軍の圧力で同社長を辞任させられ、雑貨店を経営する傍ら沖縄人民党書記長となり、一九五二年の第一回立法院議員総選挙では最高得票数でトップ当選を果たした。アメリカと対決した戦後沖縄の「不屈」を象徴する人物の一人であり、のちに那覇市長も務めた。反米的言動により為政者アメリカから睨まれる存在であったが、米政府との闘いを恐れない瀬長は沖縄県内では絶大な支持を集め、今も語り継がれている。また、この議論に参加していた越来村の城間村長は、のちに沖縄で最初の特飲街「八重島」を創成する立て役者となるのである。

この議論についてのアンケートが同年九月二七日付の同紙に載せられている。意見を聞いたのは三七名、二八名が賛成、不賛成が九名。賛成の理由としては「花柳病の防止、風紀の粛正、男性が一般女性にまで魔手を延す虞れがある、児童教育の環境上から、この種女性はどうせこの方面に身を沈めるのだから一般女性に影響はない（中略）子供の教育上、この種女性をほっておくと良家の子女が引きずられるおそれがある、私は現在不義の子を妊娠している。特殊な施設があれば私達のような者は少くなる」とあり、不賛成の理由には「集めることによって現在の悪風が是正されるということは疑わしい、人身売買による人権じゅうりんは非民主的だ、これら女性を覚醒させ正しく導くのが社会の責任であろう、ホンの一回で当局の厄介になりこりた今後は絶対にやらない」が列記されている。

こうした社会状況を背景に、米軍政府は、一九四八年に実施された自由企業制度に沿って、沖縄県民が経済的に潤うようなビジネス街・歓楽街設置構想を練っていた。一九四九年に軍政長官になったシーツ少将は、もともと那覇地域にそれを画策していたが、同時期に中部の越来村でも米兵相手の売春区域を計画的につくろうという計画が地元住民から持ち上がっており、双方の発想や利害が折り重なるようにしてできたのが八重島特飲街である。

橋下徹氏の売春議論への違和感

コザはもともと越来村といい、終戦直後は避難民や戦争孤児などを留める収容所となって人口が急増、一九四五年に市制が敷かれ胡差市となった。収容所がなくなると越来村に戻ったが、一九五六年にコザ村となり、同年にコザ市に昇格した。戦後、嘉手納空軍基地を抱え続けてきた街でもある。

越来村は、米軍政府が基地周辺一マイル以内に建造物を建てることを禁止した「一マイル建設禁止区域」にすっぽりと入ってしまっており、商売すらできず、村の存続にも関わる事態を打開しようという思惑も働いた。

そういう「基地の村」としての死活問題もあり、村は一マイル建設禁止令を撤回させる方策としても、一九五〇年の二月頃に住民地区から離れた「八重島原」と呼ばれる野原に米兵相手の特飲街をつくる計画を立ち上げたのである。当時、越来村の村長や婦人会らが嘉手納航空隊の少将を訪ね、米兵の強姦問題や売春問題について直訴して米兵の自粛をもとめたが、「血気盛りの若い米兵だから、こちらとしても名案がない。米兵の性の問題まで関知するのは難しい」と米軍側はまともに取り合おうともしなかったという。だが、実際には米軍側は、八重島特飲街の創成を後押しし、米兵相手に売春が行われる街を黙認することになる。

この歴史的経緯から、私が思い出さざるを得ないのは、二〇一三年五月の橋下徹大阪市長（当時）の「従軍慰安婦は世界中、沖縄にもあった。在日米軍に風俗の利用を勧めたい」、「沖縄占領期に日本政府が（米軍用に）ＲＡＡ（特殊慰安施設協会）をつくったのは歴史的事実だ」という発言だ。

まず歴史的な事実として、占領期の沖縄にはＲＡＡは存在しなかった。アメリカも自前では慰安所をつくらなかった。「売春」を布告などで禁止し、警察に取り締まりをさせる一方で、米兵の犯罪を放置に近い状態にしておき、性病対策にのみ奔走した。米軍兵士と民間女性との売買春を黙認するという、「迂遠な管理型売春」ともいえる手法を取ってきたのである。アメリカが自ら慰安所を設けることをしないできたのは、軍隊を維持するためのコストを考えてのことであり、「迂遠な管理型売春」によるなら、そこで起き得るトラブルについての責任を被害者側に転嫁しやすいという「利点」を政治的につくろうとしてきたからでもある。これはアメリカが沖縄を植民地のように見下し、差別していたことのあらわれでもあるが、こうしたアメリカの狡猾な政策下に沖縄が置かれてきたことに橋下氏はどれだけ思いを馳せていたのか。私には極めて疑問だ。

八重島は当初から一攫千金を狙う人々からの移住申し込みが殺到した。一九五〇年二月に発足した、のちに「ニュー・コザ」と呼ばれるようになる八重島特飲街はあっという間に米兵であふれ返る。同年末には派手なネオンを掲げた五〇軒ほどのバーやクラブが軒を連ねた。一九五三年には、一三〇軒を超えるバーやクラブが通りにびっしりと建ち並び、八重島で働くホステスだけで三〇〇人を超え、経営者やバーテンなどそこで生活の糧を直接的に得る人々は一〇〇〇人を超えた。八重島は瞬く間に沖縄初の大規模売春街となったのである。朝鮮戦争時には需要を最大限に伸ばし、「コザの不夜城」とも呼ばれるようになる。極東最大の米軍飛行場である嘉手納空軍基地の第一ゲートからは、歩いても一五分ほどの場所であった。

凄惨きわまる「由美子ちゃん事件」

当時の写真と地図を片手に、現在の八重島のゆるやかに蛇行する坂道を歩いてみると、今はまるで別世界だ。静謐（せいひつ）というより、人とすれちがうことがほとんどなく、寂寞（じゃくまく）たる空気感を覚えるばかりだ。

かろうじて当時の面影を残すカフェを、ゲート側からすぐの場所に見つけた。当時のバーを改装して細々と営業しているようだ。地元客が一人だけいた。店主に聞くと、もともとの建物のオーナーは、奄美から来た男性と東京から来た女性の夫婦だったという。だらだら坂の中程にも、一軒だけかつてバーだったとわかる建物が残っていて、「Walty」と読める看板が壁にはりついている。往時は闇に鮮やかなネオンサインを放っていたのだろう。嘉手納基地に面した通りの入り口には、当時は「NEW KOZA」という巨大な看板が立てられていた。現在は公民館が建っていて、敷地内には酸素ボンベが逆さまに吊（つ）るされていた。これは、集落に米兵が侵入してきたときに叩いて非常事態を知らせる、廃品を利用した手製の「半鐘（はんしょう）」のようなものであり、警報装置だったのだ。こうした警報装置は多くの集落の入り口に備えつけられていた。

米兵が村に侵入してくると住民たちは「半鐘」を打ち鳴らしたり、自警団を結成して村を防衛した。女性たちも夜間の一人歩きを控えるなど自衛策を取ったが、ナイフや銃を所持して生活圏に不法侵入してくる米兵に抗えるはずもない。米兵から女性や子供を守ろうとして殺害された者も少なくなかった。

今でも沖縄の人々の記憶に深々と刻まれている事件がある。一九五五年九月に石川市で起きた「由美子ちゃん事件」だ。当時六歳だった永山由美子ちゃんが、嘉手納基地に属する白人軍曹に誘拐され強姦、殺害された。

草むらに放置された由美子ちゃんの顔面は崩れ、両手は生えていた草をしっかりと握っていたといわれ、腹部から肛門までが切り裂かれていたという。軍曹は死刑判決を受けたが、その後四五年の重労働に減刑されている。このような米兵の「軽罰化」も当時は普通に行われており、それどころか、捜査されたかどうかもわからないケースが多かった。加害者が見つかったとしても姓名すら公表されなかったから、大半の事件は闇に葬られたと言っていいだろう。

先に紹介した元那覇市議の高里鈴代らが作成した『沖縄・米兵による女性への性犯罪1945年4月〜2008年10月』を読むと、米兵の性犯罪の凄惨さに目を背けたくなると同時に、復帰の年までに起きた事件の大半が「容疑者不明」となっていることに慄然とする。高里らの調査によると一九四六年から一九四九年の間だけでも、米兵による強姦・殺人・傷害事件は、確認されているだけで一〇〇〇件を超え、女性に対する強姦・強姦致死傷は七六件(強姦致死四件)起きている。米兵に拉致される恐怖を感じて崖から転落するなどして死亡したケースも七件ある。届け出や告訴できなかった件数も合わせれば、実数はこの数十倍となるだろう。

真栄原新町の女性は借金でがんじがらめ

私は今回の取材をスタートさせた当初に高里の事務所を訪ねて、米兵による性暴力の嵐が吹き荒れていた時代の空気と状況をさらに生々しく知るためにインタビューを試みた。白髪の凜(りん)とした佇まい。高里は私の取材動機を一通り聞くと、さきの米兵性犯罪のリストもふくめ、膨大な資料の中からいくつもの書類を手渡してくれた。高里の言葉とそれらの資料は、その先の私の取材活動の一つの道しるべとなった。

――高里さんたちが作成された記録を読むと、米兵による目を覆いたくなるような性犯罪が毎日のように起きていたことがわかりますが、大半は「容疑者不明」となっていますね。

「容疑者不明となっているのは、犯人は私たちでは知り得ないということです。米兵が住民の生活圏の中に入ってくるわけです。そうすると部落の入り口で鐘（酸素ボンベ）を叩いて、米兵が来たと叫んで住民たちは逃げるとか、そういう時期もありました。占領直後の時期は銃とナイフで女性を拉致したんです。しかも二人とか、時には六人とかの集団で土足で家の中に入ってきた。住民は自衛手段を講じて、米兵が地域に入ってくることを物理的に食い止めようとしました。

現在、沖縄駐留の兵士の数はベトナム戦争の時などよりは少ないですが、今は兵士はむしろ町中で自由に誰か襲う相手を見つけています。売春防止法ができて、売春は違法だと決まりましたと言ったところで、米兵の行動や欲求はまったく変わらない。一九八〇年代に入った頃から沖縄の中高生を騙して基地の中に連れ込むという事件が起こるようになったんです。ある時期からは、沖縄市のディスコがファーストドリンクは無料となり、米兵たちは最初のビール一杯を無料で飲みにくるようになりました。そうすると、彼ら目当ての観光客の女性たちも来るので、米兵は客寄せにも使われるわけです。そして米兵はそこで相手を見つける」

――沖縄で売春に従事する女性についてもうかがいたいんですが、真栄原新町など、近年は米兵相手ではなく、沖縄の男性や観光客相手に商売を成り立たせるようになっていたと聞きます。

「真栄原新町で働いている女性が言うには、お相撲さんも来た、芸能人の誰も来た、彼も来たって。みんな同じホテルの傘を持って来たということもあるそうです。真栄原新町は一時サラ金がものすごく問題になりました。サラ金規制法が改正されて悪質な取り立てが規制されるようになりましたが、それでもあの界隈にはまさに悪質な金融業者が入っていたんです。経営者が直接おカネを貸すと『管理売春』になってしまうから、売春防止法を巧妙にかわすために、経営者は直接貸金はしない。女の子はおカネに困って真栄原新町に行くわけだから、その時に経営者は女の子に金融業者を紹介する。するとその女の子は百日がけの借金をして、業者は毎日、回収に回るんです。私は女性の相談を受けているからわかりますが、百日がけというのは、たとえば一日三〇〇〇円を一〇〇日で返すように組まれたカードがあって、支払済の小さな印鑑を押していくんです。

それが、今日は三〇〇〇円を返せた、ところが翌日は雨が降ってお客も少なくて三〇〇〇円を返せなかった、そうすると翌日は六〇〇〇円になる。その次も具合が悪くて休んだら九〇〇〇円になるんです。だんだん貯まっていくと、また貸してあげるよと金融業者が声をかけて、さらに借金が増えるという構造です。真栄原新町の女性は借金でがんじがらめです。しかも貸すのは金融業者なのでお店の人は保証人になるんです」

街の奥底に横たわる、獣のような性犯罪

――事実上の悪質な管理売春がまかり通っていたということですね。

「そうです。ある時、真栄原新町で倒れた女性がいて、その人を病院に見舞いに行ったら、病室にいない。どうしたかと思ってさがしたらトイレにいたんですが、借金があるから病院を出て新町に帰らなきゃいけないと言う。街は一見、すごく華やかに見えますが、実態は凄まじい。真栄原新町へ小学校六年の子が連れて行かれた事件が起きたとき、

私たちが救出に関わった経験があります。その店に警察の捜索が入るまで、店から経営

者が逃げてしまわないように私たちが監視したんです」

――売買春地域をつくり、一般女性や子どもを米兵の性暴力から守るという、終戦直後から喧伝された「性の防波堤論」がありますよね。それが今でも地縛霊のように沖縄社会を縛っていて、新町がなくなると米軍の性犯罪が増えるのではないかという意見をあちこちで私は聞きました。それをどう思われますか？

「当時は、戦争で家を焼かれ、住むところも食べるものもなく、沖縄戦で男の数は三分の一にまで減少してしまう中で、生きる手段として売春をせざるを得なかった女性が大半だったと思います。だから一般の女性たちを米軍の凄まじい性暴力から守るために、一部の女性を防波堤にしようという発想が生まれたのです。性の防波堤にされた女性たちの大半は、生きる手段として売春をせざるを得なかったのです。買春は暴力ですから、新町がなくなることはいいことだと思います。性の防波堤としての機能はまったくといっていいほど果たされてこなかったのではないでしょうか。一九九五年に起きた女子小学生強姦事件の犯人の米兵たちは、『売春街に行こうか』『あそこは薄暗くて汚くて、自分の貧しい子ども時代を思い出すからいやだ』と会話していることがわかっています。それに、復帰前も復帰後も新聞記事に載っただけでも膨大な米兵の強姦事件がありますから、売春街がなくなると米軍犯罪が増えるのではないかという懸念はまちがってい

女性たちをがんじがらめにしていた「日掛け帳」。客を取って、その売り上げを貸主に返すとスタンプが押されていく。

毛玉だらけの、いかにも安物の毛布が彼女たちの「商売道具」になり、ときには住み込みの際の寝具となった。

いずれも著者撮影

る」

高里は、「性の防波堤」どころか、逆に性犯罪を誘発しているのではないかという指摘をした。一九九五年の米兵による小学生暴行事件の加害者の心理に、売春街のネガティブなイメージが影を落としていたとは知らなかった。

高里の主張は買春は暴力であるという視点で一貫している。沖縄の戦後を「生き延びた」特飲街は、その暴力が行使される場であったのだから、なくなることはいいことだと断言した。二〇〇〇年以降数年間の官民一体となった運動によってこの街はあっけなく消えたが、それらの街の歴史の奥底に、獣のような米兵による性犯罪が横たわり続けたことは間違いない。それは実は現在も途絶えることがないのである。それを記録し、告発し続けた高里らの地道な活動がなければ、いまだ終わらぬ「レイプの軍隊」の実態がクローズアップされることはなかっただろう。

第7章 売春街の子どもたち

住民がアメリカに頼んでつくった小禄新町

モノレールの赤嶺（あかみね）駅からほど近い小禄新町は、かつて米軍那覇基地に付随するようにして成立した特飲街である。今も当時の面影を残すこの町は、地元住民が米軍将校に直訴して、基地と住宅地の間にある緩衝帯につくられたという歴史を持つ。

一九六〇年代に那覇市議を二期務めた赤嶺保三郎の自叙伝『歩み―きりはんし はんし 今日ん 明日ん』（赤嶺保三郎、一九九二年）のなかに、その詳細な記述を見つけることができた。赤嶺保三郎は「特飲街」づくりに奔走し、できあがった暁（あかつき）には、特飲街の組合代表におさまっている。一九五〇年に当時の小禄村村議会議員選に出馬することを断念したことを記したあとに、こうある。

《この頃、米軍の兵隊を相手にしたさまざまな商売が盛んになり、町や村は活気を浴び、人々の暮らしも次第に落ち着き始めた。しかしながら、それとともに米兵の横行ぶりや、そのまわりに群がる若い女性達が目立ちはじめたのである。……こうして米軍基地を抱えた小禄村も、基地からの恩恵と並行して村の風紀が次第に乱れ、治安も

悪化しつつあった》

赤嶺は自叙伝で、沖縄の地上戦の際、防空壕(ぼうくうごう)や草の茂みに隠れているところを米兵に見つかったが、水や汗を拭うガーゼを与えられて「敵軍に捕らえられているとはいえ何とも言えない安堵(あんど)の気持ちが込み上げてきた」と回想している。時の小禄村村長は夫婦で壕の中で自決をとげたという。その後、赤嶺は金武村屋嘉(やか)の収容所を経由して、捕虜としてハワイに送られている。赤嶺は、沖縄県人の四人に一人が命を落としたとされる地上戦を生き延びたのである。

自叙伝によれば、米兵への売春を放置したままでは子どもたちの教育に悪い影響が出ると、とくに村長が頭を痛め、その解決策として米軍基地を抱える「真栄原」やホワイトビーチ近くの「松島」などにならって小禄村でも特飲街を設けることにしたという。先に紹介した、真栄原新町の成り立ちについて報じた『沖縄タイムス』の記事は一九五六年に書かれたものだが、赤嶺の自叙伝によると、一九五〇年時点で真栄原新町はすでに創成されていたことがわかる。

翌一九五一年一二月に「小禄新町（辻新町）建設委員会」を発足させ、赤嶺はその委員長となっている。米軍に土地を接収された状況下、米軍担当者と丁々発止のやりとりをしながら「小禄新町」の建設を進めた。

《軍用地の金網外に未使用の土地があったので、米軍には無断で六十五軒分の区画整理を行い、建築工事に着手した。……そこで建物が四、五軒ほど進みかけたころ、米軍からクレームがついて、工事責任者の私と長嶺村長が呼び出され、

「許可なく軍用地内に建物をつくるとはケシカラン！　直ちに中止せよ」

との命を受けた。……これに対し私や長嶺村長は、

「この一帯は軍用地とはいえ、金網外に赤線を引いただけにすぎず、米軍はまったく使用していない状態である。それに現在、工事を進めているのは米軍人の慰安施設であり、これによって米兵と住民とのトラブルを防ぐことが出来るのだ。お互い協力しあってこそ、米琉親善をはかることが出来るのではないか……」

と粘り強く折衝し続け、米軍の許可を正式に貰い受けることができたのである》

「沖縄のルンペン・プロレタリアをはき清める」

こうして一九五二年に「小禄新町」（辻新町）が完成し、赤嶺は組合代表に就任、のちに那覇市長となる瀬長亀次郎が祝辞を寄せている。「辻新町」という別の呼び名は、那覇最大の遊廓街である「辻」にあやかろうという意味だろう。

瀬長亀次郎は、前述したように、沖縄戦後史上傑出した政治家として語り継がれている人物だ。瀬長は一九五九年に刊行した『沖縄からの報告』（岩波新書）のなかで、沖縄

の売春の現状を憂えた『琉球新報』の記事や、取り締まりを求める投書などを引用したあとで、こう綴る。

《ところが、そびえ立つ地下一階地上三階のアメリカ民政府や琉球政府のぐるりにある、マッチ箱のような民家、女たちの支払う十ドルの家賃で露命をつないでいる細民、その平均水準以下の生活からの解放なしには、そして被救恤的貧民層が、アメリカ民主主義と一握りのものたちの富と繁栄の地平線下に埋没させられている限り、これらの「悪ずれする以前のもっと原始的な肉体の取引き」は、かりとればそれだけ、「ところ」をかえてより肥大していく沖縄の現実である。

軍事植民地支配下のおとしご、沖縄のルンペン・プロレタリアをはき清めうる日はいつか。ここにも大きい課題がある》

アメリカ支配下で人々が生き抜くために行っている売春行為はなくそうとしてもなくなるものではない、という瀬長の諦観にも似た思いが読み取れる。瀬長はコザで「八重島」特飲街がつくられようとしていた時、その「大義」としてあった、米兵の性暴力から「一般婦女子」を守る「性の防波堤論」に対して、真っ向から「人権蹂躙だ」と反対する立場をとった稀有な存在であった。引用文においても、「肉体の取引き」の背景に貧民層の窮状を見て取っている。そういう瀬長にしてやはり、「沖縄のルンペン・プロレタリアをはき清めうる日はいつか」という発言をしてしまう。ここには後の「特飲街浄化」の潮流を生み出す、いわゆる「進歩派」「人権派」のなかにも根を持つ一つの精神風土が見て取れるような気もするのである。

「オフ・リミッツ」による「県民分断」

『宜野湾市史』第七巻　資料編六（上）（一九八八年）によると、八重島に続いて、米軍相手にできた特飲街が真栄原新町だという。普天間基地からは目と鼻の先の位置である。

《今では観光客相手の特飲街として週刊誌にも出るほど有名になった。宜野湾市真栄原二一二番地一帯で、通称、東イサーガマの上、約八〇〇〇坪の特飲街である。（中略）一九四九年（昭和二四）、軍道五号線沿いにあった部落（志真志、我如古、佐真下、真栄原、大謝名）、特に真栄原一帯の民間地域で、ブガオ（終戦直後、米軍に民間女性の売春を斡旋した職業）によって売春が斡旋され、平気で住宅やはなれで売春が行われ、風紀上、こどもの教育環境上好ましくない、ということで、人里はなれた一定地域に米軍相手の特飲街を計画したのが真栄原新町であった。当初から外人相手の風俗営業街として区画整理され、沖縄パラダイス、カフェー丸八、初美、新泉、喜楽、きよらかなど、カフェー、レストラン、料亭などが多かった。

発足当初は、電灯もなくランプで営業していたが、五一年頃から発電所ができ電灯がつくようになった。

六〇年頃、オフリミッツになり、解禁策のため、米軍施設や琉球政府などに陳情にかけずり回ったようである。現在のように観光客相手になったのは、一九七八年頃からという》

真栄原新町はかつて、米政府からたびたび「オフ・リミッツ区域」に指定された。「オフ・リミッツ」とは先述の通り、衛生問題があるとされた地域や店に対して、米政府が禁止していた米兵相手の売春が行われている地域に対して、あるいは米兵が事件を起こした時や、政治的理由などで住民と対立が予想される時に発令される「米兵立ち入り禁止区域（あるいは個別の店）指定」のことで、現在でもまれに発令されることがある。その時の様子が、たとえば『琉球新報』一九五九年二月一八日付朝刊の「売春行為と非衛生が原因」という記事に次のように報じられている。


《宜野湾村真栄原部落が全米軍人の立入禁止地域にされたことについて、米軍当局では部落全体が非衛生的であり、バーや料亭の女給が売春行為をやっているためであると、その理由を説明している。

米軍人のオフリミッツはさきに設けられた米軍懲戒取締委員長A・Tレラント大佐

（憲兵司令官）が言明したもので、去る十二日午後四時から効力を発し、この地域内にある三十一軒のバー、料亭がこれに引っかかっている。こんどのオフリミッツは前に警告が出されていたが、その後改善の様子もなくほとんどのバーや料亭が売春行為を行い、女給は外に出て外人客を誘い込んでいたもの。なお現在オフリミッツ下にある地域はコザビジネス・センターから胡屋、ニュー普天間、ニュー嘉手納、ペリー区、吉原、ニュー我如古一帯》

米兵相手に商売を成立させている街にとってオフ・リミッツは死活問題に直結する規制であり、風俗関係業者らはオフ・リミッツを食らわないように、店で抱える売春女性の性病検査をまめに行い、常に当局の顔色をうかがわねばならなかった。店に属さない、いわゆる「私娼」の女性たちにも保健所で性病検査を行うよう指導はなされたが、多くの者はしていなかった。それが性病蔓延の一因とされた。

米軍人・軍属・家族が民間地域へ出入りすることを禁止するオフ・リミッツは、米兵を売春や性病感染から遠ざけるためだけに発令されるわけではない。米軍に反対する沖縄住民のデモや抗議集会などにより「摩擦」が想定される際にそれを回避する政治的な理由で出されることもあったのだ。

その代表例は、一九五四年三月、米国民政府が軍用地料を一〇年分一括で支払うこと、つまり実質的な一方的買い上げ政策を提示したことに対して沖縄住民の間で広範に起きた反対闘争に対抗して出されたオフ・リミッツだろう。

アメリカの買い上げ政策に反発した沖縄各地の地主の意向を受けた立法院は、「土地を守る四原則」を決議して反対運動を展開したが、米国民政府はこれを無視し、各地で強制収用を続行させる。琉球政府はワシントンに代表団を送り、「土地を守る四原則」を直接米国政府に訴えた。一方で一九五五年、米国下院軍事委員会はプライス議員を団長とする調査団を沖縄に派遣し、実状を調査し始めた。

翌一九五六年アメリカ議会に報告された「プライス勧告」は、沖縄県民の要請を無視して「土地を守る四原則」を拒否、長期にわたって米軍が沖縄を統治することの利点などが挙げられたにすぎなかった。この勧告への怒りが沖縄各地で反対集会につながり、同年の激しい「島ぐるみ闘争」に発展するのである。

こうした沖縄側の抵抗に対し、米国民政府は中部地区に、反米勢力とアメリカ側との「摩擦」を回避するためという名目で無期限オフ・リミッツを発動した。対立が続いた結果、琉球政府は米軍基地として土地を使用することを認め、米国民政府は一部を譲歩する形で適正価格での補償を約束するに至った。

復帰前の沖縄では、どのような理由で発令されるオフ・リミッツであれ、米兵が落とすカネで生活の糧を得る立場の者にとっては突然の経済制裁に近かった。ひとたびオフ・リミッツの指定区域になってしまったら、風俗営業などに携わる人々は知恵を絞ってあの手この手で米側にかけあい、解除してもらうための条件闘争を重ねたのだった。

だから、オフ・リミッツの引き金になりやすい「反米的」な活動をする勢力は、基地収入に頼っている街の住人からしてみれば商売の妨害者ということになり、住人と政治活動家はしばしば対立し、沖縄県民同士で暴力的な事件を引き起こすこともあった。そして、政治的理由によるオフ・リミッツが長期化すると、オフ・リミッツを引き起こしたのは「反米勢力」が過激に闘いすぎるせいだという声が風俗業関係者以外からも上がるようになった。これはさらなる県民分断効果を生み、結果的に反米運動を孤立化させることにつながった。当初からオフ・リミッツに、アメリカ側の「県民分断」の狙いがあったのは明白で、それが同時に売春街経済の首を絞め、衰退を加速していく大きな要因にもなるのである。

コザ「センター通り」の隆盛

八重島や真栄原新町を追いかけるように、コザの「センター通り」が繁華街として整備されていった。センター通りは、八重島より嘉手納基地の第二ゲートに近い。一九五一年九月には、八重島区から分離されるかたちで、最初はカフェ、刺繡(ししゅう)店、バー、質屋、土産物店、映画館など、米兵相手の「健全店」が建ち、やがて中部で米兵相手に最も賑わう「センター通り」として発展していく。センター通りに対して、八重島のことを地元の人は「裏町」と呼ぶ。嘉手納基地第二ゲートからほど近いセンター通りが、八重島の入り口にあたるような位置関係だったこともある。

八重島は一九五三年にオフ・リミッツ発令を受け、以後衰退の一途を辿ってしまう。センター通りの隆盛は、オフ・リミッツによる八重島の衰退がもたらしたとも言えるのである。八重島でのオフ・リミッツから逃れるべく、多くの業者がセンター通りに店を移転し、「健全」な業態に転業してきたのだ。

しかし、やがてセンター通りも、八重島の過去と同様に売春による「繁栄」という道に向かうことになり、米兵相手に売春が半ば公然と行われる街に変貌する。一九五五年には、センター通りはAサインバーが建ち並ぶようになり、当初は普通の飲食店だった店が売春を行う店へと次々と切り替わっていった。

第4章で触れたように、同時期に「照屋」という、黒人向けに特化された特飲街も形成された。照屋は、コザ十字路とコザ高校の間ぐらいにできた。一九五〇年頃からコザ十字路近辺では米兵相手の商売が始まり、現在の国道三二九号線沿いに各地からの移住者が住み着くようにもなった。田んぼを埋め立ててバラック小屋で日用雑貨を売り始める者も現れた。ここからコザ十字路市場が発展し、やがて銀天商店街という一大アーケード商店街へと成長する。

一九五二年には、照屋には売春を行う飲食店が三〇軒ほど並ぶようになり、当初は黒人客も白人客も混在していたが、やがて人種間抗争が激化し、白人がコザ十字路以北へと追い払われるかたちになった。だから照屋は黒人しか立ち入れない「照屋黒人街」と呼ばれるのである。これは自然に棲み分けられたのか、米政府による抗争防止策なのか、判然とはしないが、照屋に白人兵が足を踏み入れようものなら、黒人兵に袋叩きにされた。

照屋が黒人街に特化されていく過程で、コザ十字路以南で白人米兵相手に商売をしていた、黒人米兵を毛嫌いしていた一部の業者が目をつけたのが、十字路北東に広がる赤土が剝き出しになった高台だ。畑には適さず米軍のゴミ捨て場になっていたという。それがのちに「吉原」という、東京の遊廓にちなんで命名される特飲街の元の姿だった。吉原創成計画はあっと言う間に進んだ。一九五二年八月には一五名の業者が集まり、その一ヵ月後にはブルドーザーで地ならしが始まる。吉原も白人米兵相手に構想されたのだが、一九五四年、衛生上の理由からオフ・リミッツ地域に指定されてしまい、沖縄人相手の特飲街として生き残る。そして、以後も営々と売春業を続けていたが、二〇一〇年前後からの「浄化作戦」で、真栄原新町のあとを追うように壊滅するのである。

コザの売買春を記録した米軍資料

終戦直後のコザ、とくにセンター通りとコザ十字路付近の売春に携わっている人々の状況や売買春業のシステムを知る手がかりの一つとして、F・R・ピッツらによる調査チームが記録した『THE URBAN SETTING — KOZA（コザの都市背景）』（Pacific

Science Board National Research Council、一九五五年）というレポートを私は沖縄県公文書館で見つけた。

冒頭でピッツは、コザの人口増加率について触れ、一九五〇年の人口は一九四〇年に比べて一二八パーセント（軍人は含まず）増え、一九五二年には一九四〇年より一六〇パーセントも増加し、それは「過剰な増加」だと指摘している。以下の記述から、コザ十字路近辺の中で、主に照屋黒人街と城前白人地区をへだてる地域で調査が行われたと推察される。

《交差点の北側、いわゆる〝白人街〟にはおよそ四〇〇人の売春婦が住んでいたと推測される。それらの売春宿を使うのは白人の軍人に限られていた。しかし、フィリピン人と黒人は、出入りに裏道を使って時々このエリアに入ってきた。南側のエリアは、黒人売春宿地域である。ここにはおよそ二四〇人の売春婦が住んでいる》

このレポートで興味深いのは、聴き取り調査により「売春組織」を解明していることだ。米軍の聴き取り調査に進んで協力することも、売春業が生き残る道の一つだったのだろう。以下、ポイントを整理しながら一九四〇年代後半から五〇年代前半のコザの裏の貌をスケッチしてみよう。

――地域によってオーナー組合がある。たとえば一九五四年二月段階で、照屋組合には四六人のオーナーがいて、そのうち六人が奄美大島出身、五人が宮古島出身で、残り三五人は沖縄本島出身だった。八重山出身はいなかった。

組合の役員たちは毎月二〇〇〇円＝一六・六七ドルの商品発給券を受け取る。役員の一人である「医療助手」は、売春婦たちをヘルスクリニックに連れて行くのが唯一の仕事だ。組合長はヘルスクリニック、軍司令部やMP、沖縄警察、地元税務署と連携を保つ。

ヘルスクリニックにかかる費用は組合員の基金から女性たちに支払われる。女性は健康記録カードを持っていて、ふだんはオーナーたちが管理しているが、MPから提示を求められたらいつでもそれを見せなければならない。カードのコピーは本人や雇い主、組合長、軍事当局者も保管していると言われている。

沖縄警察はMPと合同で売春宿地区をパトロールしており、売春宿組合は自分たちの事務所を使わずに照屋の警察署を集会所として頻繁に使用していた（警察官は参加していなかったが）。

彼女たちが売春婦になる理由

――地方税務署は各オーナーから毎月五〇〇～六〇〇〇円を徴収している。照屋と宮里地区の六〇戸前後の売春宿は税務署に月々約三万六〇〇〇円（三〇〇ドルと同価値）を支払っている。税務署は各オーナーの住所を地図に書き込んで保管しており、家族構成まで把握していた。それに比べて那覇の土地管理局はコザ地区の変化をまったく記録しておらず、那覇管理局の地図にはコザは稲田や乾燥地帯としか書かれていない。いまや売春宿や劇場、市場、商店が建ち並んでいるというのに。

売春婦たちは自分たちのことを女給（ウエイトレス）と呼ぶことで合法性を担保しようとしている。店のマネージャーが言うには、「女給」になるためには最初は両親もしくは兄弟あるいは保護者の許可が必要だが、その後の「変化」（つまり売春を始めること）は本人だけが知ることで、家族などの許可はいらない。

各マネージャーは三〜四人の女性を雇っていて、照屋では、女性の稼ぎの半分を受け取っていた。マスターは性病に関わる医療検査などの費用と食事代を提供する。女性たちは売り上げの半分から映画代や衣服代、雑費を出さなくてはならない。大半の女性たちの教育レベルは低く、自分の将来についてあまり深く考えていない。彼女たちが売春婦になる理由は、結婚トラブルや子どもの養育費、両親に臨時のお金を渡すため、父親の借金を返済するため、あるいは彼女たち自身のビジネス上の借金を清算するためだ。あるオーナーは、田舎での退屈さが彼女たちを売春に向かわせるのかもしれないと語った。アメリカ人の「ハニー」になりたいために仲間うちでケンカすることもある。またオーナーと女性たちが同じ故郷出身であると、ともに働く期間が長くなる傾向にある。沖縄人女性が米軍兵士と寝ることは、沖縄人男性から見ると、女性の魅力を損なうことになる。

通常、女性たちは午後四時ぐらいの夕刻から、米軍の門限である二三時三〇分まで働く。

日中は雇い主の許可を得て買い物や映画に出かける。しかし、軍の門限を破って軍人らが彼女たちと一晩過ごすのはめずらしいことではない。この「特権」のために軍人は、通常の倍の料金を支払う。

通常の米軍兵士の買春料金は一回につき二四〇円、もしくは二ドル（軍票）で、どちらの貨幣でも支払い可能だ。軍票は仲介者（ポン引き）に売り戻されると彼女たちは言う。米軍ラジオは軍票が中国共産党の手に渡ることもあるとほのめかす。常連客の兵士はツケで給料日にまとめて払うこともある。オーナーたちは兵士にタクシー代やタバコ代を貸すこともあるほどだ。

売春業は沖縄を成り立たせる経済活動

――性病は深刻な問題だ。女性が兵士に感染させてしまい、軍司令部がそれを知ったら店は営業停止になる。兵士たちも、所属しているユニットによって異なるが、処分を受けることになり、恥辱の対象にもなる。女性たちは感染の証拠を隠すための膣（ちつ）洗浄の方法を地元のクリニックで教えられている。

感染を避けるために、米軍兵士の一部は別の性的テクニックによる捌け口をさがす。すなわちフェラチオ専門の店が照屋に三軒、ビジネスセンターストリート（センター通り）に一〇〜一二軒ある。だが、照屋の組合長はこの店の存在を認めようとしない。

ゲイの米軍兵士が、沖縄人男性の愛人のために部屋や家を借りているという噂がある。このことを話してくれた人物は「どうしてたくさんの女性がすぐに手に入るのに、男性を好むのだろう」と言っていた。

ポン引きの数は少なくないが、彼らは客を直接カフェに連れて行くより、処女の若い女性を一二〇〇円（一〇ドル〈軍票〉）で紹介したりする。そういう少女の父親とその一〇倍の値段で（身売りを）交渉する。一部の米兵たちは処女と性交するためにせっせとカネをためているらしい。

ポルノグラフィーは存在する。上海（シャンハイ）のロシア人女性が出演している。一部の地域ではポルノ映画も上映されていた。

照屋地区のカフェやクラブのオーナーたちは、琉球銀行は「ニュー・コザ」（八重島）と「新辻」（小禄新町）の開発には気前よく援助をしたくせに、自分たちの地域には貸し渋ると文句を言っている。琉球銀行は米国の資金援助があるので、差別があってはいけないと主張しているのだ。

しかし、米軍は売春に関わったホテルやレストランを営業停止にし、琉球銀行もそれらの店に対してはローン貸しつけをしばらく停止することにした。どの店が営業停止になるか、銀行にはわからず、ローンが停止すると回収が難しくなるので、営業停止になった店が明確になるまですべてのホテルやレストランへのローンを停止した。

白人街と黒人街の隔離政策に対して、オーナーたちはオープンなシステムがいいと言った。強制的な隔離は同じ仲間のアメリカ人を待遇するのにおかしな政策だと。しかし当局は分離・隔離は村の平和と秩序を守る最高の方法だと正当化している。その仕事を担当するのはMPだが、このシステムを維持するのは困難だと言っている——。

以上のように、ピッツの記録は、コザの売春街の日常から産業構造に至るまでをヴィヴィッドに描き上げていて、興味深い。米政府は表向きは売春を禁止しているのに、実態は警察も含めてあたかも三位一体(さんみいったい)のような馴れ合いぶりだ。さらに銀行もこの産業構造に深く関与しており、売春業は沖縄を成り立たせる一大経済活動として認知されていたことが明確に示されている。

沖縄ロック界の重鎮・喜屋武幸雄はセンター通りの子どもだった

センター通りが整備されていった時代に、最初に料亭を建てたのは、沖縄ロック界の伝説的なバンド、マリー・ウィズ・メデューサを率いた、マリーの元夫の喜屋武幸雄(きゃんゆきお)の父だった。私はこの事実を、深夜放送などの司会で知られる利根川裕（とねがわゆたか）が著した『喜屋武マリーの青春』（南想社、一九八六年）で知った。利根川はこの点について深く言及してはいないが、私は当時のセンター通りの様子を喜屋武から直接聞きたいと思った。

沖縄市内にある事務所を訪ねると、七〇歳を迎えた沖縄ロック界の重鎮は、私の取材を歓迎してくれた。米軍が上陸したときに山原（ヤンバル）のガマ（鍾乳洞（しょうにゅうどう））に避難して九死に一生を得た経験に始まり、身振り手振りを交えて一気に語り始めた。

「僕は一九四二年に那覇で生まれて、十・十空襲で焼け出されたんです。その時に日本の兵隊さんが助けてくれるということで、南部の摩文仁（まぶに）のほうに多くの人が逃げたんですが、そちらに逃げた人はほとんど死んでしまった。僕の母方の祖父が山原に土地を持っていて、だから母は三歳の僕を連れて山原へ逃げて、ガマの中で助かったんです。日本の敗残兵がガマのなかのおじい、おばあから食料を奪ったりしてましたね。僕は栄養失調で泣く力もなかったんですが、アメリカに見つかるから赤ん坊を泣かすなとか、泣くなら殺せとか、日本兵は言っていました。

親父（おやじ）は日本軍の仕事で戦争に行っていて、沖縄に戻ってくると、焼け野原に鉄クズがいっぱいあった。それで鍬（くわ）とか農機具をつくって一代で財をなしたんです。親父は優秀なカンジャーヤー（鍛冶屋（かじや））でしたから。それで、当時のセンター通りはブロックやトタンの店ばかりのなかで、親父は日本から杉板とかを輸入して本格的な店をつくりました。『ニューヨークレストラン』のある角の斜め向かいです。センター通りでいちばん最初に建てられた家です。親父は『寿』という、ヤマト風のご飯を食べて呑む料亭を始めたんですが、最初は売春宿をやろうというつもりはまったくなかった」

——私はいろいろと調べていくうちに、料亭というとすべて売春目的のような気がするようになってしまいましたが、そういうわけではないんですね。

「ちがうんです。しかし、八重島が朝鮮戦争のときにオフ・リミッツをくらって、米兵がいなくなっちゃって、裏町がつぶれていった。センター通りはBCストリートと呼ばれたビジネスセンターだったんですが、外人さんが求めているのはやはり酒と女だし、だんだん、まわりがみなAサインの店になり、あれよあれよと成金と化していくわけですよ。それで、これ以上、料亭のようなちまちましたことをまじめにやっていられない、てっとり早く現金が入るから、うちもバーをやりながら売春もやったほうが儲かるということで、売春宿にしたんです。Aサインを取らなければならないから店を模様替えしましたが、『寿』という名前は残しました。

店の奥に小部屋をつくって、四畳半に女性が一人住み込みという売春部屋でした。女の人たちが働かせてくれとやってきました。子どもを連れてくる者はいなかったから、実家とかに預けてきたんだと思います。うちは少ないほうでしたが、四～五名いたんじゃないかな。もっと大勢いた店もあった。バーで飲んで、交渉して奥に入っていくというシステムです。それが一九五五年頃のことです」

「サックを洗って風船にして遊んでました」

当時のセンター通りはS字型でビーグ原と呼ばれていた。歩くのも困難なほどススキが群生した野原だったという。道は石粉道（イシグーミチ）で不発弾がごろごろしていて、夏になるとそれがバーン、バーンと破裂する音が聞こえたそうだ。

――どんな環境にいた女性たちが働くようになったんですか？

「戦争で未亡人になった女性たちが、仕事がないから、体を売って稼いでいた。夫や親兄弟が戦争で亡くなって飯が喰えなくなって、自分が犠牲になって家族を喰わせていたわけです。米兵の需要もあって広がっていった。女性は一〇代もいたし年寄りもいた。米兵の好みもありましたが、やはり若くてきれいな女性がいる店が儲かったし、センター通りは照屋よりも女性はハイクラスだと言われていました。

当時は一〇〇〇ドルで家が建てられたんです。だから女性たちは一〇〇〇ドルを前借りして親にあげて、家を建てさせる。その一〇〇〇ドルを返すために、一回三〜五ドルで体を売るんですが、一日五人とすれば二五ドルを売り上げることになり、一〇日で二五〇ドル、三〇日で七〇〇ドル以上稼ぐとすると、店の取り分を差し引いても、一年あれば元が取れてしまう。

ベトナム帰りの兵隊が一〇〇〇ドルを横に置いて飲んで、酔っぱらう。女性たちも兵隊を囲んで、ブチューとキスをして兵士を目隠ししているうちに、その一〇〇〇ドルをあっという間にパンツとかにつっこんでしまう。ボーイたちも肘をわざと濡らして、テーブルの上のドル札を濡らした肘に貼り付けて持っていく。ボーイの給料は一〇ドルぐらいですから、肘に二〇ドルくっつけると、それでもう給料の二倍です。バンドに、あの曲やってとか女性がリクエストする。兵隊の気を引くためにスローのダンスをするための曲です。バンドが女性の言うことを聞かないと、あのバンドはクビにしなさいと、だんだん彼女たちの権限が強くなっていきました」

——朝鮮戦争からベトナム戦争の時代は、バケツやドラム缶にドル札をつっこんでいたという話をよく聞きます。まさに戦争特需ですが、当時、女性はどこから来ていたのですか?

「沖縄本島からだけでなく、奄美大島や宮古、石垣、沖永良部(おきのえらぶ)などの離島からも大勢来ていました。ロシアからも来ていましたよ。真栄原新町や吉原も同じです。地元でやったら親兄弟にわかってしまうじゃないですか。だから離れたところに行くんです。中部を中心に沖縄中に売春宿のある特飲街があり、当時は売春している女性は中部だけで四〇〇〇名と言われていましたが、もっと多かったはずです」

──女性たちは体を酷使して、命懸けで米兵相手に売春していたわけですよね。当時は、そういう場所が子どもの目に触れることは教育上良くないという議論も社会的にあったようですが、喜屋武さんの子どもの頃の記憶としてはどんなものがありますか？

「コザ小学校の近くにもう一つ家を借りて、おふくろは僕らを寝かせてから、家を出て店番に行くんです。子どもには環境が悪いからということでした。でも、道端にサックが捨ててあるでしょう。あれを拾って洗って風船にして遊んだりしていましたよ」

「アメリカの生き血を吸って生き抜いてきた」

女性たちは米兵とセックスしたあとオキシドールで性器を洗っていたと喜屋武は記憶している。「センターの子どもたち」がその姿を覗き見していると、売春女性らは、バーっと少年たちの頭にオキシドールを振りかけてからかったという。

「センター通りと保健所通りの間に保健所があって、Aサインの経営者は梅毒とか淋病の検査に女性たちを行かせるんです。女性たちが病気を持っていないということが証明されると戻ってくる。性病を持っていたら店そのものがダメになるから、きっちり消毒しないといけなかったんです。

センター通りの僕らは、隣り部落の子どもたちから何て言われるかというと、『センターのワラバー』、つまり、『売春宿の子ども』と悪口を言われていました。ハーフが生まれるとか、おまえたちは汚いとか、僕らをいじめるわけです。『センターのワラバー』と遊ぶんじゃないよ、と親から言われてるから、子どもたちは僕らセンターの子どもに石を投げる。僕らや、ハーフの子どもたちは、沖縄人からも差別されて、アメリカ人にもなれない。でもね、僕らセンター通りの子どもたちは現金を持ってた。僕は靴磨きや、チューインガム売りしてたから、沖縄の大の男の何十倍もドルを持ってました」

喜屋武は一九七〇年のコザ暴動の際にゲートを突破して、あやうく逮捕されそうになったこともある。その少し前、一時的に従兄弟（いとこ）と東京に住んでいた際に、自分をかわいがってくれた母方の祖母の死を知らされる。祖母は、金武のバス停でバスを待っていて松の木の下に座っていた。そこへ米兵のクルマが乗り上げ、祖母は轢き殺された。犯人は基地の中に逃げ込み、わからずじまいという悲惨な事件である。

ロッカーとしての喜屋武の激しくうねる「血」には、こうした戦後の沖縄の凄まじい現実や、少年期の特異な記憶が色濃く混入しているにちがいない。

真栄原新町や吉原の「浄化運動」の話題に移ると、喜屋武は「センターのワラバー」に戻っていくようだった。かつての自分たちがバカにされているように感じると言うのだ。喜屋武はだんだんと早口になり、まくし立てるように語った。

「戦争に負けて、沖縄の人たちは、女房を売春させて、姉妹を働かせて生活してきた。売春はまともじゃないっていうけど、そうやって現実をぎりぎり生き抜いてきたんだよ。沖縄には二万人ぐらい売春女性がいたと思うけど、一人が四～五人の家族を養っていたとしたら、一〇万人近くの人が売春に頼って生きてきたということになる。きれいごとじゃない。何にもないないづくしの中で、飢え死にしそうな中で、自己犠牲で家族のなかのオンナが体を売って、家族の命を支えてきた。アメリカの生き血を吸って、アメリカの物資で生きてきた。そういうことを僕らは経験してきた。売春を批判するなら、うちらのこの目の前で、売春は汚いとか、反対だとか、言ってほしい」

喜屋武の語気は強まる。そしてふいに、「そういえば、あの小説を読んだときは自分のことだと思ったよ。東さんもセンター通りの数軒並びに住んでいたから」と、『オキナワの少年』で一九七一年度の芥川賞を受賞した東峰夫のことを話題にし始めた。東は一九五六年にコザ高等学校を中退しているから、喜屋武とほぼ同世代であり、センター通りで数軒隣りに住んでいたのだという。『オキナワの少年』（文藝春秋、一九七二年）はこんな出だしで始まる。

《ぼくが寝ているとね、

「つね、つねよし、起きれ、起きらんな！」

と、おっかあがゆすりおこすんだよ。

「ううん……何やがよ……」

目をもみながら、毛布から首をだしておっかあを見あげると、

「あのよ……」

そういっておっかあはニッと笑っとる顔をちかづけて、賺すかのごとくにいうんだ。

「あのよ、ミチコー達が兵隊つかめえたしがよ、ベッドが足らん困っておるもん、つねよしがベッドいっとき貸らちょかんな？　な？　ほんの十五分ぐらいやことよ」

ええっ？　と、ぼくはおどろかされたけれど、すぐに嫌な気持が胸に走って声をあげてしまった。

「べろやあ！」

うちでアメリカ兵相手の飲屋をはじめたがために、ベッドを貸さなければならないこともあるとは……思いもよらないことだったんだ。

ミチコーとヨーコは、前の、カウンターのとなりの四畳半を寝室にとっている。部屋いっぱいにダブルベッドをおいて、客とねる時もかわりばんこにそのベッドを使っていたんだ。けれども、ふたり同時に客がつくと、おっかあは困ってしまってぼくの部屋にくることになる》

売春という現実と自らの生活が渾然一体となった日常のなかに、喜屋武少年も東少年もいたのだ。喜屋武の語調が和らぎ、子どもの頃の記憶に向かった。

「小学校二～三年生の頃だったと思いますが、真っ昼間に後ろの戸をドンドン叩く人がいて、僕がたまたま開けると、うらぶれた感じのおじさんが赤ちゃんをおんぶして、小さな女の子の手を引いて立っていたんです。そして、誰々という女性を呼んでくれと言う。僕は子どもだから『かーちゃん、誰々さんを呼んでるよ』と母に伝えました。その女性は四畳半の部屋にいた。子どもが遠足なのでお金を都合してくれとおじさんが女性に頼んでいました。女房を売春させているんです。女の子は陰からその女の人をずっと見ている。女の人はその女の子を見てずっと泣いていました。一〇ドル借りてそのおじさんは帰っていったのですが、女の子は何度も振り返りながら消えていきました。その光景の意味はあとになって理解できたんですが、今でも忘れられません」

奄美大島出身者と沖縄の売買春

私が取材を始めた頃、宜野湾市真栄原で生まれ育った人から、「新町の最初の一軒目は奄美からやってきた人だったと親から聞きました。働いていた女性でも多かったのが、奄美大島の女性や、宮古やその他の離島からの女性だったそうです。北海道からも来ていたし大阪からも来ていた。借金でどうにもならない人が多かったそうですが、業者が内地から希望者を連れてくるケースもあったようです」と聞いたことがあった。沖縄の風俗業界や裏社会にうごめく人々を取材していると、必ずといっていいほど、奄美出身者の存在に行き当たる。

米軍統治下前期の沖縄の新聞記事を集めた『宜野湾市史』第七巻資料編六 新聞集成

Ⅲ・上は、沖縄を代表する社会学者の石原昌家による「奄美からの出稼ぎ」というコラムを載せている。語られていることは、いわば「公史」と言っていいだろう。

《奄美大島諸島も沖縄同様に、一九四四年（昭和一九）一〇月一〇日の空襲を受け、その後沖縄戦の最中は沖縄への特攻機の中継基地になったりしていたので、激しい空襲をうけてきた。敗戦とともに、沖縄同様米軍の占領統治下におかれた。したがって、戦後生活は米軍の放出物資で飢えをしのぐ状態で、沖縄との闇取引が横行したり、沖縄と日本本土間の密貿易の中継基地にもなっていた。沖縄での軍事基地建設が本格化するや奄美諸島から青年男女多数が出稼ぎにやってきた。男性は軍作業員として、女性は風俗営業にかかわるケースが多かった。基地建設業者の賃金不払いや遅配などに対する労働条件改善要求の労働争議にも奄美からの出稼ぎ者の果たした役割は大きい》

奄美群島もかつては同じ米軍の占領下にあり、沖縄の本土復帰よりも約二〇年前、一九五三年一二月に本土復帰した。東西冷戦時代に恒久的な米軍基地を置くという観点から、奄美よりも沖縄本島のほうが地形的に有利であることや、奄美で起きた反米的な政治闘争と沖縄を分断する目的もあり、アメリカは先に奄美を沖縄から切り離したと言われている。

奄美は沖縄への特攻機の中継基地になっていたこともあり、一九四四年に米軍の空襲を受けた。沖縄では、大正末期から昭和初期にかけて、飢饉のため有毒物を含む植物のソテツを食べて多くの死者を出して「ソテツ地獄」と言われたが、奄美は敗戦後の昭和三〇年代も同じような飢饉状態が続いていた。

戦後の奄美では、沖縄との間で、米軍の放出物資の闇取引が横行し、さらに奄美は、沖縄と「本土」の密航や密貿易の中継基地としての役割をも果たすことになる。ところが、戦後の沖縄にはアメリカからの大量の物資が流れ込んだが、奄美に行き渡ることは少なかったのである。

軍政下の奄美から鹿児島などへは、当然、「日本」へ入国するというかたちとなる。手続きを経なければ密航となるため、奄美の人々は同じ占領下にあった沖縄へ仕事を求めて雪崩込むように渡った。とにかく生きるために、男性は基地建設需要に沸く沖縄で作業員として働き、女性は風俗業に携わることが多かった。

奄美からの流入者に対する差別意識

占領下の沖縄で、奄美人を呼称する「大島人」という言い方に込められた侮蔑感を、今どれだけの人が認識しうるだろうか。『うるま新報』一九四九年九月二七日付に掲載された「流れこむ一万の大島人　〝気をもむあま美人会〟」という記事を見てみよう。

《最近本島へ大島先島から相当の青年が流れ込んで種々話題の遠因或は近因となって当局の頭つうのタネともなっているがこれに関し大島側の政庁連絡所及びあまみ人会では次の通り其の処置方を述べている。現在沖縄に渡航している者は約一万に近いと見られるがこれらの中では大島の経済的な苦しさから沖縄を楽天地の如く想像して渡航した者が多いと思われその為本島に渡航して其の予期せるに反し苦しまぎれに種々の事件を惹起(じゃっき)したものと思う。それで今後は渡航希望者に対し出身市町村長の厳重なる身許(みもと)証明書及び本島に身寄なきものは渡航を許可せざる様とりはからうつもりである又其他(そのた)の処置としてあま美会館（仮称）を設立して身寄りのない者の宿泊就職斡旋等を行うべく計画中である》

大島出身者が経済的苦境から逃れようと沖縄を目指し、しかしそこで新たな苦難に直面して事件を引き起こすケースが多々あったことがうかがわれる。

元『琉球新報』記者の市村彦二(いちむらひこじ)は、沖縄の郷土誌『青い海』一九七二年春季号に、「沖縄の知られざる差別——復帰を前にした今、沖縄は在沖奄美出身者の差別の悲劇をどう受けとめるべきか」という文章を寄せている。

《戦後祖国から切り離された奄美の働き手たちは、両親や妻子を島に残したまま、生活の糧を求めて、先を争うように沖縄に渡ってきた。郷里の財産を処分し、家族ぐるみで来た人達もある。そして男は日雇い人夫となり、軍作業員となりわずかな収入を得て、これを郷里に残した家族に送ったのである。女の中には安易な現金収入を求めて特飲街に身を落したり、外人のハーニィになる人も少なくなかった。

琉球列島間の往来が割と自由になった、一九五〇年から奄美が復帰する頃には、その数は約五万人といわれたが、これは全奄美の人口の二五％にあたる。この出稼ぎ組の多くが一家の大黒柱だったことを考えれば、当時の奄美の人たちは、ほとんどこの出稼ぎに依存して生活していたことになる。事実、この送金が奄美の経済を支えていたという》

売買春関係の記事の見出しだけをピックアップしても、当時の「奄美人」への偏見の視線がわかる。「転落の女二十六名、那覇署が密淫狩り」（『沖縄タイムス』一九五〇年五月二三日付）という記事は、二六名中二〇名が大島出身だったことを報道し、「大島青年米兵を刺す　闇の女めぐる凶劇か」（『うるま新報』一九五一年二月五日付）と題された記事は、暴力沙汰や喰い逃げの類いも当事者が「大島出身」だということを強調している。「また大島出身」と、ここぞとばかりに奄美出身者を蔑視するように書き立てるメディアの論調は、当時の沖縄での奄美出身者への差別意識をそのまま投影したものだったといえるだろう。

市村と同様に『琉球新報』出身の中村喬次は奄美の出である。中村が同社に入る前に勤めていた『南海日日新聞』時代、奄美が復帰する前後の在沖縄の奄美出身者についてまとめた「異土の同胞」という連載がある。中村はその連載の中で、軍政下の奄美から沖縄への流入者は四万人と推定されているが、実際には六万〜七万人だったのではないかと前置きし、次のような厳しい指摘を行う。

《古くから沖縄には「物呉ゆすど吾あ御主」ということばがあるが、これでいくと、いつも豊富な物資を与えてくれる「アメリカー」こそ主人であり、自分らと同じく、物資にたかる「大島ドッコイ」は、厄介者以外の何者でもなかった。

しかも疎外された彼らは、しばしば市井の治安を脅かし、風紀の紊乱に手を貸していたのである。暴力団とパンパンは「大島ドッコイ」の専売特許であった、と極言する者もいた。現実はそれほど単純でもなかったが、奄美出身者の一般的評価がそのようなものであったことは否定しがたい事実である。逆に奄美の側からいわせると、沖縄側の疎外が、結果として彼らをそのようにし向けていったという側面もあった》

売春婦＝奄美の女という意識があった

中村は、沖縄が復帰した年に沖縄に移住している。私が自宅を訪ねようとすると、同人誌の会合をしているという豊見城（とみぐすく）にある大型ショッピングセンターを指定された。買い物客でにぎわうフードコート内の片隅に彼は座り、『奄美復帰史』（南海日日新聞社、一九七一年）を手に私を待っていてくれた。

「奄美が復帰する以前は、奄美の人たちが仕事を求めて渡って行くのは沖縄しかなかったんです。沖縄では『大島ドッコイ』とバカにした言い方をされ、薩摩からは『シマンシー』と呼ばれて蔑視されました」

――戦後の沖縄で売春をしていた女性たちに、奄美出身者がすごく多かったことに驚いています。

「私が子どものとき、近所のおばさんが沖縄へ出稼ぎに行ったことがあり、何年かしたら、派手な格好をして真っ赤な口紅を引き、おカネを貯めて帰ってきた姿を覚えています。正業を持ちながら、売春の斡旋を副業でやっていた人も少なくありません。奄美の女性が沖縄に行くということは、それはほとんど売春をしに行くことを意味していました。大島紬（おおしまつむぎ）の織り子さんが、それだけでは生活できずに売春で稼ぐために出稼ぎに出ているケースも多かったんです。奄美だけでなく、宮古の人も差別されていて、沖縄で下宿をさがすときに『宮古人お断り』と書かれていたこともありました。だから、宮古の人々も風俗業を手がけていた人が多かったです」

——当時、小学生だった中村さんには、そういう状況はどう見えていたのですか？

「沖縄に出稼ぎに行くことが、米兵や沖縄の男性を相手に体を売ることだということは子どもでもわかっていました。そういう女性はすれっからしに見え、男は沖縄にはヤクザになるために行くという印象がありましたから、沖縄に渡る人たちを荒んだ印象で見ていたと思います。奄美から那覇に行って空手を覚えて、奄美に戻ってくると村の青年たちとトラブルを起こす男がいたせいもあります。空手といっても見よう見まねですが、それを見せびらかすふうでした」

——沖縄ヤクザの前身となるアウトロー集団にも、奄美出身者や離島出身者が多かったのは事実ですよね。それにしても奄美の人たちにとって、沖縄から差別的な視線で見られていた現実は辛かったでしょうね。

「沖縄では奄美の女は低く見られていて、売春婦＝奄美の女という意識があきらかにあったと思います。奄美の同郷人同士の売春ネットワークがあって、彼女たちはそのツテを頼って店から店へ移動していました。

奄美が復帰したあとは、非琉球人とか半琉球人として、奄美出身者は招かれざる存在でした。復帰したあとは、土地を持っていたり、入り婿など沖縄で結婚したりしていた人は送還されませんでしたが、強制送還されたのは売春などの風俗業に関わる女やヤクザが多かったんです」

奄美出身の売春女性殺害事件

当時の沖縄で奄美出身者は、民間だけでなく、公務員も差別的な待遇を受けていた。中村が持参してくれた分厚い『奄美復帰史』は、『南海日日新聞』を創刊した村山家國(むらやまいえくに)が二〇年の歳月をかけてまとめ上げた大著である。中村が付箋をつけて私に開いて見せた箇所には、奄美復帰の約一年八ヵ月前の一九五二年四月一日に発足した琉球政府は「地域給」という名目で奄美と沖縄の公務員の給与に歴然とした差をつけており、その時点で給料に月七二二円の差があったと明記されてあった。民間の給料も、最も高いのがアメリカ人とフィリピン人、つづいて本土からの出稼ぎ労働者、そして沖縄の労働者が続き、奄美出身者が最低の賃金だったという。

沖縄の失業率が高いのは奄美から来た人々のせいではないか、悪いことをするのは奄美の人だから帰ってくれれば治安が良くなるのではないか、そういった偏見や差別意識が沖縄社会に巣くっていたと中村は言う。洋の東西を問わず、自らの苦境ゆえに、移民や外国人への差別や排斥に動員されてしまう発想である。沖縄出身者は本土では同様の差別的な視線を向けられることが多かったが、沖縄内部では奄美出身者に対して明確な差別が存在してきたことを、私たちは痛苦とともに認識しなければならないだろう。

当時は、売春街で女性が事件に巻き込まれると、奄美出身の売春女性が被害に遭うことが多かったという。売春に関わる人数の母数が多い上に、沖縄や内地から来た者より低く見られていたために、彼女たちへの扱いが荒っぽくなり、奄美出身者の女性は非常に過酷な環境に置かれていたことは想像に難くない。

そういった社会的背景のなかで、一九五八年末にコザの八重島で奄美大島出身の売春女性が殺害された事件は、当時の奄美出身の女性の置かれた境遇を象徴する悲劇として、奄美出身者や離島出身者を震撼させた。

一九五九年元日の朝、養豚場の草に覆われた窪地の中で草刈りに来た中学生が、全裸に近い状態で死んでいる女性を発見した。頸部には包帯が何重にも巻かれていた。彼女は「バー・リバティ」の「女給朝山笑子」であることがわかった。頸部には包帯が何重にも巻かれていた。同店はセンター通りにあったキャバレーで、彼女は売春もしていた。事件時、奄美はすでに本土復帰しており、奄美大島に本籍を持つ笑子は、在留許可証の交付を受けて常時携帯している必要があった。

この事件と同時期に、米水兵による奄美出身の売春女性殺害事件も起きていて、当時の新聞は「基地の女給部屋」(『沖縄タイムス』一九五九年一一月一〇日付夕刊)という記事で、「管理売春」＝人身売買の問題が背後にあると指摘している。

《風俗営業者の管理売春が二度も〝女給〟殺しという凶悪な事件を誘発させている。女給部屋は軍人軍属相手の娼家行為のためにつくられ、そこに住込む女給さんは半強制的に売春を強いられている。（中略）朝山笑子さん事件で明るみに出され、笑子さんは〝稼ぎが少ない〟と主人と口論、殺されたということになり、二回目の女給殺し新垣しげ子さんは売春の目的で加害者のアメリカ水兵を自分の部屋に連れ込んで殺されたことになっている。しかし、しげ子さんが最後に春を売った代償は女給部屋の管理者、つまり主人が受け取っている。この二つの事件は氷山の一角に過ぎず、女給部屋の背後には人身売買に近いほど女給さんたちの自由は拘束されている。つまり住込みの女給は最低五百ドルから高いので千五百ドルの前借を背負っているからという。したがって売春は公然と行われ、業者は彼女たちの吸血鬼といっても過言ではないらしい》

朝山笑子殺害事件をめぐる裁判は、巡回裁判所（アメリカ占領下独自の裁判所）、上訴裁判所、差し戻しを繰り返すうちに長期化した。自白はなく、状況証拠や間接証拠、笑子の同僚の証言などから、加害者とされた経営者に無期懲役が下されたが、共犯者とされたその妻については最終的には無罪となった。この事件を第一回の差し戻し審から裁判長として担当した兼島方信（かねしまほうしん）は、この事件は夫婦による共犯であり、死体の遺棄にも妻が加担しており、夫婦とも有罪であるとその後も確信していると回想録に記している（『苦悩する裁判官――米軍統治下における裁判』〈那覇出版社、一九九八年〉）。

奄美出身の女性たちは時に、漁民の村であった糸満（いとまん）に人身売買に近いかたちで売り飛ばされることもあった。これを「糸満売り」と言う。沖縄では、貧しい地域から糸満の漁師のところに「年季奉公」として一〇歳前後の子どもを売りわたす習慣が戦後にまで続いていて、一九五五年に琉球政府によって廃止された。

また身売りということで言えば、先述したように貧困地域の女の子が辻の遊廓へ売られる習慣もあり、統計は残されていないが、奄美出身の若い女性もかなりの数にのぼったと言われる。沖縄の売春街の最底辺には、奄美の女性たちの血と涙が流れているのである。

私は元沖縄県警の警察官に「朝山笑子」が殺害された現場に案内してもらったことがある。コザのパークアベニューから少しそれた住宅街を歩いた。赤瓦の家がそこここに残っている。彼は私の数歩先を歩きながら、家を指さしては、「ここも売春宿だった。ここもそう。こっちはオーナーの家だったところ」と、当時は外観はごく普通の民家で、米兵相手の売春が行われていたことを話してくれた。現場付近は住宅に囲まれていて、近寄ることができなかったが、高さ一五メートルほどの樹木が一本だけ生えていた。元警察官は黙って、遺体発見場所にあたるその樹を指さした。

奄美出身の母と米兵の父の間に生まれたロッカー

喜屋武幸雄の紹介で、沖縄ロックミュージック界の先駆者であり、コザが生んだ伝説的バンド「紫」のドラマーでもあった宮永英一の自宅に私は向かった。喜屋武から、当時の社会のなかで「差別」をもっとも受けたのは、宮永のような立場の人間だったから、君は彼に会うべきだと示唆を受けたからだ。奄美出身の母親と将校クラスの米兵との間に生まれた宮永は「八重島」で育った。取材の趣旨を説明すると、宮永は生い立ちから話し始めた。

「僕が生まれたのは那覇の安里らしいです。お母さんは徳之島の人なんです。宮永という姓は沖縄じゃない。徳之島の部落にありますよ。同級生も奄美出身の子が多かった。戦後のどさくさでほとんど密航で沖縄に来た人が多いんだけど、沖縄の人と結婚して金城という名前になったりとか、名前を変えた人もたくさんいます。僕の母も密航で沖縄に流れるように来て、エアフォースのおやじと会って僕が生まれたようです。

安里からコザに移ったんですが、母親がコザに行ったのはカネが稼げると聞いたからだそうです。僕が二〜三歳のときにはもうコザにいて、僕はコザ幼稚園、コザ小学校、コザ中学校を出ています。住んでいたのは八重島の繁華街のすぐ近くの部落です。ご存知と思いますが、白人街でした。BCストリートもそうです。黒人兵は入れなかった。八重島にはクラブが二〇〜三〇軒ありました。今も並んでいる家はみんなクラブだったと思ってまちがいない。当時は店の上か後ろが住宅でした。僕らも夜な夜な通りに出かけて、子どもなりに雰囲気を味わっていましたよ。ジュークボックスから店の外にまで流れてくる音楽がめずらしくて、怒られながらもしょっちゅう顔を出しに行ってましたね。

僕は血のつながりはない知り合いのおばあちゃんと二人で住んでいましたが、おばあちゃんは、ＢＣストリートに行くと不良になるとか、米兵がいて危険だと言ってました。そういう環境が怖かったんでしょうね。おばあちゃんは沖縄の人でウチナーグチしかしゃべれない人で、僕が来るまで一人暮らしをしていたんです。畑をやっていました。沖縄は戦争に巻き込まれ、食料も何もないなかで、米軍の食料支給で命をつないだんです。大戦後、ものすごい数の死者が出て、それを救ったのは、ほかならぬ沖縄を壊滅させた米軍なのです。そのなかで生きていくために選択の余地はなかった。みんな必死です。小学校のとき、パンと牛乳はアメリカ軍からの支給でしたから、それをおばあちゃんのところに持っていって食べさせていました」

彼はいまも中央パークアベニューを「ＢＣストリート」と呼ぶ。育った八重島やセンター通りの様子を昨日のことのように語った。私が「ジュークボックスから店の外に漏れ出てくる音楽に聴き入る子どもたちの光景が目に浮かびます」と相槌を打つと、宮永は当時かかっていた曲を鼻唄のように口ずさんだ。

「レイプなんか日常茶飯事だった」

「僕はジュークボックスの音楽に興味があったし、何より楽しかった。女性が米兵に肩を抱かれてジュークボックスで曲をかけているのを、ドアの隙間から見ていました。横文字の音楽を聴くのはそのあたりからですよ。当時はロックはなくて、トム・ジョーンズの『グリーン・グリーン・グラス・オブ・ホーム』とか、アメリカのカントリー・ソングが流れていました。静かできれいな曲でした。そして、当時の沖縄で一世を風靡したのはやはりジャズなんです。黒人兵が照屋で聴いていたのはジャズでしょう。BCストリートでは白人が、黒人音楽はやらせなかったから、ジャズは流れません。センター通りで黒人兵が袋叩きに遭うのを見たことがありますが、白人と黒人の対立は本当に激しかったですよ」

——八重島は半ば米軍公認の売春街だったわけですが、どんなシステムでお店は回っていたんですか？

「八重島は米兵相手のクラブが中心で、当時はどこも全部売春していました。ドリンクのウイスキーが一杯五ドルだとすると、その三分の一はチケットでホステスに行く。そのあとは個人の交渉です。もちろんポン引きもいたけれど、売春の交渉は別で、BCストリートならショート（約一五分）で五ドルぐらい。店や街によって、値段や時間は違っていました。オールナイトのコースもあって、BCだと一晩二〇ドル以上かな。売春宿には住み込みもありました。部屋に住んで、自分の商売に使うという職住兼用です。

ドリンクはチケット制で、一杯五ドルで、一枚チケットをちぎって渡す。それをためて精算して、現金に替えて女性は帰る。女性に客がどんなドリンクを頼んでも、店がチケットを女性に渡すんです。すると客は酔いも手伝って、チケットだと何杯飲んだかわからなくなるから、しめたものなんです」

——働いている女性たちは奄美や離島の女性たちが多かったそうですね。

「そうです。働いていた女性は奄美の人、山原の人、離島の人ですね。お父さんお母さんを喰わせて、きょうだいを学校に行かすためにやっていた。暴力団に覚醒剤打たれてだまされて、いつのまにか借金させられて働いている女性もいた。借金を返すために必死でやっている女性もいた。地元の人はほとんどいない。もともとコザは町があったわけではないですから。売春をしている人たちを沖縄の人たちは軽蔑してましたよ。今では差別用語ですけど、パンパンとか呼ばれていました」

——センター通り、宮永さんはBCストリートと今も呼んでおられますが、宮永さんは少年なりに街の変貌や時代の変化は認識できましたか？

「BCストリートは戦後最初の繁華街です。そこも、最初の水商売の人は奄美の人が多かった。有名になった『チャーリータコス』も『ニューヨークレストラン』も、僕らが演奏していた『キャノン』という店もそうだった。僕らのバンド『紫』がデビュー前にやっていた『チャンピオン』もそうです。いまも営業している那覇のステーキハウスの

『88』『ジャッキーステーキハウス』も奄美の人の経営なんですよ。終戦直後の沖縄は、密航で流れてきた奄美の人たち中心に繁華街ができたんです。

ベトナム戦争が始まった時に来た兵隊は違う種類の兵隊だと感じましたね。朝鮮戦争までは志願兵が中心だったんですが、ベトナムはアメリカ中の不良少年に召集令状を送って集めて、戦場に行かせてた。自分の名前を書けない兵士もいましたよ。不良の集まりで、鍛えられた兵士ではない。規律もない。言葉遣いもスラングだし、それを僕らは英語と思っていたから、ヤクザ言葉を使っているようなもんですよ。米兵犯罪は増えた。占領が長い沖縄では何をやっても許される、そういう意識が米兵にあったと思います。大事にはならない、被害者は泣き寝入りするしかない。レイプなんか日常茶飯事で、轢き殺されたりしても、その補償は一切ないんです。泣き寝入りするしかなかった。たまったもんじゃない」

「売春女性こそが戦後の沖縄を支えてきた」

――喜屋武さんはセンター通りの子どもたちは、パンパンの子どもだということで差別され、米兵との間にできたハーフの子どもはもっといじめられたと言っていました。

「黒人ハーフの子どもは特にいじめられた。同級生にも黒人のハーフがいました。お姉ちゃんは白人ハーフだけど、弟は黒人ハーフという子もいました。レイプされたのかわからない。両方とつき合っていたのかもしれない」

――宮永さんはいじめのターゲットにはならなかったんですか？

「僕はいじめられるほうじゃなかったですね。すぐに反発するほうだったから。いじめるやつは、いじめる相手を選ぶ。かわいい子とか、色の黒い子とか、卑屈になってしまうといじめられる。喜屋武マリーも子どもの頃は目立たないようにしていたんでしょうね。目立ったらいじめられるから。沖縄では、他所からきた者に対しての差別は僕が子どものころからあって、それがハーフの子どもに対してキツく出たんだけども、同時に近辺の宮古や石垣に対する差別もありました。『宮永』も苗字で沖縄じゃないとわかるし、僕の場合は奄美＋ハーフですから。

当時は一般の人たちは生活が苦しい。子どもも五～六人いるのが普通でした。僕らはそれに比べれば多少は豊かだったから、それに対するやっかみを、子どもよりも親たちがする。親たちが子どもに『やーなアメリカーアシバンケー』、あんなアメリカと遊ぶなと言うわけです。パンパンの子、と沖縄の人に言われたりした。沖縄では売春をしている女性に辛くあたる風潮があって、地元の人も売春で働くようになったら、そういう女性は一緒に墓に入れないと言ったりね」

アメリカ人の中でもやたらと差別をする人間がいる、と宮永は言う。テキサスやミシシッピーの出身者は黒人を差別する者が多く、彼らが沖縄に来ると、白人以外は差別の対象になりがちだった。だから、アジア人が髪を伸ばしてロックを演奏することが、彼らの差別意識を刺激した。

「それだけで彼らは殴りかかってくる。僕は素早いから殴られなかったけど、ケンカするときは命懸けでやらなければと思ってました。彼らは体もデカいし体力もある。だから、こっちをナメている。でも、こっちも空手道場に行ってしっかり鍛えていますから。向こうはナメてかかっているし、酒も飲んでいるから、実際には勝負にならないですよ」

宮永はからからと笑った。たしかに彼の体軀（たいく）は屈強だ。まともにぶつかったら跳ね返されるような、太い古木のような力が今もみなぎっている。喜屋武も同様で年齢を感じさせない体つきだった。コザで米兵相手にロックを演奏することは、心も体も、命懸けでやる必要があったのだ。

私は彼にも、「浄化運動」によって真栄原新町や吉原が消滅した話題を向けてみた。宮永は、喜屋武とは少し異なるトーンで話し始めた。

「戦後ずっと売春女性を救おうという運動がありましたが、戦後の沖縄で、生きていくために売春をするということは当然の選択だったと思います。でも、それを今にまで引きずるのはおかしなことですから、街がなくなるのは自然の流れとしか言いようがない。ただ、売春をして稼いできた女性たちこそが、戦後の沖縄を支えてきたということをしっかり認識しないといけない。かつては、売春は時代の常識だったけれど、今は法律で禁じられているわけですから、それは今の法律に則るしかないでしょう。地下にもぐってしまうのも仕方ないかもしれない。自分の『故郷』のような場所がなくなってしまったという意味では寂しい気持ちもありますが、沖縄は今はそれがなくても生活できるようになってきましたから」

宮永英一の激流のような半生の記憶をどの角度から切り取ってみても、奄美出身者、売春街で育った子ども、そして「外人」との間の子どもである「混血児」に対する差別や蔑視がからみついていた。そして、社会の偏見が生み出したそれらの問題と、売春の現実は分かちがたくつながり、根深い因果をなしてきた観もある。

喜屋武幸雄や宮永英一が実感を込めて明言したように、戦後の沖縄において、売春が半ば公然と存在し、人々のぎりぎりの生活をかろうじて支えてきたことは間違いない。だがそれは、存在してはならない現実として扱われてきたのだ。私は喜屋武や宮永ら「売春街の子どもたち」が辿った激しい生の来歴を聞きながら、「沖縄アンダーグラウンド」が闇のなかに不可視のものとして存在し続け、そしてそれが忽然と消えた経緯を、差別と偏見が渦巻いた沖縄の戦後史のなかで感じ取ることができた気がした。

第8章

浄化の論理と、夜の身体と

売春街への深い「嫌悪」

二〇一〇年一〇月二六日、沖縄県議会・決算特別委員会では、宜野湾出身の渡嘉敷喜代子議員（社民党所属）が、警察に対して真栄原新町の「浄化」を強く迫る質問をしていた。答弁に立ったのは、沖縄県警生活安全部長（当時）の波平明だ。以下、引用が長くなるが、重要なところなのでおつき合い願いたい。渡嘉敷はこう切り出した。

「宜野湾市の真栄原の新町の浄化についてお尋ねしたいと思いますが、この件については、明らかに赤線地帯であるにもかかわらず、放置したわけではないけれども、警察は摘発をしているが後を絶たないという状況になるわけです。そういう中で、このことを何とかしなきゃいけないないという思いで、私は一般質問でも土木建築部に不法建築はないのか、あるいは使用目的以外に使っていないかということで、そういう立場からも質問しましたけれども、違法建築はなかったということで、それがなかなかつながらなかったわけです。そして、昨年の市民大会の後、警察、行政、ボランティアの皆さんが熱心にパトロールすることによってかなり浄化された状況があります。

そこで、警察本部のほうにお尋ねしたいんですけれども、新町浄化作戦について、この一年間どのような取り組みをしてきたのか。そして、取り組んだ以前と今とではどのような状況に変わっているのかについてお尋ねしたいと思います」

「赤線地帯」は、一九四〇年生まれの沖縄人女性である渡嘉敷にとって、許しがたい風景であったのかも知れない。質問からは、「浄化」に向けた彼女の情熱とそれを突き動かす、この地域への深い「嫌悪」が感じられる。これに対して波平は次のように答えた。

「宜野湾市の真栄原在の通称新町は、最大時、約一〇〇軒の店舗が存在しておりました。去年の八月ころから取り締まり、パトロールを強化しております。去年一年間の検挙状況は、売春防止法違反等で二三件、一五人を検挙しております。ことしも九月末で一四件、六人を検挙しております。また、宜野湾市は、委員から御説明がありましたように、ボランティア団体、地域住民と連携しまして、パトロールを含めましていろんな対策を講じております。その結果、新町からは店舗が数店舗に減少しております。それから、バス停の名称が新町から第二真栄原に変更しております。これは市民の力です。それから、新町入り口のシンボル的存在であったアーチ型の看板がことしの七月に撤去されております。これも市民の力です。県警察としましても、今後、関係機関、団体、地域住民と協働しまして新町の浄化に努めてまいりたいと考えております」

着々と進む浄化作戦での、「市民との連携」の重要性を強調している印象だ。

「警察本部にシーサー遊撃隊というのがあります。これは警察本部の職員一四〇名で構成しまして、一線でパトロール、応援する部隊ですけれども、これを三～四ヵ月前から宜野湾市真栄原に投入しております。全部一緒に投入ではなくて、数名ローテーションです。これは当面の対策としてではなくして、一年、二年、大きなスパンを持った対策として実施しております。ですから、(中略)沖縄市の通称吉原には約二〇〇店舗ぐらいあります。そこから戻ってきても、すぐまた取り締まれるような体制は持続しております」

「宜野湾市の恥部」

このあと渡嘉敷議員は、売春地帯の浄化をそのまま地域の再開発につなげていった実例はないかと質問する。これには、波平は神奈川県の「黄金町」という売春地帯を壊滅させた例を出した。

「空き店舗跡地転用対策といいますか、そういったものが過去に神奈川県横浜市の黄金町というところで実施されております。これは新町と同じような町で、約二〇〇店舗、規模にしたら吉原と同じぐらいの規模です。そこの黄金町におきまして、取り締まり後の空き店舗跡地利用転用対策としまして、民間企業に対するマンション建設と再開発の働きかけ、あるいは少年等対象の剣道場の開設、複数の空き店舗の借用によります防犯、芸術振興の拠点としての利用等の措置を講じました結果、環境が浄化された経緯があります。したがいまして、県警察としましては、警察によります取り締まりと並行しまして、空き店舗や跡地転用対策が必要不可欠なものと考えております。そのため、本年の六月八日、私みずからが宜野湾市長と面談しまして、跡地転用対策等について申し出を行ったところであります」

渡嘉敷議員は再び「真栄原新町」に的を絞り、質問を続ける。そこにはあの街を一刻も早くなくしてしまいたいという、焦りにも似た思いがこめられているように感じられる。

「中身を変えるのが主ではないといいながら、やっぱりこの新町については健康的なものではないということですよね。浄化しなきゃいけない状況ですよね。それで、じゃ、再開発するについてはどうなのかということをまだ質問どりのときにお尋ねしましたら、やはりそこに大きな建物を建てていくというような話でしたけれども、必ずしもそうではないということになるわけですよね」

そして、再開発をして生活道路の拡張をするというプランについて持論を述べたあと、さらに念押しするかのように真栄原新町の「浄化」に話を戻し、真栄原新町を「宜野湾市の恥部」とまで言い募るのである。

「たまたま一年前のことなんですが、青少年健全育成協議会の総会がありまして、そこで私があいさつの中で、警察署長もいらっしゃることだから、青少年の健全育成のためにはやはりこの宜野湾市には恥部としての真栄原の新町がありますよ、そういうことをまず浄化していくことが青少年の健全育成にもつながるんじゃないですか、何とかそれをなくしていくような運動も大切じゃないですかという話をしたことがきっかけになって、行政側が、じゃ、私たちでやれることならば何ができるんだろうということで、警察と宜野湾市が一緒になって、去年の大会につながったわけです」

渡嘉敷議員は社民党員であり、古い言葉で言えば「革新陣営」に位置する左派である。彼女のこの地に対する嫌悪感は、女性解放という視点からなのだろうか。それとも、人権が踏みにじられている場所という認識に発するのだろうか。私は判然とした答えを持たないが、ここに売春街「浄化」の運動がはらむ心情が生々しく表れているのは間違いないと思う。

税務署とタッグを組んだ取り締まり

私は、この委員会答弁に立った波平明沖縄県警生活安全部長（当時）を県警本部に訪ねた。波平は取り締まりの陣頭指揮を執った沖縄県警の責任者である。私が県警本部に着くと波平は、「かつての宜野湾署署長の安村（やすむら）が今は県警生活安全副部長に就いている」と言って、わざわざ呼び出してくれた。安村清正（きよまさ）は二〇〇八年八月から二〇一〇年三月まで宜野湾署署長を務めた、いわば真栄原新町取り締まりのオーソリティだ。それまでの散発的な取り締まりが継続的なものに変わり、取り締まり全体が強化されたのは安村が署長になってからだといわれている。

波平は私と相対するなり、「警察官としての意見から少し離れて言うけれども」と前置きして、「将来、米軍基地が沖縄からなくなっていくのだとしたら、米軍基地によってできた街もなくなっていくのが時代の流れだと思う。新町も吉原も戦後に米軍が入ってきてからできた街ですから」と言った。その率直な物言いに私は少しばかり驚かされた。違法だからつぶすという、法の番人の本分からだけでなく、沖縄の歴史と未来を見据えたうえでの意見であるような気がした。沖縄住民を米兵の犯罪から守るために闘い、銃で殺害されたケースも少なくない沖縄の警察官たちの戦後史を考えると、波平の言葉にはたしかに重みがある。

捜査方法について私が問うと、波平はあけすけに教えてくれた。新町の中に警察が店舗を借りて、常に対象を監視し、捕捉していたというのだ。

「新町の中の固定された場所からターゲットを決めて、また別の売春街に移っていくというやり方です。貸主には警察であることをあらかじめ伝えることもありますが、言わないで借りることもありました。売春防止法の『場所提供』で摘発する場合は、〝足二本〟が必要なんです。足二本とは客二人の証言のことです。客二人からいくらでヤッたかなどを聞き出します。〝客足〟がとれたら一ヵ月以内に摘発に動くこともありますが、時間がかかるケースもあります。これまで、通常の取り締まりは繰り返しやってきたのですが、いたちごっこなんです。摘発を強めると三ヵ月や半年、あるいは一年近くは下火になる。でも、経営者が替わると、また盛り返す」

安村も新町へ潜り込んでの捜査手法を隠さない。

「新町には一年半ぐらい警察が住み着きました。そのあとは吉原に移りました。二人一組の専従班が二班、いま住み着いていますよ」

私が二人にインタビューしたのは、折しも徹底摘発が真栄原新町から吉原に移ろうとしている時期だった。安村はその先の取り締まり手法を話し始めた。税務署とタッグを組んで、売春業者への課税を強化したのが功を奏したというのだ。

「税務署と宜野湾署生活安全課で協議して課税対策をしっかりしてもらいました。二〇〇九年と二〇一〇年はとくに厳しくやりました。検挙すれば証拠は押さえられますが、巧妙に隠していたり、帳簿もほとんどつけていない。一日の客の数とか、警察が押さえた証拠をもとに課税をしていきました。ですから内偵で店を借り上げて、最低でも一ヵ所拠点を設けて、彼らにわからないようにして何ヵ月もターゲットの行動を監視していました。ほとんどバレなかったですよ。バレたら引っ越すだけです。誰か一人を検挙するためには、その人物の動きを細かくチェックしなければならない。誰に会っているかとかまで、日常を仔細(しさい)にチェックします」

暴力団の資金源なのか？

「ちょんの間」の実質的な売り上げを把握し、税務署が遡及的に課税していく。多い店では数百万単位の追徴課税が行われ、まともな税務申告をしたことがなかった経営者らは、それで音を上げた。ゴーストタウン化した街で、私は住民たちから税務署からの請求金額が相当に高額であることへの不平不満を聞いていたが、それは警察と組んでの戦略だったのだ。

この方法は日本各地で性風俗街の「浄化」作戦のときに用いられた。波平が県議会答弁で触れていた神奈川県の黄金町を壊滅させるときも、この手法が取られたようだ。業者や経営者にしてみれば、逮捕されるかもしれないという不安に加え、莫大な税金やそれに連動した保険料などが請求されることになる。そこに売春防止法や風俗営業法を根拠にした警告や摘発が加われば、廃業せざるをえなくなってしまう。

「街の入り口などでよく検問をしました。真栄原新町に来る人はだいたい飲酒運転で来ますから、客として街にやってくる人たちにも職務質問をしました。新町へ行くと職質をされるという情報が客の間で広がって、次第に客が離れていったわけです。あるいは制服で店に立ち入りをする。それも時間を開けずに毎日のようにやる。それも効き目があったと思います。沖縄の女性団体は、女性を差別して食い物にしていると、新町に対して厳しい問題意識や関心を持っていました。安全で安心な街づくりを掲げる条例が沖縄でもできて、ボランティアでの地域の自主防犯が、この一〇年で広がりました。そういった運動のなかで女性団体は中心的役割を担ってきたんです」

こう自信たっぷりに答える波平に、私は、新町が暴力団の資金源になっているから取り締まるという面はあったのかと訊いた。

「長年の捜査で暴力団関係にカネが行っていることはわかるのだけど、経営者は証拠を残さない。暴力団からの報復をおそれている。刑事は『君がしゃべったことはヤクザには言わないから』と言って聞き出すわけですが、彼らは怯えています。おそらく、ヤクザ直轄の店はなくて、フロントを使っていたと思います。北海道の人身売買事件なんかは百パーセント、大家がヤクザに絡んでいると見ていますけどね。ヤクザに縄張り料を払うわけではなく、家賃を表向きの数倍取り、そのカネがヤクザに流れていたのではないか。一店舗で月に一〇〇万単位の純利益が出てるんだから、四万〜五万の縄張り料を払ってもいたくもかゆくもない。ある経営者が言ったことがあります。年間五〇〇万をヤクザに払っているけど、払っているほうが商売しやすい、と。ヤクザは監視役みたいなもので、トラブル解消役なんでしょう。沖縄のヤクザはなかなかシッポをつかませないんです。真栄原新町には五〇〜六〇名ほどのヤクザが出入りしたり、住んだりしていることは確認していますが、ヤクザの事務所はない。地元の暴力団はもちろんいますが、人身売買事件には内地のヤクザも関わっていると思います。そういうのもフロントを使っているのでしょう」

ヤクザがこの街に絡んでいることは間違いないとは言うのだが、住み込み捜査をしても、カネの流れや人のつながりを構造的に把握できてはいないようだ。警察にとってもアンダーグラウンドの底は捉え切れないようだった。

一気呵成の作戦が進められた理由

安村が街の歴史を説明し始める。

「新町はアメリカが来てからだから、もう六五年の歴史がある。あそこはそれ以前は人が住んでいなくて、市街地からは離れたところでした。もともとは嘉数中学の近くに部落があって、その中に外人相手の飲み屋が数軒できて、環境が悪化するということで今の場所に三〇〇メートルぐらい移動したと聞いています。ずっと昔の話だから行政や地元がどう関係したかはわからないんですが、推測されるのは売春を人目から避けるためでしょう」

――女性が警察に逃げ込んでくることなんかはなかったのですか？

「ときどきありましたよ。売春街に来る前に覚醒剤を使用していた女の子、売春しかしてこなかった女の子、ここで働いているうちに体調を崩して飛び出してきた女の子……いろいろいました。無理やり店に監禁されたということはあまり聞いたことがありませんが、借金があった子が多かったです。沖縄よりも県外から来た女の子のほうが増えていました。売春しかできない子も多くて、店が摘発されると、女の子たちはだいたい新町や吉原を離れて、違う街に移っていくようです」

――それにしても今回の「浄化」作戦は一気呵成ですね。

「真栄原新町が六〇年以上続いたというのは、家主が親子で引きついで、もちろん売春だとわかって貸してきたということです。大家にも指導してきましたが、経営者が替わって次の経営者が現れ、その経営者が摘発されてもまた次の経営者が現れるという状況が続いてきたんです。それで、二〇一〇年に、初めて大家を売春防止法の『幇助』の容疑で逮捕したのです。捕まっても時間が経てばまたできるとか、やればカネになるという意識が大家にはあったと思います。実際には実刑を打たれることもなく、罰金刑で終わりますから。二〇〇九年からは、経営者の摘発にも力を入れ出しています。県警が宜野湾署を全面的にバックアップするということになり、経営者を検挙するために、本部の特捜が入った。私が宜野湾署長をしているときに、県警本部長から、この問題をきちんとやろうというアドバイスがありました。そして警察と住民が一つになって最後まで取り組もうという態勢ができた。長期戦になるし、宜野湾署だけでは難しいだろうから、本部の取り締まり班をローテーションで応援に出すことにしたんです」

そのときの本部長は黒木慶英(警視監)だった。沖縄県警本部長を務めたあとは警視庁警備部長に就任、その後は原子力安全規制組織等改革準備室副室長に就いている。

私と安村のやりとりを聞いていた波平も口をはさんだ。警察の縦割り行政的な構造も

「浄化」が遅れた一つの原因ではないかと言う。

「長年、なあなあの取り締まりが続いていたように見えてしまうのは、暴力団担当の刑事と、売春を担当する生活安全部が別部署で充分に連携が取れていないということもある。お互いが情報をもらうにも時間がかかってしまう。それと、刑事がヤクザルートを解明するために、経営者を警察の〝協力者〟として設定してきたことも遅れた理由でしょう」

「浄化」という社会正義の実現

――今回はやはり県民の様々な運動が合流したことも大きいですか。

「そうですね。市長をはじめ住民が一つになって、浄化に向けた総決起大会をしようと、今が街をつぶすチャンスだということになりました。これは何よりも女性の人権問題ですから、女性団体も一緒にやりましょうということにもなった。それから、経営者を集めて講習会をやりました。我々としては、本当は自主廃業してほしかったのです。一〇〇人ぐらい集まりましたが、売春は犯罪だという認識が彼らにはなかった。風俗営業の許可を取ったからといって、売春をしていいという許可ではありませんよと力説しました」（安村）

――売春女性の姿を外から見えないようにするとか、折衷案を業者と話し合われたことはあるんですか？

「そういう取引的なことはしていませんが、新町の地域のみなさんと話をするうちに、ここは子どもが通るから、せめて売春婦が下着が見えるような格好とか、裸同然の格好で客を待つような状態はなくしましょうねという話は最初にしたことがあります。これは警察からのお願いではなく、売春は法律違反なのだと伝えました。今まで何十年も売春の仕事をしてきた人たちの間には、復帰前には売春防止法はなく、警察から風俗営業の許可を取れば売春はやっていいという誤解があったと思います。『どうして私たち年寄りをいじめるの？』とよく言われました。一部の業者の中には未成年さえ使っていなければ摘発されないという誤った考えを持っている者もいました」（安村）

噂のレベルですが、と私は前置きして、「一部には米兵を店に受け入れてほしいというような要請を、警察がしたということはありませんか」と質問すると、波平は強く否定した。

「米兵を受け入れてくれという要請ですか？　やるわけないですよ。昔、議論されていた米兵の性暴力からの防波堤論は知っていますが、真栄原新町や吉原が防波堤になる必要なんてないわけです。今は街にやってくるのは観光客のレンタカーばかりですし、米兵はまず来ません。何十年も前に、住民と行政の合意があったかどうか、それは私はわかりませんが、今現在、そういう議論は必要ないと思います」

——当時は、幼女が米兵に強姦されて殺されたというような、鬼畜としか言いようがない事件が多く起きています。住民を守るために、沖縄の警察や自警団が米兵と闘ってきた歴史もありますよね。その中で「性の防波堤論」が正しいかのように言われてきた面があります。

「それはありました。必要悪としての売春街という考え方があったことは否定しませんが、今それが是認されるべきものなのだろうかという気がします。時代の流れで、普天間基地も動かされることになっているし、米軍基地とともに生まれた売春街だから、それとともになくなっていくのも時代の流れだと思います。現在では米兵の強姦事件等の数自体は減っていますし、沖縄から売春街も減っています。真栄原新町や吉原が盛り上がっていたころ、米兵が手錠で女性を動けなくして野原でレイプした事件が起きたことがありましたが、犯罪を犯す兵士はどういう手段を使ってでもやるので、これについては米兵のモラルを上げてもらうしかない」（波平）

——長年、売春の街で生きてきた女性たちは高齢化しています。街で話を伺うと困りきっているという声を多く聞きました。

「市の役場との意見交換会のなかで、これ以外に仕事がない年配の方を何とかせないかんという話が警察からも出ました。そこは福祉の力で何とかしていくしかないということで、すぐに何名も生活保護の申請がきて認められています。それから、大家も建物をワンルームマンションに改装しています。住み込みで働いてきた歳をとった人とか、身寄りがない人とか、行き場がない人とか、そういう人たちのフォローも必要だと思っています」（安村）

波平も安村も、私の問いに率直に答えてくれた。彼らは、真栄原新町「浄化」を成し遂げたことに、沖縄の歴史のなかでの一つの社会正義の実現として、充分な手ごたえを感じているように思われた。

決起大会には街の外部の人が集まった

私は波平たちに会ったその足で、真栄原新町の「ちょんの間」の元経営者に会いに那覇市の繁華街に出向いた。一〇年近く「ちょんの間」を経営してきたが、「浄化運動」で商売を続けることを断念して、早々に見切りをつけた「転職」組の一人だ。廃業後は性風俗案内関係の仕事をしている。五〇代前半の彼は、「客で混み合う時間以外ならいいですよ」と言い、会うなり私にこう切り出した。

「地元の真栄原自治会の人たちは浄化運動の総決起大会には参加していないんですよ。だって、食堂や喫茶店とか薬局とか、あるいは地主さんのように家賃収入を得ている人

も いますから、浄化運動に参加すると自分で自分のクビをしめることになる。あの街で生活をしてきたのは、『ちょんの間』だけでなく、いろいろな仕事の人がいました。そういう人たちも仕事を失ったり、減らしたりすることになりました。決起大会に集まったのは街の外から集まってきた、防犯関係や、女性団体の人たちです。米軍基地反対運動をしている団体もいました」

——「浄化」運動の過程で、宜野湾署からは何度も呼び出されたそうですね。

「ええ。宜野湾署では、営業許可証を取りなさい、風俗営業許可を取りなさい、時間外営業許可を取りなさいと言われたことはあります。風俗営業法に合う店にしなさいということです。でも、それには店の坪数などが絡んできますから無理なところもあり、対応できなかった。まあ、どちらにせよ、売春をやっているわけですから、許可を取ったところで違法なんですが……。

それから、警察からは『女の子を店の外に出さないでほしい』と言われましたが、それは商売を派手にやらなければ街はつぶさないという意思表示だと勝手に私たちは思っていたんです。『留置場に一度にたくさんは入らないよー』と冗談めかして警察官から言われたこともありますから、本気じゃないと思っていたところがある。でも、私たちの受け止め方が甘かったんですね」

――長年の「慣れ」みたいなものがあったんですかね。ところで、真栄原新町の成り立ちや歴史を知っていますか?

「もともとは米兵相手だったんですよね。でも、たとえば海兵隊の客を取れる女性は一〇〇人に一人か二人です。普通の女性なら身体が壊れてしまう。そういう理由もあって、外人お断りの店がほとんどになってしまったと聞いています」

――今回は税務署と警察が組んでの壊滅作戦でしたね。

「そうなんです。税務署が何十人も、いや一〇〇人くらいいたかな。どやどやと一週間連続で街にやって来ました。『調べますよー』って店を回って、大家から家賃を訊いたり、店舗と土地の持ち主が違うのか同じなのかを調べたりしていました。売り上げは警察から情報を得ていたと思いますが、申告をきちんとしている人は少なかったから、我々はびっくりしてしまった。それに新町はこういう売春街ですし、建物も古いから評価額が低すぎて、売るにも売れない。一方、課税はどんどんされるしで、にっちもさっちもいかなくなってしまった」

絶望して夜逃げや首吊り自殺も

――警察は暴力団の資金源を断つとも言っていますね。

「ええ、でも、この一〇年ぐらいは、真栄原新町では経営者にヤクザはいなかったと思います。店同士のトラブル——女の子を引き抜いた、引き抜かないとか——については地元のヤクザが入って仲裁するケースはあったと思いますが。女の子が内地から売られてくるケースですか？　あれはヤクザの個人的なつながりの中で行われていることで、組織的にやっているわけではないです。私は、そういう女の子を引き受けないように気をつけてきました。

真栄原新町では、土地や建物を持っている大家や、あるいは建物を所有している人はそれなりに家賃で儲けていたと思いますが、それを借りて商売をしていた経営者は、貧乏人ばかりでしたよ。元タクシー運転手や元漁師、元大工……いろいろな事情で仕事が続けられなくなって日銭を稼ぐためにやっている人も多かった。不動産屋を通すより、大家に直接交渉をして、オープン資金は街金から借りる。沖縄は全国で離婚率ナンバーワンだし、仕事の給料も安いから、子どもを抱えている女の子がすぐに集まりました。内地から来る子も多かったです。借金つくって、人生追い詰められた人が、真栄原新町に流れ込んで来たわけです。だから、いよいよ街がつぶされるとなったときには、絶望して夜逃げや首吊り自殺もありました」

私が案内所の椅子に腰かけてメモを取っていると、突然、彼が話題を変えて、訊いてきた。

「真栄原の下に大きなガマがあること、藤井さん、知ってます？」

　宜野湾市は洞窟が無数にあり、普天間飛行場の下も洞窟がいく筋も広がっている。真栄原にも一〇以上の洞窟がある。普天間基地返還後の街づくりはそうした自然を生かしたものにしたいと行政や地権者の子孫たちが考えていることを、取材で聞いたことがあった。

「高さが九メートル、長さが六〇〇メートルもあるんです。アガリイサガマっていうんですが、真栄原でいちばん長いガマなんですよ。アメリカが上陸したときはそこに三〇〇〇人も避難した。今そのガマの入り口を塞いでアパートにしてしまっているんだけど、ほんとうなら拝所（ウガンジュ）ですよ」

「沖縄アンダーグラウンド」のさらに下のアンダーグラウンド。米軍から逃げるための隠れ処（アジール）。彼が持ち出した唐突な話題に、そんな寓意（ぐうい）を感じてしまった。

　ひっきりなしに若い男性客が入ってきて、案内所のなかは俄然（がぜん）、浮ついた空気になり、元経営者は客のリクエストを聞き、それに見合う店や風俗嬢を紹介し始めた。私は引き上げることにした。二坪ほどの性風俗案内所の壁にびっしりと貼られた女性たちの写真のなかには、真栄原新町から移ってきた女性が何人もいると彼は言っていた。

宜野湾警察署長は国税庁からの感謝状に胸を張った

後日私は、前線に立って「浄化作戦」を担った宜野湾署に向かった。二〇〇九年八月に、「真栄原新町浄化」に向けた市民総決起大会が開催されて以降、宜野湾署はパトロールを日常的にいっそう強化し、女性団体も定期的に街を練り歩き、「売春は犯罪です」などと書いたビラを店に直接投げ入れた。宜野湾署の警察官たちは新町の入り口にパトカーを停めたり、街を徘徊(はいかい)する男性らに職質をかけるなどして、客の足を遠ざけた。街中を制服警官や売春に反対する女性たちが歩けば、もとよりうしろめたい気持ちをもってやってくる客は寄りつかなくなる。県警幹部の波平や安村も言ったように、新町内の数軒の店舗を警察が借り上げ、専従の警察官を潜ませ、店に出入りする客の数をカウントするという前代未聞の力の入れようだった。

署長室に招き入れられると、島尻哲夫(しまじりてつお)署長（二〇一一年取材当時）は私を見るなり、「一昨年（二〇〇九年）、犯罪被害者週間に藤井さんが沖縄でなさった基調講演を聞きましたよ。私は当時は県警で被害者対策課長をしていたんです」と声をかけてきた。私は犯罪被害者遺族についてのノンフィクションを多数書いてきており、沖縄県が主催する、犯罪被害について社会への周知を目的とする大規模な集会で話をしたことがあった。会場には、犯罪被害者が「事件後」に最初に接する立場にある警察官らも大勢来ていた。

署長室の壁には国税庁からの感謝状が額装されて掲げられている。島尻署長に尋ねると、「正直に言いますが、あれはそういうことに関する感謝状です」と指さして胸を張った。「そういうこと」とは、これまでに記してきたような、税務署とタッグを組んだ

「浄化作戦」の成功を指す。

「国税庁からの、この対策に対する感謝状と思ってください。国税からは具体的には言わないでくれと頼まれていますが」と署長は言ったが、様子は誇らしげだ。国税庁からの感謝状は平成二二年一一月一日の日付。署長室の壁に掲げられている賞状の類いのなかで、直近に加わったものであることがわかる。

「実務者検討委員会という、月に一度の会議を開いてきました。市長も交えて、警察や教育委員会、市役所の市民生活課、政務課などが集まります。今は三ヵ月に一回になっています。新町の住人の、仕事がなくなるという不安に対してどう対応するかという話し合いもしました。市役所も住民税をきちんと課税するように売り上げを捕捉するなど協力してきましたが、国税との協力は後になってからなんです」

警察と行政各機関の実務者レベルが協議会を持ち、捜査で押収した売り上げ記録や内偵情報、押収したコンドームの枚数などから本来の売り上げを計算し、税務署が過去の申告を訂正させ、追徴に動いたという流れのようだ。国税が上がれば、住民税も上がる。それが店や業者に警察の取り締まりだけではないプレッシャーとダメージを与えた。

「街を浄化するんだという思い」

宜野湾警察生活安全課と県警生活安全部による合同捜査チームは、経営者や大家を売春防止法や職業安定法（「有害業務の紹介の罪」）を適用して徹底的に検挙し、二〇一〇年六月から二〇一一年二月末までに四九件（検察への送致件数）、二五人を逮捕・検挙している。件数と人数が合致しないのは、一人の経営者が三人を売春させていた場合は、「三件」とカウントするからだ。

二〇一〇年五月の時点で約一一〇店舗あった風俗店は一五店にまで激減、年をまたぎ二〇一一年の二月に入ると、表面上は完全に消滅した。

二〇一一年の一月一九日に、六二歳の経営者の女性が売春防止法「場所提供」の容疑で逮捕されたのが真栄原新町における「最後の摘発」と言われている。また、一連の取り締まりの中で、「売春幇助」の容疑で、店の大家だった六〇代の女性も逮捕されている。これまで、店の経営者が「場所提供」容疑で逮捕されることはめずらしいことではなかったが、店舗の大家までもが逮捕されたのは初めてだった。「売る」本人ではなく経営者や大家を対象にしたのは、根を完全に断つという警察の意志を表したものだろう。

それらの取り締まりや「浄化運動」の中核を担った、島尻署長はじめ生活安全課の現場指揮を担当した警察官らが、私の前に並んで、「浄化作戦」の要点を矢継ぎ早に説明してくれた。

「警察は犯罪を抑止するのが仕事なので、市民生活の安全を守るためにあるのです。暴力団の資金源を絶つんだ、街を浄化するんだという思いです。それに新町は小学校の通学路になっていますし、どんな犯罪に市民が巻き込まれるかもわかりません。警察は毎年、新町の取り締まりをやってきましたが、一向に店はつぶれない。二〇〇九年七月から行政や市民と一体になった本格的な運動に乗り出して、効果を上げたと考えてほしい。市民から取り締まってほしいという要望があれば、市民の安全を守るためには動かなければならないということです」

こう島尻署長が今回の取り締まり作戦に込めた意気込みと、警察活動のそもそもの理念のようなものを力説すると、居並んだ担当警察官たちは、私に質問を継がせる間を与えないほど次々に話し始めた。通常、警察官は聞かれたことに最小限しか答えないものだが、宜野湾署の警察官たちは畳みかけるように、自ら意見を述べ続けた。

警察と売春店の間に「密約」はあったのか

「以前から、新町をなくしてほしいという市民の要請はあったんです。はっきり言うと、行政が逃げたり、住民が逃げたりして、一部の方々と警察がやってきた。今回は浄化にある程度、目安がついてきたので、これなら行けるのではないかという流れになったんです」

「これはあくまでも個人的な考えですが、行政もふくめて、住民や業者も一つの仲間的なところがあって、それは政治の票にもつながってくるから、そういうことが複雑に入り交じって、押したり引いたりしながら、これまで続いてきたのではないでしょうか。

しかし、二〇〇九年からの取り組みは、その旧弊を超えてうまくいったということです」

「神奈川県の黄金町壊滅作戦を視察に行きました。地元の警察から指導も受けました。市民や行政の力も必要だと、その総体的な協力が必要だということを知り、今までになぜ新町の店をすべてつぶせなかったかを考え直さないといかんと思ったのです。警察の取り締まり一辺倒では、また新しく店ができて、といういたちごっこでしたから。行政と市民が前面に立ち、警察がフォローして市民総決起大会を開き、婦人連合会や女性団体もパトロールしましょうということになった。警察が常時パトロールしていると店を開けない。パトロールは新町に来る一般の人たちや客に対して、誘客対策をしたということでもあります。女性団体の人たちが『売買春はだめですよ』と声をかけていました。そうすると店も開けられなくなる。客に対する効果、店に対する効果の両面を狙いました。女性団体にチラシを渡されたら店に入りにくいでしょう? それが口コミで客の間に広がって、そうすると客は新町に来にくくなる。それで、店はだんだん閉めるようになっていきました」

私が驚いたのは、過去の取り締まりに対する強い批判が警察官の口からかなり出たことだ。これまでは場当たり的だったがゆえに、根絶やしにすることに誰も責任をとってこなかったということなのだろうか。

「潜入捜査」のために店舗を借りていたことはすでに県警から聞いている。あえて話を振ってみたが、なぜか、「新町の中に監視小屋を借りるようなことはしていませんよ」と否定された。私はこれについてはそれ以上は踏み込まなかった。

「経営者の方々とは相当に対立したみたいですね」。そう水を向けると、取り締まり現場の警察官がすぐに答えてくれた。

「『ちょんの間』の経営者を警察に集めて、取り締まりを徹底的にやりますよと伝えました。今までの甘い考え方は捨ててくださいと宣言しました。その場はシーンとしましたよ。『警察を仕分けしろ』と書いたのぼり旗をつくって立てた経営者もいましたよ」

私は居並ぶ警察官たちに一笑に付されることは承知の上で、警察と店との間に密約のようなものはなかったのかと訊いてみた。県警本部でも質した件である。それは巷の噂によると、米兵の性犯罪防止のために米兵を入店させること、街の規模を縮小すること、客のクルマの違法駐車を自分たちで管理しないようにすること、近隣の住宅地から店の内部が見えないようにすること、店の中の下着姿の女性が見えないように「スナック」であることを装うこと、女性はカウンターの中にいること、扉を開けて椅子を出したりして客を待つのをやめること……などであり、それらの条件を遵守すれば、しばらくは猶予期間を設けて、一気呵成に街を「浄化」することはしないという警察側の暗黙のサインを店側が受け取っていたという、そういう密約のことだ。

居並んだ警察官たちは少しあきれた顔をした。一人が苦笑しながら答えた。

「新町の組合に譲歩をせまったことはありません。売春行為は違法ですから。長年やっている業者はいまだに売春は違法だと思っていない人がいるような気がします。新町の組合を宜野湾署に集めて、従わなければ逮捕しますと通告もしてきたんです」

人身売買ルートは解明できていない

暴力団とのつながりを宜野湾署の警察官たちにも訊いてみた。島尻署長が答える。

「新町の売り上げが暴力団の資金源になっているかどうかは実質的に解明はされておりませんが、新町では職務質問などを通じて暴力団関係者や組員を多数、把握しています。ですから何らかのつながりはあるだろうと見ています。暴対と捜査一課も入り込んで実態の把握につとめてきました。店の売り上げのどれぐらいが暴力団に流れていたかはわからないですし、みかじめ料があったかどうかも不明なんです。そういう可能性がうかがえるのですが、実態はわかりません。売春女性がヤクザとつき合っていた程度はわかりますが、カネの流れは追及しても言いませんし、カネの流れを掌握できてもいません。ただ、警察の捜査では、暴力団構成員が五〇～六〇人は真栄原新町の中に居住していたことがわかっていますし、摘発した店は一店で年平均六〇〇〇万～一億の売り上げがあり、その一部はなんらかのかたちで暴力団に流れたと考えています。もちろんもっと売り上げの少ない店もありますが、摘発をした店の資料を精査すると平均はそれぐらいと言っていいと思います」

――内地から借金のカタに人身売買される女性のケースも実際にありますよね。私も取材でそのような目にあった女性に会いました。

「女性が新町に連れられてきた札幌ルートや大阪ルートは実態もよくわかっていませんが、組織立ってやっていたとは聞いていない。そういった暴力団員が関連した人身売買ルートは正直言って解明できていません。ただ、この数年は内地から売られてくるより、風俗雑誌の募集広告を見て来る子が多かったですよ」

それまでの私の取材でも、売春街＝暴力団支配というわかりやすい構図は浮かんでこなかった。暴力団が売春街にどう関係しているかについては、宜野湾署も県警と類似した認識だったと言っていいと思う。

連綿と続く「特殊婦人」更生運動

真栄原新町「浄化運動」の実態を、インタビュー取材をもとに様々な立場から明らかにしようとここまで書いてきたが、実は「売春撲滅運動」は、今に始まったことではなく、その歴史は終戦直後からあった。

一九〇〇（明治三三）年生まれの島マスは、コザの地で売春女性たちを立ち直らせるためにその人生を捧げた、沖縄の女性運動史のなかでも特別に語り継がれる人物である。『島マスのがんばり人生』(島マス先生回想録編集委員会、一九八七年)という回想録に、終戦直後に越来村担当の厚生員だった島は、次のように書いている。

《夜の八時ごろ母子家庭を訪ねてみると、十七歳を頭に七人の子どもが、テントの中で寝ていました。

「お母さんはどこへ行ったの」とたずねると、「黒人部隊の下の部落で働いている」というのです。この子たちの母親も、一家が生きるために身を売っているのかと思うと、悲しみと怒りが私の胸をふさぎました。その日はそのまま帰りましたが

「いくさ世どでむぬ　誰ゆ恨みゆが　生し子むい育て　肝に染みり」

という琉歌を書いて置いてきました。

翌朝、もう一度訪ねてみると予想通り、売春をしていることを涙ながらに語りました。私は、「救済を増やすように私も力をつくすから、昼間の仕事だけにしてがんばってほしい」と頼みました。母親は、「すみません」と頭をさげるだけでした。このような母子世帯のケースはいくらでもありました。そのころ中部地区には、沖縄本島北部や離島や奄美方面からたくさんの人が移動してきました》

同書に、島が関わっていた沖縄婦人連合会でも沖縄の「中部地区」の売春問題が取り

上げられ、メンバーが越来村にやってきてメガホンで売春をやめるように街頭で呼びかける場面が描写されている。

《しかし、この呼びかけには、人びとは耳を傾けませんでした。売春はたしかに悪い、悪いことは誰でも知っています。しかし、背に腹は変えられない、というではありませんか。子どもと老人を抱えた戦災婦人などは、夜も昼も働かなければ、家族が飢えてしまう時代です》

島マスという人は、以後連綿と続く「女性権利向上」運動のカリスマでもある。では彼女の主張や実践活動は、六〇年後の現在、真栄原新町や吉原を浄化しようと盛り上がった女性運動に連なるものだったのだろうか。私はそこには継承と断絶があるように思うのだ。

戦後から売春女性は「特殊婦人」と呼ばれ、メディアでもその用語が使われた。売春を生業としている「特殊婦人」たちを「保護」して「更生」させるのは、沖縄でも「内地」でも女性団体の活動の柱の一つだった。

一九七三年の『売春対策関係資料集』（沖縄県社会福祉協議会・売春対策沖縄県連絡協議会編）には、島マスも参加した「売春をやめさせる」ための運動に奔走した各団体の女性たちの座談会が掲載されている。ここで彼女たちは、「体を売るしか生きるすべがなかったと思います」とか「(売春は)基地経済の中に組み込まれていた」と、口々に語っている。一九七二年四月に行われたこの座談会には、島の他に厚生局民生課長、婦人相談員、売対協副会長が出席している。売対協とは、「売春対策沖縄県連絡協議会」の略称で、同資料によれば、復帰直前の一九七一年三月に、風俗の善導と社会の浄化につとめ、売春根絶を目的に、沖縄婦人団体連絡協議会、沖縄母子福祉会、沖縄県社会福祉協議会等の民間一二団体と学識経験者で組織されたものだという。沖縄戦では多大な県民が犠牲となり、夫を亡くして残された母親が女手一つで家族を養わねばならない状況だったため、それら女性たちを支援するための運動がさかんに行われていた。売春女性を「更生」させ、売春以外の職業を斡旋することは、その大きな眼目であった。

タバコと引き換えの売春

座談会の発言主体は、「A」「B」という匿名にされて誰が話したかわからないようになっている。司会を務めるのは、沖縄県社会福祉協議会業務係長だ。

A　1947年頃からだったと思いますが、女手一つで4、5人の子どもをかかえた戦争未亡人が米軍人相手にその生活維持のため、タバコや食料品と交換に自分の身体をまかせるという光景があちこちに見られました。

B　あの頃は、敗戦のあおりで食うものも着るものもなく、それこそ弱肉強食の時代でしたからね。私はまだ学生でしたが、学校が終ると、アメリカ軍が残飯を捨てる所へいって、食べられそうなものを拾い集めるというのが毎日の日課でしたから、まして子もちの婦人等は体を売るしか生きるすべがなかったと思います。

司会　タバコの雨が降るという言葉が出たのもその頃ですね。

A　そうです。中部のある地区での話ですが、占領軍の駐留地の近くに崖山があったんです。そこで売春が行なわれていたわけですが、売春の対償としてもらったタバコを崖下に待っている身内の者に投げ渡したというわけです。そういうことで、「タバコの雨」という言葉が生まれたんです。

それに当時は、まだ世の中が落ちついていませんから真昼間公道を歩いている婦女子が米人に強姦されたり、家で寝ている人妻が黒人兵にら致されたりという事件が相次いでいました。それで、これではいけないということで、良家の子女を守るため自治体の長が米軍司令官と交渉して売春地区を指定したという話も聞いています。

C　一時公娼制度をつくってみてはどうかという動きもありましたよ。そこで、沖縄婦人連合会で、そのことが問題としてとりあげられ、猛烈な反対運動が盛りあがり、ほうむられたわけですが、そんなことで、当時、政治家の間では、「婦連にふれるな」という言葉がはやっていました。

タバコと引き換えに売春が行われたというのは、今の感覚からすると凄まじい話である。母子家庭への社会保障がまるでなかったことが、彼女たちが売春をせざるを得なかった背景として指摘されている。また、米兵によるレイプの頻発から「防波堤論」が出てくる過程もおさえられている。そして、座談会はこう続く。

Ａ　最初、沖婦連でとりあげていました。１９４７年頃のことですが、婦連の役員を動員しまして、売春の集娼地域を廻り、メガホンを口にして「売春をやめて下さい」、「業者の方も女性の人権を守り、そういうことはやめて下さい」と、夜の街を訴えて歩いたこともあります。

司会　その時の反応はどうでしたか？

Ａ　あの当時はまだまだ社会情勢が混沌としている状態でしたので、「あんた達は無責任にやめろというが、明日からの私たちの生活保障は、沖婦連がやってくれるのか」と、すぐさま強い反発がありましてね。これじゃいけないということでその後は、もっぱら政府に対して陳情要請を行なう方法をとりました。

Ｃ　ＰＴＡか何かの集会での分科討議での話だが、ぐれた少年が十貫瀬（集娼地域）へ行くと、そこの店主が店へ連れ込んで、最初女をただで抱かせるということです。そして、ここでは、こんな楽しいことができるのだから、次からはお金をもっていらっしゃいと教える。そこで、そこへ行きたいばかりに少年がカッパライをするケースが多いという発表がなされたわけです。そこで、これではいけないということで、環境浄化運動を起こそうということになりました。

司会　民間による組織的な運動への盛り上りは何時頃からですか。

C　先にも申しあげたように、公娼制度をつくってはどうかということに婦連が絶対反対をとなえ、婦連にはふれるなという言葉がでてからしばらくの間は沈滞していました。ところが、1957年でしたか、時の高等弁務官の招待で本土の国会議員の方々が沖縄基地の調査に来たんです。ちょうどその中に婦人議員が参加されていて、沖婦連役員との懇談会で、婦連はもっと売春防止法の立法に力をいれるべきだとの話し合いがなされました。ちょうどその年の12月に婦人週間なるものがあり、そこで青少年の健全育成の立場から売春問題がとりあげられました。けれども、それは残念なことに売春防止法を制定させようという動きまではいかなかった。

A　当時は、売春の問題も人権というより、もっぱら青少年の健全育成の立場から環境浄化運動としてとらえていました。

（中略）

B　正確には、1958年に沖婦連が大会決議しております。ついで62年に全琉の社会福祉大会で決議され、67年に当時の高等弁務官が立法院で売春防止法の早期立法を要請していますね。そういったことを背景として沖婦連、子どもを守る会、教職員会、PTA連合会、遺族会、キリスト教連盟といったような団体が動きだしたわけですよ。

女性運動のなかの乖離

司会者が、それだけの団体が運動を起こしながらも売春防止法の制定が遅れたのはどうしてかという質問をすると、次のようなやりとりが展開される。

A　いわゆる布令144号です。これは沖縄の女性が米軍人軍属を相手に売春をしてはいけないという布令です。違反した者には、かなり厳しい罰則が用意されていました。

C　民立法としては「婦女に売いんをさせる者等の処罰に関する立法」というのがわりと早い時期にできています。しかし、いずれも保護更生の道はひらかれていないですね。

そして、沖縄で売春女性の解放を目指す運動が後手にまわってきた理由として、沖縄の基地経済との関係が指摘される。売春が基地経済と直結し、それが沖縄経済の柱となっていたために、背に腹は代えられないという意識があり続けてきたのではないかということである。

C　（前略）婦女暴行事件が頻発することから良家の子女を守るという考え方が先行するわけですね。（中略）基地経済の中に組み込まれていたということです。1958年に沖婦連が「売春防止法に対し研究対策を早急に講じて欲しい」と要望したところ、すぐさま、じゃ基地経済はどうするんだという反論がでてきました。その時点では人権問題というより、むしろ経済をどうするんだということで、人間より経済が重視されていたわけです。

B　（前略）売春といっても管理売春のみに限定して考えていなかった。いわゆる管理売春は人権の問題であり、人権が犯されているから、それから解放しようということであれば、住民にもアピールしたと思うし、又、現在沖縄の6000軒といわれるバー・キャバレー等の業態ではほとんどといっていいぐらい単純売春が行なわれている。沖縄の基地経済の70％を占めるというこの第三次産業の火を消してしまうことは、沖縄の経済に大打撃ですからして、だれも手をつけることができなかった。政府も無関心をよそおっていたのは、そこに原因があったように思います。

「人間より経済が重視されていた」という指摘は、沖縄の戦後史への深い問いかけと言えるだろう。その後、売春で生計を立てている女性を「更生」させるためには、啓発運動のほかにも、婦人相談所や保護施設などの充実が必要であるということが話し合われている。

この座談会からは、女性の人権が尊重されるための意識変革と、一方で生存権を成り立たせる経済的基盤の保障との間で、沖婦連の運動が揺れながら活発化し、継続してきたことがよくわかる。社会啓発や社会福祉の観点から、売春女性の「更生」をサポートする動きは、途切れることなく続けられてきた。二〇一〇年前後の真栄原新町や吉原の「浄化」も、そうした運動と地続きである面があるとは言えるだろう。だが、島マスらの運動が、あくまで売春女性の生身に寄り添うことから始まっていたことと、「浄化」運動を牽引した渡嘉敷議員の「宜野湾市の恥部」という発言には、本質的な乖離（かいり）があるように私には思えるのである。

「浄化」運動を担った女性団体の「熱意」

二〇一〇年八月二〇日に嘉数中学の体育館で開かれた「通称『真栄原新町』環境浄化市民総決起大会」の要綱には次のように書かれていた。

《全国的にも知れわたった歓楽街、通称「真栄原新町」は、住宅地の中にあり、付近には、小学校、中学校も立地し、市民の生活圏内になっている。

また、同歓楽街は、早朝や深夜に至るまで、頻繁に観光客を含む買春客や酔っぱらい、物見客等が車や徒歩で往来しており、付近住民の生活環境や児童生徒の健全育成に多大な悪影響を及ぼしている。

さらに、スナック営業等を隠れ蓑（かくみの）にした違法な売買春が行われ、女性が性暴力の被害者となっている。他方では暴力団が介在し資金源になっている可能性が高く、地域環境が憂慮される事態となっている。このような中、平穏な市民生活を取り戻すため、市民総ぐるみで通称「真栄原新町」環境浄化市民総決起大会を開催する》

実行委員会には、宜野湾市長・伊波洋一（当時）や市議会議長、宜野湾警察署長、そして自治会会長、宜野湾市女性団体連絡協議会会長など、そうそうたる立場の人々が名前を連ねている。参加協力団体も、防犯協会や福祉協議会から労働組合までずらりと網羅され、なんとしても真栄原新町をつぶしたいという社会全体の意志が強く伝わってくる。

総決起大会は午後六時から始められ、各団体の挨拶が続いたあと、「私たち宜野湾市民は、通称『真栄原新町』の劣悪な環境から女性の人権を守るとともに、青少年の健全育成を図るため、市民総ぐるみで環境浄化の実現と住みよい明るい宜野湾市をめざすことを決意し、ここに宣言する。青少年を犯罪や暴力団から守ろう。売買春を根絶しよう。女性の人権を守ろう。法律に基づいた健全な風俗環境をつくろう。安全で安心なまちづくりを推進しよう」という大会決意宣言が採択された。

そして、街が賑わい出す午後八時すぎになると、参加者たちは真栄原新町の中を練り歩いた。この日の様子は何人もの真栄原新町の女性たちから聞いたが、女性団体や警察官らが大挙して押し寄せた「デモ行進」は、異様な熱気をはらんでいたという。店側は照明を消し、かたく扉を閉ざして、デモ行進をやりすごした。行進が終わったことを確認してから、店はまた灯りをつけたそうだ。

環境浄化市民総決起大会を契機に運動は大きく動き出した。前述のように、パトロール隊は風俗店への立ち入り調査や、「売春は犯罪です」と書いたビラを配るなど、男性客が入りにくい環境づくりを進めた。警察は売春事実の確認や経営者を特定するなど内偵捜査に着手した。こうした真栄原新町を壊滅させる運動の原動力として大きな役割を担ったのは、女性団体である。このことは、各方面に取材をしても、メディアの報道を読み込んでも確かだと思われるのだが、その主張、その真意が充分には伝えられていない。私は改めて彼女たちの言い分を直接聞く必要があると思った。

「女性として、売春することは許せない」

私は、宜野湾市役所のなかに運動の推進力となった宜野湾市女性団体連絡協議会（女団協）の事務所があることを知り、事前のアポイントを取らずに訪問した。午後の遅い時間帯だった。

事務所の入り口で来訪の意を告げると、副会長（当時）の与那城米子がいて、笑顔で迎え入れてくれた。彼女は「八・二〇」の要綱には市婦人連合会会長の肩書で名を連ねている。「浄化」運動の中心人物の一人と言っていいだろう。

事務所の中を見回すと、四〇〜五〇代と思われる女性が数人いて、チラシを封筒に入れるなどの作業をしていて、和気あいあいとした雰囲気だった。スチール棚には、米軍基地の県外移設を求めるメッセージを書いたウチワがある。政党色はなさそうだが、あえて言えば、沖縄では「革新陣営」にカテゴライズされるグループということになるのだろう。

事務所内は忙しそうな様子だったので、私はすぐにインタビューに入らせてもらった。与那城はいきなり押しかけたにもかかわらず、きちんと応対してくれた。作業机の一角で私たちは向き合った。

「運動が盛り上がったのは一昨年（二〇〇九年）から去年にかけてですが、私たちは五〜六年も前からこの運動を始めていたんです。真栄原新町は小学校の通学路でもあるから教育上良くないし、年に二〜三回、ビラを店に投げ込んでいました。それが警察や行政のバックアップを得たんです。四〜五年前は私たちが新町の中に集まると、暴力団みたいな人たちが店に連絡していました」

——そんなピリピリした空気の中で始められたのですね。そもそも運動を立ち上げたきつかけは何だったのですか？

「昔のことなのでよくわかりませんが、宜野湾の教育行政にいる人が那覇空港からタクシーに乗ったら、酔っぱらっていたので居眠りしてしまい、気がついたら新町で降ろされたというんです。宜野湾市まで、と言ったら新町で降ろされた。ニュースにはなりませんでしたが、それが地元で話題になって、女団協のところに、同じ女性でありながら、こういう商売を見逃していていいのかという抗議の電話が何本も入ったというのです。その声が地域に広がり、何とかしようと立ち上がったんです」

——始まりは偶発的な出来事からだったんですね。先ほど店にビラを投げ入れたとおっしゃいましたが、どんなことを書いたビラだったんですか？

「女性は女性の体を守りましょう、体を大事にしようと書いたビラや扇子を投げ入れました。扇子なら捨てられないかなと思ったからです。暴力団に売られてきた女性もいましたが、女性として、売春することは許せないと思ったんです。女の武器を利用してやっているのは、私は一人の女として許せないし、それを弄んでいる男も許せません」

——でも、働いている女性たちからは、余計なお世話だと言われませんでしたか？

「当事者からの反応が私たちのところに聞こえてこないのが残念でした。こういう理由で体を売っているんですよという理由があれば、相談してほしかった。助けてほしいという声が聞こえなかったんです。売春以外に別の仕事もある。若い子たちも欲しいものがあるからという理由で、売春をやってほしくない。もっと別の仕事をさがしてほしい。長年やっている人には生活保護や職業訓練等を紹介したい。私たちの運動によってこういう仕事はダメなんだと目覚めてほしいんです」

与那城の意見は極めて率直だった。売春については反対論も賛成論もある。売春防止法を変えて、買った側も罰する両罰制にすべきだという主張もあれば、セックスワークの「非犯罪化」を訴えながら、働く当事者たちが労働環境を改善していく運動もある。私は与那城の意見は今の社会の大勢を占める意見かも知れないとも思ったが、女の武器を利用しているのが許せないという言い方を聞くと、かつての女性団体が持っていた「救済志向」ではなく、売春に携わる女性を敵視しているような印象すらうかがえた。

私は自分が挑発的になっているなと思いながらも、「たいへん失礼な質問ですが」と前置きした上で、「成人式や卒業式の日には新町が賑わったようです。もし息子さんがそこに行かれたとしたら、どうお考えになりますか」と訊いた。

「そりゃあ、怒ります。でも、そういうところがあるから若い人たちが行くんです。なければ、行かないんです」

与那城を不機嫌にさせてしまったことは、空気を読むのが苦手な私でもわかった。一時間ほどでインタビューを切り上げて事務所を出たが、「女性として、売春することは許せない」という言葉がアタマのなかで響き続けた。同時に、今までに会ってきた売春女性たちの表情が、私の眼裏(まなうら)に次々にクローズアップされた。与那城は、どうして、許せないと言うのだろうか？　それは侮蔑なのか。人生観の押しつけなのか。真っ当な生き方へと救済したいと思っているのか。私にはよくわからなかった。まったく別の、人間が生きるうえでの価値観が、同じ沖縄の女性の間で水と油のように溶け合うことなく存在しているような印象があった。

伊波洋一宜野湾市長の「浄化」の論理

市民総決起大会の委員長を務めたのは、当時の宜野湾市長の伊波洋一だった。二〇一〇年の知事選では米軍基地を国外移設すると主張し、現職だった仲井眞弘多(なかいまひろかず)に三万八六二六票差で破れた伊波は、宜野湾市役所の脇に事務所を構えていた。

取材の意図をあらかじめファックスで伝え、連絡を取ると彼は快諾してくれた。指定された時間に事務所に出向くと、意気揚々とした表情の伊波が一人で出迎えてくれる。沖縄を代表する革新派の政治家は、何でも訊いてくれてかまわないという気さくな態度を終始変えることがなかった。

「伊波さんは『浄化運動』の音頭をとられて、任期中の三年目くらいに力を入れられましたよね。どうしてそういうことに尽力されたのかをうかがいたいのです」と私が切り出すと、彼は澱みなく持論を展開し始めた。

「新町のことは以前から問題としてあったんです。二〇〇三年の宜野湾市長選のときも、真栄原新町をどうするかということが、相手候補からもインターネット上のサイトとかメールとか手紙とかでも質問されるような、そういう課題でした。私が当選して実際に市政を担当してみて、日本国内ではほとんどなくなっている、ああいう旧赤線地帯のようなあり方はどうかと思うようになった。僕はあまり具体的には知らなかったんだけれどね」

——伊波さんは御出身が真栄原新町に隣接する嘉数という町ですよね？

「そうです。ですから、もちろん新町のことは小さい頃から知ってはいました。あそこに鍾乳洞があって、よく遊びにも行きましたし、米軍時代の頃、料亭があった頃、それから今の観光客が来るようになった時代、みな知っています。新町には変遷があるんですよ。戦後、近くに米軍のキャンプがあって米軍相手の施設ができた。その後、復帰前には付近の基地がなくなったものだから、今度は沖縄人相手の料亭みたいなものがつくられて、割と年配の人たちが行くようになる。

その後だんだん廃れていくわけですが、沖縄が日本に復帰すると、観光客が来るようになった。そして、日本の観光客相手のお店として成り立つようになって、私が就任した頃には一〇〇を超える店が営業していました。店の形式が全部一緒のような感じで、飲み屋として営業許可は取っているのだけれど、そこに女の子たちが自分を見せるように座って、客引きしていた。私は夜に行っているわけじゃないから詳しくはわからないのですが、昼間は寂れたところです。あの周辺は選挙戦で回ったりもしましたから、知ってはいます」

饒舌(じょうぜつ)だった。新町をなくすという明確な意志は市長に就任してから生じたものだということが、まずわかった。一九五二年に嘉数で生まれ、普天間高校から琉球大学に進み、一九七四年に宜野湾市役所に入った彼は、真栄原新町の盛衰を間近で見聞きしていたはずだった。

「新町はなくさなきゃいかんとは思っていました。それは違法だからです。実際に警察で検挙した事例では、女の子を監禁に近い状態に置いて売春させていたケースもありました」

私が初めて真栄原新町に入ったとき、かつて西ドイツで見た「飾り窓」を思い出したことを告げると、伊波は笑いながら、「『窓』と言うよりも、もっと開けっぴろげでね」と返した。

「宜野湾市民にとっては、これから普天間基地の土地を返還され、再開発していこうとしているのに、この問題が解決されていないという意識がどこかにあったと思います。それは選挙戦を通しても私のところに届いていました。市長選の公約として新町をなくすことは出していないと思うけど、二回目の市長選のときは課題としてあったと思う。新町問題は市民全体の課題として意識されたわけではなかったけれど、それを課題として考える人たちがいた。それは、その時点では男性たちでした。普天間基地返還後の新しい街づくりは、新町問題を解決しないではできないだろう、と。返還後の跡地利用にウェイトを置いて選挙をやってきたこともありました。

私の最初の県議選挙は一九九六年なんだけれど、県議時代は新町の問題にはあまり取り組んだことはなかった。でも、二〇〇三年の市長選挙の時に、普天間基地の跡地利用の具体的な計画を提起しなければならなくなり、新しい街づくりを考える時に、恥部的な新町をどうするんだということを、市民や相手候補はやはり私にぶつけてくる。そういうことが重なって、やはりこれは解決しなきゃいけないという構えになっていきました」

防犯パトロールに胸をはだける女の子

伊波の口からもやはり「恥部」という言葉が出た。

反基地運動のシンボルとしてメディアに出ることが多い伊波は、返還が決まっていた普天間基地の跡地利用を構想するなかで、真栄原新町をなくすことを考え始める。私は、基地返還後の土地整備を担当する宜野湾市役所の部署で、これまで何度も更新されてきた、普天間基地跡地利用の青写真を年代順に見せてもらったことがあるが、普天間基地跡地を縦横に走る道路をつくり、それを国道五八号線や国道三三〇号線といった沖縄の大動脈と接続するプランが記されてあった。その未来の幹線道路に、新町はひっかかっていたのである。基地返還後の予想図のなかで、新町はすでに消えていた。

「沖縄縦貫道路というのを普天間飛行場の跡地利用として設定していて、やはり新町エリアを整備する必要があると思っていました。新町は面積が小さい。だからそんなに大きなコストはかからないんだけれど、やはり公的な工事絵を通して地主の理解や権利者の理解が得られる面もあると考えていたのです。普天間基地返還後の跡地利用計画は着々と作られていて、今は最後のまとめの段階なんですが、でも普天間返還のほうが遅れていて、新町撲滅運動が先になっていった。

　宜野湾市を新しい街にしていかなければならない。那覇の新都心のようになるわけです。そのすぐそこに新町のような街がそのままあっていいのかということになります。新町を追放する運動を始める前に男女共同参画社会の実現への取り組み、女性問題を啓発する取り組みがスタートしていました。その潮流は、私が市長になって二期目の頃に、割と浸透していきました。宜野湾市は、男女共同参画都市宣言も二〇一〇年の一月にやりました。その意味では宜野湾市は、女性の声が通りやすくなっている。市の行事も女性が中心的にやっているし、去年の市議選でも三名の女性が当選しました。

　そういう状況下で新町の撲滅運動を起こして、二〇〇九年に地域の嘉数中学校で総決起大会をやった。それ以降は防犯対策安全パトロール活動を積極的に続けていったのですが、警察署長や僕も新町を回りました。僕はショックを受けました。僕らがぞろぞろといかにも防犯目的で来ているのに、新町の女の子たちのなかにはわざと胸をアピールして来る子もいた」

――パトロールをしている人たちに対してですか?

「人が来たらお客さんと思い、とにかくそうするんでしょうね」

――パトロールが来たらドアを閉めるとか隠れるとかすると思うのですが、それは驚きですね。女の子たちはパトロールだとはわからなかったんですかね? 制服警官もいたと思いますが。

「警察も苦笑いしてました。経営者が出て来て慌てて隠してましたけれど。女の子たちは防犯パトロールだということはわかっていたと思います。パトロールされても自分たちに害があるとは思ってなかったんじゃないかな。が、夜パトロールしてみて、あんなふうに女の子が自分たちにアピールするとは思わなかった」

――女性たちは防犯パトロールをからかったのでは?

「いや、感覚的に人が来ればお客さんと思ったんでしょう。警察の手入れも当時はそれほどは頻繁にはやってなかったと思います。私は代々の宜野湾警察署長には新町をどうにかしてくれと言ってきました。警察は売買春の捜査をして毎回何店かは挙げていたんですが、検挙したら今度はまた違う人が店を経営するということが続いていた。店も百何十軒もあるわけだから、一〇軒ばかりつぶしても、すぐまた埋まるから、変わらんわけね。暴力団の抗争事件とかもあったし、このままじゃいけないと警察も思ったんでしょう。

総決起大会後に四〇〇人ぐらいの参加者が、デモをしながら新町へのパトロールをしました。そしたらデモに参加した女性の皆さんもショックを受けておられる。日ごろ、ああいう光景は見ることもないでしょう。そこから、女性団体協議会を中心として、パトロールをすることになっていく。宜野湾署もそれを本気でサポートすることになっていった。僕ももっと抜本的な対策はできないのかとずっと言ってきました。

神奈川県の黄金町の事例をサンプルにやっていこうということになった。女性たちに押されて、パトロールは月一回が二回になり、また別の団体のパトロールも入れるようになり、毎日のように警邏（けいら）が何十人も入るようになっていったんです」

最後まで、伊波は私の質問に対して嫌がるそぶりを見せずに答えてくれた。伊波の意見は市長としてしごく真っ当なのであろう。私は始終頷（うなず）いて聞いていたが、防犯パトロールに対して胸をはだけてアピールしたという新町の女性の姿が、妙に心に食い込んだ。伊波は否定したが、それは彼女たちのからかい、いや抵抗の意思表示だったような気がしてならない。

再び夜の街へ

伊波の意見を聞いた後に、私はある特飲街に向かった。当て処なく歩いていると、腕を引かれ、そのままスナックのカウンターに座った。腕を引いたのは五〇歳ぐらいの女性だ。一人でカラオケをがなっていると、別の女性が店に入ってきて、私の隣に座った。歳の頃は三〇代前半。細身の女性で、浅黒い肌に真っ赤な口紅、ノースリーブのシースルーシャツ、黒いスパッツが似合っている。夜に映える色香が感じられた。

「一杯いただいていいですか?」

彼女にビールをせがまれた。彼女が何者か、私は知っている。夜の那覇の特飲街では、女性が一人、時に二人組でスナックを渡り歩き、客にビールをせがむ光景に出くわすことがある。彼女は客を誘っているのだ。声をかけられた側が浮かれて世間話をしていると、外に出ないかと誘われる。それが合図だ。彼女たちはたいがいどこかのデートクラブ店に所属しているが、客がつかない夜はお茶を挽く時間を惜しんで「フリー」となって、自分たちから街に出るのである。

せがまれるままに、私はビールを奢った。五分も経たないうちに、いっしょに外に出ませんかと誘われ、値段を提示された。私はやんわりと断り、自分の名刺と、雑誌に書いた記事を渡すと、意外なことに彼女はその場で読み入り始めた。

吉原新町と真栄原新町の両方で、一〇年近く働いてきたそうだ。中部の出身で、二〇歳そこそこで結婚したが、やがて離婚した。子どもを抱えたシングルマザーである。子どもは二四時間開いている託児所に預けているらしい。離婚の理由は、「夫が働かないから」。借金もある。実家や親類には頼りたくなくて、自力で子育てをしたいという。こういう女性のこういう話は、沖縄の夜の街にはいくつも転がっている。

彼女の服の隙間から、背中に見事なタトゥーが彫り込まれているのが見えた。腰にまで彫ってあるそうだ。天使の絵柄だと教えてくれた。

「タトゥーを見て、勃たなくなる客もいるんですよ。だから最初から刺青入ってますけどいいですかって訊くことにしてます」

彼女はそう言って笑みを浮かべ、大きく吸い込んだ煙草の煙を吐き出した。

作家・沖山真知子の記憶

終章

「売春婦」を描いて戦後の沖縄を表現する

沖縄在住の作家・沖山真知子(おきやままちこ)に会ってみたいと思ったのは、彼女の著作『底辺の女たち—基地の街に生きる』(ひろ編集工房)を読んだからだ。沖縄でもおそらく知る人はごく一握りだけで、無名に近い書き手と言っていいだろう。

自費出版でその本が刊行されたのは二〇〇一年五月。出版直後に『琉球新報』二〇〇一年七月一六日付朝刊で紹介されている。この本の成り立ちがよく分かるので、そのまま引用する。

《「売春婦」の生活を描くことで赤裸々に戦後の沖縄を表現した女性がいる。伊良部(いらぶ)町(ちょう)に住む沖山真知子さん(五六)=本名・新里よし子。高校時代に住んだ旧コザ市(現沖縄市)での〝パンパン〟と呼ばれた売春婦との交流を振り返り、このほど『底辺の女たち~基地の街に生きる』を自費出版。売れ行きは好調で、地域で反響を呼んでいる。

沖山さんが出版に取り掛かったのは、「女性の目を通して見た基地の街コザを知ってもらい、戦争、基地を考えてほしかった」から。米軍基地そのものの善しあしについては追及していないが「戦争によってすべてを失った女性たちがどのように生きてきたのか、だれも書かなかった沖縄を描いた」と話す。

作品は三十年ほど前に書き始めた。しかし性の生々しい描写に抵抗を感じ、長期中断。「やっとこの年齢になり、落ち着いて思い出せるようになった」と今年に入って本格的に取り組んだ。

当時、市役所に提出する文書作成や手紙の代筆などを通して「売春婦と仲良くなった」という沖山さん。女性たちは「暗くじめじめした性格ではなく、家族の柱という気概を持っていた」と振り返る。

作品の冒頭で「体はアメリカに売ってもサ、心だけはウチナーンチュでいたい」と酒を飲み、泣く女性の姿を描いている。沖山さんは「死んだ人も生き残った人も、戦争はその時生きたすべての人を支配している」と語る》

本は小説ともノンフィクションとも銘打っていないが、本人曰(いわ)く「高校時代の日記」を登場人物を仮名にして書き直したものだという。「沖山真知子」は筆名だが、私は版元のひろ編集工房の編集者、宮城宏光(みやぎひろみつ)を通じて連絡を取り、彼女が暮らす伊良部島を訪ねた。沖山は看護学校や短大を中退してから役場に勤めてきた。統合失調症を患って壮絶な闘病も経験しており、寛解したあと、故郷の伊良部島に戻ったという。私が伊良部島へ向かったのは二〇一二年の夏のことである。

私は那覇から宮古島へ飛び、そこから宮古フェリーで伊良部島へと渡った。その後、フェリーの伊良部航路は廃止になっている。

沖山はフェリー乗り場で軽自動車を停めて、私を待っていてくれた。挨拶もそこそこに彼女は私を助手席に乗せ、伊良部島の海辺をスロースピードで走った。そして西側に橋でつながる下地島（しもじじま）に渡った。民間旅客機が離着陸訓練を行っている下地島空港のフェンス脇で、コバルトブルーの海を眺めながら、私は初めて自己紹介をした。旅客機のエンジン音がうなりを上げ、私たちの会話は何度もかき消された。

口減らしで、伊良部島からコザの高校へ

『底辺の女たち』の舞台となる一九五〇年代末の「コザ」は、既述したように、現在の沖縄市である。一帯は農地や野原であり、越来村という地名だった。上陸してきた米軍がこの一帯に野戦病院や物資集積所などを建設して「キャンプ・コザ」と呼び、越来村には難民収容所が開設された。収容所ができたことと基地の建設にともなって人口が増え、一時的に胡差市となった。いったん越来村に戻ったが、越来村をコザ村と改称、一九五六年にコザ市となった。復帰後の七四年に隣の美里村と合併して沖縄市となったが、いまも「コザ」という名称は、「コザ・ミュージックタウン」や「コザ十字路」など公

的施設や交差点名でも使用され、若い世代でも「沖縄市」より「コザ」のほうが通りがいい。街の様相は激変したが、名称だけは定着しているのだ。

沖山はインタビュー場所として知人の家を借りておいてくれた。普段は使っていないらしい。家の中に入ると沖山は、居間や台所の窓や縁側のアルミサッシを開け放ち、扇風機を二台まわしてムッとした空気を追い出した。座卓の上に置いた、私の雑誌記事のコピーが扇風機の風にあおられてバラけ、畳の上に落ちた。

――『底辺の女たち』は、登場人物は仮名で表記されていて、一見すると小説のようにも感じますが、実話というか、沖山さん自身の経験をお書きになったものなんですか？

「あの本に書いたことは、私の高校時代の話です。こまめに日記をつけていたんです。名前は仮名にしたり、登場人物の職業なども変えていますが、フィクションではなくノンフィクションと言っていいと思います。私は一九四四年九月に伊良部島で生まれました。高校二年のとき、宮古島の高校から転校生としてコザにきて、県立コザ高校に編入しました。そうそう、『オキナワの少年』で芥川賞を取った東峰夫さんもコザ高校なんですよ。私の兄の一人がコザの照屋黒人街で散髪屋をやっていて、わりと儲かっていました。当時は照屋は黒人兵相手の歓楽街として賑わっていた。貧しかった伊良部島では子どもを高校に行かすのはたいへんなことでした。私がコザの兄のところに行ったのも、経済的な理由からです」

――言い方は悪いけれど、口減らし的な。

「そうです。私をふくめて兄、弟、妹の四人兄弟で、家が苦しかったので私が見かねて、食い扶持(ぶち)を減らすために島を飛び出したという感じでした。都会に行けばアルバイトもあるだろうと思って飛び出したんです。照屋にいた兄は一一歳年上で、店では人もつかっていました」

ベトナムへ出撃する米兵であふれる街

――沖山さんが思春期を送られたのは、一九五〇年代の終わりぐらいからですよね。六〇年代に入ると、ベトナム戦争の出撃基地として嘉手納空軍基地を抱えるコザは特需状態になり、軍作業員や米兵相手の商売が儲かるようになる。照屋は黒人米兵だけが集まる歓楽街で、白人米兵は嘉手納基地に近い街で遊んでいたそうですね。

「白人と黒人の遊び場所は、はっきりと分かれていました。というより、対立していましたね」

――当時はレイプをはじめとした米兵の犯罪が頻発していたと思いますが、歓楽街で働く沖縄の人たちにとって、米兵はどんな存在だったのでしょうか?

「コザのあちこちの歓楽街は、米兵の暴力から女や子どもを守るためにつくられたと聞いていました。私がコザに移住したときは、すでにそういう街ができ上がっていて、米兵で賑わっていました。米兵のレイプはそれほどひどかったのです。私にとっても米兵は恐怖でした。照屋に住んでいたので黒人兵を見ると恐ろしくなって、近くにある店に逃げ込んで、兵士が通りすぎるのを待ちました。酔っぱらった米兵同士が殴り合っているのもよく目にしましたが、怖い光景だと思いつつも、彼らも同じ人間なんだと自分に言いきかせようとしました。照屋黒人街では白人が来たら殴り殺せという雰囲気でしたし、オンナを買う店も黒人と白人は別々でした。

ただ、ベトナム帰還兵や、これから出撃する兵士たちが落とすおカネは凄かった。まさしくドル札が飛び交っていました。コザのおばあさんたちはしたたかでね、八五〜八六歳のおばあが英語で煙草の売り買いを、自分の都合のいい値段でしてましたよ」

――たくましい生活力ですね。

「私はコザ高校に編入したのですが、兄と兄のお嫁さんと同居していました。弟もコザで税務署の職員として就職していて、最初は兄弟だけでコザに来たのですが、そのうち親戚みんながコザに来た。

コザ高校の図書館で授業後も勉強して、夜の八時ぐらいに帰宅していました。すると街には米兵がたくさんいるんです。とくにペイ・デイには黒人の米兵であふれていましたね」

――コザには仕事があって、住民人口も急増していきます。一九四〇年には八〇〇〇人ぐらいだったコザの人口は、一九六五年には五万五〇〇〇人以上に膨れ上がっています。

「私は照屋黒人街で思春期を過ごしましたが、妹のほうはコザの白人街に住んで、アメリカ人と知り合って結婚し、アメリカに渡りました。私は照屋には三年ほど住んでいて、兄が宜野湾に家を買ったのでそちらに行ったりもしていましたが、やがて分裂病（統合失調症）になり、転地療養をしたほうがいいと言われて伊良部島に帰ってきたんです。快引きこもりも五年間体験しました。このため私は相当に人からバカにされたんです。この時方に向かうまで本当に大変でしたが、島に戻ってきたらすごく良くなりました。この時期の闘病記として、『窓辺に光を―精神病なんてこわくない』（那覇市身体障害者福祉協議会、一九九六年）と『陽炎（かげろう）ゆれて―精神病なんて恐くない』（ニライ社、一九九九年）という二冊の本を書きました。その後、『底辺の女たち』を書き上げたのです」

なぜ「売春婦」を書こうと思ったのか

「なぜ私がコザで売春をしていたお姉さんたちのことを記録しようと思ったかというと、彼女たちがあまりにも凄まじい生き方をしていたからです。『ひめゆり』は、従軍看護婦として大勢の少女が犠牲になったことで知られていますが、戦後、それとは時代も状況も違うけれど、戦争で親を亡くした年端もいかない少女たちが、どう生きたかを見つめたかった。

彼女たちは体を売るより以外なかったんです。体を張って、身をけずって生きているのを私は見てきましたから、これは記録して、社会に知らせなければと思ったんです。彼女たちは、戦争で両親や親戚を殺された戦争孤児である場合が多かった。ほとんどは家族を養うためにやっていましたから。パンパンの女性のなかに、戦争中に戦車から発射された砲弾の爆裂音で耳が聞こえなくなった人がいました。頼る人のいない彼女にできることは、やはり体を売ることだけだったんです」

——私が今、「浄化」された沖縄の売春街の戦後史を書いているのも、そこで生きてきた人たちのことを少しでも記録しておきたいと思うからです。私は沖山さんのように、直接彼女たちを知っているわけではなく、一人の取材者にすぎませんが、彼女たちのことを知れば知るほど、今まで歴史のなかに位置づけられたことのない彼女たちを沖縄の戦中戦後史のなかで描いてみたいという気持ちがふくらんできました。

当時、高校生だった沖山さんから見て、コザで売春をしていた女性には年上の方だけでなく、年下の女性もいたんですよね？

「売春をしている女性には、中学生にも満たない子どももいましたし、母娘ともに売春をしているケース、姉妹でやっている場合もありました。売春婦がいる飲み屋などの『パンパン屋』で女性が間に合わないと、経営者は自分の娘を提供することもありました。沖縄には貞操観念が乏しいという人がいるかもしれませんが、生きるためにはそれしかなかったというのが現実で、家族を養いたいという強い愛を、私は彼女たちから感じていました。売春で得たカネを、おカネのない人にあげているようなものだったのです。

照屋は黒人米兵相手の売春街ですが、黒人が恐ろしくて失神しているお姉さんもいました。一日に何人も客を取るので、お姉さんたちは性器にオロナイン軟膏(なんこう)を塗っていたのを覚えています」

豚一頭分の肉を炊いて、客を取ったあとに食べていた

沖山はときどき座卓に肘をつきながら、語り続けた。ふっくらした体型で朴訥とした風貌なのだが、語調は時に怒りをぶつけるような、何かを強く訴えるような激しいものになる。

「彼女たちの食事はまるでブロイラーのようなものでした。豚一頭の肉を買ってきて、それを大きな鍋で昆布といっしょに常に炊いていました。鍋は一日中、用意してあって、お腹(なか)が減ったら各自が勝手にそれを食べるんです。客を取ったあとはお腹がすくみたい

で、彼女たちはよく食べました。『トットロー』というのは『知的障害』を指す、蔑視のこもった言い方ですが、彼女たちをそう呼ぶ人も多かった。学問もない、常識もない、ただ身体を持っているだけの女だから、食わせて、飲ませておけばいいだろう、と。売春の店の女将さんは、そんな認識でオーケーだと思っているふしもありました。

女性たちは前借金をカタにして売り買いされていました。そういう人身売買の仕事をしている人もわんさかいて、ヤクザというより、チンピラのような遊び人がやってましたね。でも彼らの内心を想像すると、沖縄の男たちは、沖縄の女性たちが体を売って、そのカネで生きてきたわけだから、本当は余計にアメリカが憎いという気持ちもあったのだと思います。沖縄の女たちを米兵にとられているわけですから」

『底辺の女たち』に、米兵との間に子どもをもうけた「ターミー姉」という女性が登場する。彼女は米兵相手に売春を続けるうちに、一人の黒人米兵に見そめられ、子どもをもうけた。そしてその黒人兵がベトナムから帰還したら結婚をするのだと沖山に嬉しそうに話す。その「ターミー姉」が売春するようになった経緯が、こう書かれている。

《田舎はM島の貧しい農家だという事であった。中学を出るか、出ないかの中から彼女は家ではりっぱな一人前の労働力として畑仕事に勢出していたという。田舎の事だし、家が狭い事もあって、彼女の田舎では、「トンカラ」と称して、女友達同志、一箇所の家に、夜は寝泊りする習慣があった。

　今でこそ、性犯罪と称して、警察の手入れも入るが、その頃はまるで（やられ損）とでも言おうか?、男が夜ばいに入ると、女は泣き寝入りするしかなかったのである。そういう事こそが、あの頃の男達の青春の証(あか)しだった。

「ワタシ、何人の男達に犯されたかしら……。数え上げたらキリがないわ。だって、無防備も何も、パンティーを買うお金さえなかったし、あの頃の若い女達は、ワタシばっかりではないわ。ほとんどの女達が皆、田舎ではノーパンだった時代なのよ。」

しみじみ語っているとも思えたし、自嘲しているようにも私には思われた。また、悲しい過去とも聞こえるが、どことなく、彼女は話しながらなつかしがっている風にも感じられた。

「そんな、こんながあって、ワタシは田舎がとうとう嫌になって、沖縄本島へ飛び出して来てしまったのよ。フンッ、でもねえ……学校もロクに出てない田舎娘に、どういう仕事があって?……。やっとありついたのがパン助屋の女中なの……。そこのおかみねえ、ちゃーんと心得ていたのよ。給料は十八ドル、たったの十八ドルよ。朝から夜中まで、こき使われて、私、とうとうつかれちゃったの。そして囲(まわ)りを見れば、オ××コを売って優雅に暮らしているお姉ちゃん達がいるじゃないの……。私にだってできない事はないはずだわって、そう思ったのよ。そんな矢先に郷里の母が脳溢血(のういっけつ)で倒れて、入院してしまい、どうしても多額の金が要ると言うしサー、ワタシ、とうとうニッチもサッチも行かなくなってサー、それがとうとうこの道へ……って訳なのよ。」

彼女は一気にしゃべりまくった。そして、一息つくと、またもや……自嘲するように、片頰に笑みを浮かべて、傍らにあったコップの水をサッとつかむと、ゴクゴクと音を立てて飲みほし、ソファに座り直した》

彼女たちのことが大好きでした

「気位の高い人は『パンパンには近づくな』と言ってました。でも私は彼女たちから服をもらったりして、彼女たちのことが大好きでした。私はお姉さんたちに頼まれて、美里郵便局から彼女たちが家族に送金するための書留封筒の宛て名を書いたりしていたんです。ほとんど毎月、一〇〇ドルを送っていました。今だと五〇万ぐらいの値打ちでしょうか。そのおカネで、生活するだけでなく、家を建てた人も多いはずです。私はそういう女性たちといつも仲良しで、郵便局で宛て名を書くのを手伝うだけでなく、保健所の性病検査に一緒に付き添って、手続きを手伝ってあげたりもしました。

でも身体的にものすごく無理をしていたから、若くして亡くなった方も多いんです。むかしある家で、四〇代で亡くなった女性の位牌を見たことがあります。写真も置いてあって、若くてきれいな女性でした。亡くなった方の母親に当たる人は、位牌を見て、

『よく助けてもらったよー』と言ってました。彼女は命を削るようにして体を売って、母親や家族を助けていたんです」

——当時の売春の値段とかは覚えておられますか？　あるいはどういうふうに交渉をするのかとか。

「売春の値段は私にはわからなかったけれど、酔っぱらった米兵からはドルを取りたい放題でした。チップとか、紹介した人にも紹介料とかをもらっていましたから。ベトナム戦争の帰還兵や出撃する兵士は、もう、おカネをめちゃくちゃに使っていましたから、一晩に何十ドルも稼ぐというのもざらだったと思います」

『底辺の女たち』の冒頭に、コザ高校に編入してきて三ヵ月目の沖山がアルバイトを頼まれ、売春女性たちを保健所へと連れて行くシーンが描かれている。アルバイトを頼んだのは隣に住む売春店を切り盛りする「ハルおばさん」だ。

《そのアルバイトというのはパン助姉さん達を、四、五人連れて、コザ保健所へ性病の検査に行く事であった。

「こづかいたっぷり上げるからサー」

姉さん達はそういうし、ハルおばさんも決して根性の悪い人ではなかった。

「これ、お客さんから、もらったけど、あなたに似合うわよ。」と、店のなじみのお客からもらった、色とりどりの洋服をいくつもくれた。(中略)時々は米軍からの払い下げの「ララ品」と呼ばれる中古の服もあった。(中略)それらを私はとっかえ、引っかえ、着けたり脱いだりして外へ出た。

「今月、私のオ××コ、どうかな……。割と忙しかったし、それに新しいヒータイ(兵隊)達が入れかわり、立ちかわり、客として来たんだけど……。」

タマちゃん姉が、クチャ、クチャと、チューインガムをかみながら話していた。

「あんたもねえ？　私もよう……今はねベトナム戦争で大変でしょう？　新しいヒータイをどんどん入れないと、部隊はガラ空きになりそうなんですって……。ベトナムで一日、何千名戦死しているのか？　わからないそうよ。ゆんべのお客が言ってたわあー。俺達もいつ我が身か知れないから、せめて生きて沖縄にいられる間は騒ぎたいし、女ともやりまくりたいんだって……。」》

雑魚寝するような部屋で売春

沖山が懇意にしているという「刺身屋」から皿いっぱいの魚の刺身が届いた。私は魚の種類を沖山に聞いたが、「よくわからないんですよね」と笑った。歯ごたえのある白身の刺身をつつきながら、私たちはノンアルコールビールを飲んだ。

「Aサインバーでは、ドアを開けるとダンスフロアやバーのスペースがあって、米兵は気に入った女の子とダンスするんです。女の子には英語が通じないから、米兵はママと、身振り手振りで『この子がいい』と交渉する。店の奥に二〜三畳ぐらいの部屋があって、そこで売春をするんです。ママたちは女の子たちに『そろそろ、オメンコよ〜』と平気で言ってました。自分が寝起きする部屋を売春部屋として使っている人もいたし、タコ部屋みたいな感じの雑魚寝するような部屋で売春している人もいました。彼女たちに自分だけの部屋というのはなかったんです。

店のママたちはすこし学問があるというか、狡賢くて、勝手にオンナのほうから働きたいと言ってやって来たとか、人が連れてきたと言って、自分が売春させたとは言わない。『マーマー（ママ）、この子が道に迷っていたんだけど、どうします？』とか戯言を言って、斡旋業者は連れてくる。そうすると、その女の子が友だちを紹介し、どんどん集まってくるようになるんです」

沖山が語る時代は、沖縄ではまだ売春防止法は施行されていなかったが、米政府の布告等で米兵相手の「売春」行為や斡旋、場所の提供なども建て前としては禁止されていた。また、米兵が立ち入っていいという許可証である「Aサイン」証を取り上げられないために、業者たちは様々な抜け道を考えていた。私は、自分が調べた沖縄の売春街の歴史を頭に浮かべつつ、沖山にさらに尋ねた。

パンパンになって故郷に錦を飾る

――『底辺の女たち』は離島からコザに働きに出て、売春で生計を立てて、家族を養う女性たちの物語ですよね。当時の記録を調べても、離島や奄美から渡って来て風俗業につく女性が多かったようです。『底辺の女たち』の終わりのほうで、那覇市の波の上のラブホテルで、年配の元売春婦たちが働くシーンが印象的でした。

「ラブホテルなども八重山地方の離島出身者が多いんです。本島に近い久米島や、池間島からも来ていました。とくにコザで働いていたのは離島や奄美の女性が多かった。そういうネットワークのなかで、歳を取っても同じ業界で仕事をすることが多いんです」

――歳を取った女性はその後はどうなさる場合が多いんでしょうか？

「離島は台風が来ると食べ物が届かないし、基地のある街へ女が出稼ぎにいって一旗あげるという話は終戦直後からよく聞きました。伊良部島でも小学校を出て、他人の家の子守をして働いていた女性が、コザに出てキャバレーに勤め、そのうちにパンパンになって、故郷に錦を飾ったとまでは言わないにせよ、売春で大儲けして金持ちになったという話はよくありました。

ただ、おカネの魔力は怖いもので、あればあったで浪費したり、男に貢いでしまったりするとだめです。貯め込んで家や土地を買って、結婚もして、子どもも孫もできた人、あるいは売春で貯め込んだおカネを元手にしてアメリカから救援物資を横流ししてもらって、成功した人もいます。そういう女性は過去を語りませんが、実は大勢います」

——米兵と結婚したケースも多いと聞きます。当時は米兵や外国人との子どもができると「混血児」と言われて差別されたという話は、新聞などを見てもよくわかります。

「そうですね。照屋は黒人兵だけの街でしたから、とくに黒人兵士との子どもは差別を受けたようですね。コザで生まれ育った人に聞くと、照屋のオンナをアメリカに結婚相手として連れて帰ったケースも多く見聞きしました。アメリカでいい生活をしているという話も聞きましたが、もちろん向こうでうまくいかなくて、沖縄に帰ってきた人も多いです」

精神を病んで死んでしまった

——一度コザに出ると、故郷へ帰らない人のほうが多いんですか？

「コザへ出てくると、最初のうちはカフェや料亭などで女中をしているのですが、そのうちに『パンパン』になっていくケースが多くて、そのまま女中として売春はしなかった人は逆にまれだと思います。そういう人は故郷に帰ったりしますが、パンパンになった人は故郷には戻らずに、パンパン屋の世話係になったり、オーナーになった人もいます。いまさら故郷に帰れないと考えたんでしょう。那覇市内や他の特飲街で、おでん屋やスナックを始めたり、内地へ行ってしまうこともありました。やはり、故郷の島へは恥ずかしくて帰れないんです。狭い島だとすぐにバレてしまうから」

――生きるために売春することは仕方がない時代であっても、やはり売春に携わった女性たちは世間からは冷たい目で見られてしまうんですね。

「『シゲさん』というおばあちゃんがいて、数年前に九〇歳ぐらいで亡くなりました。伊良部島からコザに出て働いていた人です。体を売っておカネを稼いで、親のために家も建てたんです。ずっと本島にいたらしいのですが、歳を取ってから島に帰ってきたら、ちょっと認知症気味だったこともあるのでしょう、介護施設のヘルパーさんに、『コザでパンパンして、もうかったんだよーっ』とあっけらかんと言っていました。私がびっくりして『自分で言ってしまっていいの？』と訊くと、『どうせわかるから、いいよーっ』って言う。伊良部島から本島の基地のある街、とくにコザに出かけてパンパンをしている人は多かったんです。親が売春をして子どものために家を建てたケースもあります。家族のためにはなんでもやるというのは、凄まじい生き方だと私は思いました」

――沖山さんが知っている、彼女たちの「その後」の人生というのは、他にはどういうものがありますか？

「米軍基地によって生まれて発展したコザという街が、沖縄が一九七二年に日本に復帰すると、米兵も減り、売春していた女たちも歳を取ります。故郷の島に引き上げて、農業をしている人もいます。歳を取って貯金もして、タイミングよく売春をやめられた人は良いのですが、やめようにも、いつのまにか、セックスで稼ぐことしかできなくなってしまう人が多い。やめ時を逃してしまうんですね。あと、ほとんどの女性が前借金を抱えていましたから、たくさん稼いだ人は早く返せたけど、そうじゃないとずっとそれに縛られて、やめられなかったんです。

売春をやめたあと、ふつうに故郷に帰れればいいのですが、さきほど言ったように、現実にはそうもいかない。売春して稼いだカネを故郷の家族に送っていた側からすると、自分が歳を取って島に帰れば、今度は世話をしてくれるんじゃないかと思っていたのが、『ごくろうさん』とだけ言われて、あとは逆に差別的な目で見られてみじめな思いをした女性のことをたくさん聞きました。それで精神を病んで死んでしまったり」

「浄化」されて、いいとも悪いとも思いません

——それは辛いですね。戦後もコザに残り続けた「吉原」も、宜野湾市の真栄原新町も、官民一体となった「浄化運動」によってゴーストタウンになりました。『底辺の女たち』

でも、後半は「吉原編」として、あの街の女性たちのことを書いておられますね。

「コザでは、たとえば照屋で儲けて、コザの吉原に家を買って、復帰してから飲み屋でもやろうかという人が多かったです。飲み屋と言っても、自分の家の空き部屋を貸したりして、中で何をしてもいいよという感じでした。中で何をやっているかはわかりませんし、関知しません、と。実態は、売春のために部屋を借りている女性が多かったと思います」

――私もそういう店に入ったことがあります。女性たちが借りている部屋は売春をする部屋で、その隣が住人の居間になっていて、そこで老人が三線を弾いているのを見てびっくりしたことがあります。

「それはけっこう日常的にある風景なんです。吉原はあとでつくられた売春街ですが、照屋で四〇～五〇代で儲けて、吉原に家を建てた人が、いま八〇～九〇代になっても、そこに住み続けている。自分たちも売春の店をやってきた人たちだから、やはり間貸しをして売春させているのだと思います。もちろん、何をしているのかは知らない、というふうな構えで」

――いま街は、もうほとんどゴーストタウン化してしまっていますが、どう思いますか？

「『浄化』されて、いいとも、悪いとも思いません。そういう売春の街があったほうがいいとかないほうがいいとかも、考えたことがない。ただ、いつかこういう日が来るとは思っていました。沖縄が以前に比べていくらかは『平和』になったのかな、という思いはあります。私はそういう女性を子どもの頃からたくさん見てきたので、いつの頃かセックスに嫌悪感を抱くようになっていました。だけど、私は彼女たちが大好きでした。それは、生きる力です。学校の先生が『米軍から戦果をあげましょう』と言って、米軍から物資を盗むことを奨励した時代ですから。戦後を何としてでも生きのびるんだというバイタリティです。私はそれを書いておきたかったんです」

「生きてくために売春すること」

沖山は取り憑かれたように、四時間以上語り続けた。沖山の話を聞きながら、思い出すことがあった。私は、コザなどで一九六〇年頃から売春をしていた女性と間接的にコンタクトをとったことがある。沖山が著作で語った女性たちと同世代と言えるだろう。「間接的」というのは、つまり会ってはもらえなかったのだ。その女性と親しい、那覇市内のスナックで働く五〇代の女性を経由して、何度か取材を申し込んだのだが、かたくなに拒否され続けたのである。だが何度かその女性を介してアプローチをするうちに、彼女は自分史を短く書いて私に伝えてくれた。現在八七歳だという彼女の手書きのメモ書きには、こうあった。

「私はいわゆるコザのAサインバーで売春をしてました。家が貧しかったから、始めました。復帰後は吉原や真栄原新町など沖縄県内の特飲街を転々として、今ではある特飲街の中にあるアパートで一人暮らしをしてます。結婚したことはないが、子供は三名います。皆父親が違い、黒人兵一人と白人兵との男の子です。父親は皆お客さんです。最初に生まれたのは女の子で、長女だけは自分の仕事を知ってました。何度も店で下着姿のとこを見られたからです。親戚づき合いはありません。生きてくために売春することの何が悪いかと思ってました。いまは年金と子供たちからの仕送りで生活してます」

仲介者からこのメモ書きを見せられたとき、「生きてくために売春することの何が悪いか」という文字に、言葉に、私は絶句するしかなかった。

伊良部島でインタビューを行ってから数ヵ月経った頃、沖山から電話があった。私は東京にいた。聞けば、浦添市に引っ越したという。きょうだいの看病のためだと言っていた。では今度は那覇で会いましょうねと約束をし、それっきりになってしまった。

ところが二〇一四年に入ったばかりの頃、彼女が自殺したということを知らされた。沖山が心を許していた数少ない女性である、元『沖縄タイムス』記者の山城紀子（やましろのりこ）からだ。『〈女性記者〉の眼―やわらかな社会へ向けて―山城紀子新聞コラム集』（ボーダーインク、二〇〇四年）など、沖縄の医療や教育問題についての著作がある山城は、私の導き手になってくれた一人でもある。山城から沖山の訃報を聞いて、私は動揺した。

最初に沖山につないでくれた、沖山の著作を編集してきた宮城宏光にも確認すると、二〇一三年二月の出来事だったという。私がまた会って話を聞きたいと思っていた頃、彼女はすでにこの世にいなかったのだ。宮城は「藤井さんに知らせるか知らせまいか迷いました」と言った。沖山が死に至る詳しい事情は二人ともわかっていないようだった。

のちに、米兵と結婚してアメリカに渡っていた沖山の妹が夫を伴って沖縄に帰省したとき、自殺した前後の話を聞かせてもらった。きょうだいを看病するうちに、再び鬱が再発したとしか考えられなかった。亡くなった場所は伊良部島のアパートで、知人に発見されたときには息絶えていたという。

私は、作家・沖山真知子のまとまった言葉を聞き取った最後の一人なのかも知れない。私にできる鎮魂は、彼女が私に熱く語りかけてくれたことを、沖縄の戦後の貴重な証言として世に残すことくらいしかない。それは、戦後の沖縄で、自分と家族の生活のために売春をした女性たちの「生きる力」を書きのこそうとした彼女のことを、私なりの言葉で刻むということだ。

私は沖山真知子の著作を前に瞑目（めいもく）した。沖山の記憶に、沖縄のアンダーグラウンドを生きた膨大な数の女性たちの存在が重なって感じられた。

文庫版追補章

『Aサインデイズ』の記憶——生き抜く狡智とつかの間の共存

「オフ・リミッツ」と「Aサイン制度」の戦後史

戦後、米軍政府は衛生面への配慮からどのように沖縄の風俗・飲食店を取り締まってきたのか、当時の新聞記事を時系列に並べて読み込んでみたことがある。米軍政府は米軍関係者が民間地域に出入りすることを禁じる「オフ・リミッツ」を連発したすえ、一九五三年には営業許可制度「Aサイン制度」を立ち上げる。その後も各店舗を監視し続け、一方、沖縄側の店や働く人たちはそれに相対して、したたかに応じてきた。この両者の軌跡には、戦後の沖縄の一つの側面が照らし出されているように思う。沖縄の人々が米軍統治の下で翻弄されつつも生き抜いてきた逞(たくま)しさや、ときにはあっけらかんとした明るさを感じることができるのである。

本章では、オフ・リミッツとAサイン制度に沖縄アンダーグラウンドがいかに向き合ってきたか、改めて通史として概観しておきたいと思う。オフ・リミッツは、米兵の性病感染を防止する目的で頻発されたのだが、米国の政策に対抗する沖縄の大衆運動を分断する目的があったことも既に述べた。これについても、もう一度、後で触れる。

一九五〇年、沖縄中部地域を対象にしてオフ・リミッツが発令されたころに時代を遡る。米兵向けの売春が沖縄各地で所かまわず行われている現状を見かねた米軍政府は、売春街を特定の地域に集めようと、大規模な特殊飲食店街をつくるように指示を出していた。米軍政府は米兵相手の売春を禁止していたので、特飲街は表向きは売春施設ではなかったのだが、実際にはほとんどの飲食店で売春が行われていた。米軍政府は一九五〇年、「花柳病取締」（一九四七年布告）を廃止して「性病取締」（米軍政府布令二一号）を公布するなど、米兵への性病罹患を防ごうとしていたのだが、その一方では売買春街をつくっていったのである。その矛盾した二面性こそが、売春をめぐって米軍と沖縄が共有する実態だった。

八重島特飲街という売買春街がコザにつくられるプロセス、それもアメリカと民政府、業者らが合作していく経緯についてはすでに触れた。八重島が建設されて特飲街がスタートするのは一九五〇年八月である。「ニュー・コザ」と呼び習わされた、当時最大の特飲街であった八重島も、ご多分に洩れず幾度もオフ・リミッツの対象となった。だが一度オフ・リミッツが解除されると、米兵たちは再び勢いづいて「公認」された八重島はもちろん、それ以外の売買春街にも繰り出すことになり、米軍政府はさらなる性病対策や衛生政策を打つ必要に迫られていく。

米軍政府は食品や医薬品の規制や、新たな保健所の設置などを次々と行ったが、那覇市をはじめとする地域住民の衛生状態は思うように向上しなかった。また、那覇の人口密集地域では、管理責任者が不在のままゴミの不法投棄が行われ、蠅や蚊が大量発生して日本B型脳炎が爆発的に蔓延、死者が続発する事態にも立ち至った。このような状況下では、売買春による米兵への感染症の拡大をくい止めることはできない。

米軍にとっては衛生対策が喫緊の課題だったのである。米兵の民間地域への立ち入りを禁止するオフ・リミッツが次々に発令されると、米兵を中心に商売をしている地域は経済的打撃を受けることになった。最も影響を受けたのは、米兵相手に売買春を半ば公然と行っていた八重島などの街であることは言うまでもない。オフ・リミッツという飲食・風俗店に対する強制力は、いまの私たちからすると、コロナ禍における「緊急事態宣言」を連想してしまうが、オフ・リミッツは地域住民のためではなく、あくまで米兵の健康と衛生、米軍の規律のために発令されていたのだ。

米兵の衛生管理が喫緊の課題だった

しかし、日本B型脳炎などへの衛生対策として打たれたオフ・リミッツの裏をかくようにして、売買春行為は沖縄各地で行われていた。『うるま新報』一九五一年八月一一日付「昼も稼ぐ夜の姫—追込み網でごっそり」という記事を紹介しよう。

《民政本部スキウス保安部長から警察本部に対し、〝泡瀬ビーチの密淫売一切取締りを実施せよ〟と電話があり、警察本部では直ちに非常呼集を行うと共に胡差、与那原、前原各署に連絡し、泡瀬ビーチ、北谷三叉路一帯、大謝名、城間各部落を急襲、売淫被疑者七十三名、媒合被疑者十一名を検挙した。（中略）なお今回のパンパンがりの目標とされた泡瀬海岸はナイスビーチと呼ばれ日本脳炎によりオフリミッツになったため胡差方面からパン助嬢出張、午前十時ごろから午後三時まで米兵たちと海水浴をし海岸の緑の木陰で又付近の沈没船々室で稼いでいるらしく、その一帯は百花繚乱……。同日時刻がおそかったためで割合少なかったと言われており、泡瀬某ガードはこの日一斉検挙につき〝午後二時ごろ取締りをやれば二百名は検挙できる〟と語ったという》

売春を稼業としていた女性たちが、オフ・リミッツ発令下のコザから泡瀬海岸に出張し、そこで米兵を相手にしているところを一斉に検挙された様子が報じられている。戦後のカストリ雑誌に掲載された風俗小説のような、どこかコミカルな筆致が印象的だ。脳炎封じ込めの対策が功を奏し、一九五一年八月には那覇市内の一部地域を除いてオフ・リミッツが解除された。八重島にも、解除と同時に待ってましたといわんばかりにまたしても米兵が大挙して乗り込み、大騒ぎしたという。解除されなかった各地域では行政が音頭を取ってさらに清掃に力を入れた。特に那覇は、土地を奪われるなどしてなだれ込んだ地方の人々や、疎開や収容所から戻ってきた人々が、住むスペースをもとめてテント小屋のようなものを次々とつくり、そこがまた不衛生の源とされたため、さらに集中的に清掃活動が行われた。

八重島特飲街は、朝鮮戦争の勃発と同時期にスタートし、景気はどんどん上昇していった。沖縄はアメリカ軍の発進基地となり、嘉手納基地からはB29爆撃機が頻繁に離着陸する。米兵たちは、朝鮮半島で戦死するやもしれぬ恐怖を抱え、仲間の生死に直面する日常を沖縄で送ることになる。これから戦場に赴く兵士、命からがら帰還した傷病兵、戦死の恐怖におののく兵士たちが酒にひたり、女性たちを求めて特飲街に繰り出して行くようになる。こうした構図はその後のベトナム戦争終結まで、本質的には変わらず続いていくのである。

子供心にもタブー意識が働いていた

八重島で一九五二年に生まれ、特飲街の真っ只中(ただなか)で育った池田一仁は、『国策としての特飲街——八重島』という二部構成の小冊子を出して、自らの故郷を新たな視点で見つめ直した。いまは関西地方の都市で暮らす池田さんについて、私はその存在は知っていたのだが、連絡を取り合うことができたのは本書が刊行された後のことだった。今回、文庫版追補章のために、初めて話を聞くことができた。

池田さんは関西に住むようになってから再び八重島を訪れて当時の記憶をさぐり、上記の小冊子を限定一〇〇部で刊行した。この著書は、二〇二〇年に東京のカストリ出版から復刻されている。

戦後沖縄の特飲街では、奄美地方や宮古島などからやって来た女性たちが多く働いていたことは本書で繰り返し述べてきた。当時の裁判記録を調べると、そこに記されている売春女性は奄美や宮古出身者たちが多くを占めていて、その背景や当時の実態についても詳述してきた。

池田さんの両親も奄美の出身である。少年期の記憶を尋ねた。

「ネエネエ達から風船（コンドーム）をもらい、膨らませて遊んでいました。『あんた、子供にそんなものやってはだめでしょう』という別の女性の声が今でも耳に残っています。子供心にその声に気づいたことを隠して、コンドームを膨らませていました。とても大きく膨らむんですよ」

そう言って池田さんは、「藤井さんも膨らませてみては？」とおどけて見せる。

ロックミュージシャンの喜屋武幸雄の証言にも同じエピソードが登場した。避妊具が八重島の子どもたちの遊び道具になっていた記憶を聞いているうちに、不夜城の街の喧騒と、朝毎（あさごと）に漂っていた「祭りのあと」めいた重くけだるい空気が妙に生々しく伝わってくる。

池田さんの両親はAサインバーを経営していた。バーだけではなく、売買春業も営んでいたことを子どもの頃から池田さんは理解していた。実の家族と、売春を生業としている女性たちと、共同生活のような暮らしをしていたのである。

——そうすると、大家族みたいな暮らしだったと思うのですが、当時の家の雰囲気とか、どんな感じでしたか？

「食事は賄い(まかな)の叔母さんが用意してくれました。ネエネエ全員と、といっても四、五名ですが、そして母親と一緒に、僕は上座に座って食事をいただいていました。父と食事をした記憶はありません。夜になると父は僕を連れて、どこか別の家の麻雀をする所によく行きました。そこで眠くなるまで麻雀牌で遊んでいました。たいがいは見知らぬネエネエが相手をしてくれていました」

——ご自身の家のつくりを覚えていますか。

「玄関を入って右にカマド、左に上がり框(がまち)、靴を脱いで上がるとそこが食事場、左の奥に二部屋あり、そこへは一度も入った記憶がありません。右にはお店のカウンターの裏へ出られる扉があり、その横に二階へ上がる階段、二階には二間あって、そこが生活の場でした。その二間には、時に当時の八重島の経営者たちが集まってきた記憶があります」

——女性たちはどこで「仕事」をしていたのでしょうか。

「はっきりとは知りません。皆で食事をした部屋の左奥に二部屋あり、そこに女性が寝起きをしていたことは覚えています。そこは子供心にも入ってはいけない場所と気を遣っていました。私が居住していたのは二階です」

――子供心にもタブー意識が働いていたのでしょうね。女性たちがどのような生活をしていたかはあまりご存知なかったわけですか。

「ええ、はっきりとは知りません。私の家にはお手伝いが二、三人いました。いずれも父と同じ奄美の方です。左奥の部屋にはその方たちも住んでいたのではと今になって思いますが、それも明確ではありません。お姉さんたちがどこで米兵を相手にしていたのかは知らないんです。ただ、一九五〇年代にはもうホテルがありましたから。八重島でホテルを経営されている方もいました」

「沖縄に行って商売しなさい」

私が複数の人たちに取材した経験からすると、女性が店で米兵や軍属と合意すると、店の奥の専用部屋に向かうか、店から少し離れたホテルに移動するケースが多かったと考えられる。

――歓楽街になる以前、八重島は八重島原と呼ばれるほど荒れ地だったそうですね。

「ええ、八重島に行く道は農道を広げたようなもので、雨の日にはすべってよく転んだという話を聞きました。基地のフェンス沿いは舗装されていませんし、歓楽街の周りには亀甲墓がたくさんあって、墓地のなかに歓楽街ができたと思うほどでした。亀甲墓の上で遊んだ記憶もあります」

——コンドームにお墓、子供は何でも遊びにしてしまいますね。

「幼い頃、灯火管制があると家の中の裸電球を黒い紙で覆っていました。照明弾が花火のように夜空に上がってきれいだなと思っていました。照明弾が落ちたところに行って、パラシュートを取ってくるんです。パラシュートは絹でできていますから、店のお姉さんや、私のお母さんが喜びました」

池田さんの両親は八重島で商売をしようと、一九四八年に奄美から沖縄に渡ってきた。池田さんが母親に、なぜ沖縄に来たのかを尋ねたところ、「おばあちゃんが、お金を出すから沖縄に行って商売しなさいって勧めたからよ」という返事だったという。

当時は米軍の強硬な物価操作などで奄美は経済的困窮に陥っており、一方、米軍基地特需で基地建設の仕事がたくさんあった沖縄に渡ろうという機運があったのではないかと池田さんは言う。

——現在は廃業してしまった店もありますが、沖縄観光のブランド的存在の飲食業が、どこも奄美出身者による創業だということを取材でよく聞いて、驚きでした。
「当時は沖縄と奄美を結ぶ定期連絡船はなかったですから、漁船か何かで渡ってきたと思います」

——沖縄では稼げるぞという情報は、どうやって伝わったのでしょうか。
「電話も郵便もなかったから、沖縄と奄美を行ったり来たりしている人の話が噂で広がっていったんでしょう。沖縄は儲かるぞって。奄美は沖縄に比べて極端に食べ物が不足していました」

——沖縄に「奄美コミュニティ」ができていたのかもしれませんね。
「私の家の二階の二間は、当時の八重島の経営者、おそらく奄美出身の方々の催しの場にもなっていたようです。その二間で開かれた、徳之島出身の横綱朝潮（三代）の優勝祝賀会の写真がありました。朝潮が父のお店に来た時のことを私は覚えていませんが、先輩たちはよく覚えているようです。その写真には徳之島出身の『チャーリータコス』『ニューヨークレストラン』『ジャッキーレストラン』の創業者や、その他の奄美出身の経営者が写っていました」

——オフ・リミッツの時のことは記憶にありますか。

「その時というのは、覚えてないですね。『オフ・リミッツになったら大変よ』という大人たちの言葉は覚えていますが」

――先ほどレストランの名前を挙げられましたが、取材してみると「和名」の店も多かったようですね。

「一九五二年に沖縄群島警察本部が発行した店舗名簿によると、九九軒中六六軒が、「喜楽」「春の家」「浅草亭」「大福亭」など、カタカナ名じゃないのです。米軍基地の建設作業員を客として取り込む目論見があったんじゃないかと思います」

女性たちは米兵たちの恋人代わり

――池田さんが八重島にいたのは小学校三年までだったそうですね。

「小学四年の新学期からは那覇市に移りました。小学三年頃の記憶ですが、父の運転する車で八重島と那覇を毎日のように往復していたので、両親は移る以前から那覇市の辻町にクラブをオープンしていたんだと思います。私自身は小学六年の二学期からは叔母の住む神戸に移り住みましたが、両親は那覇にいて復帰直前の一九七〇年までAサインのクラブを経営していました」

――那覇での女給さんたちの待遇やお店のお酒の値段などは記憶されていますか。

「詳細には分かりません。店が一晩で三千ドルの売り上げがあったという話がよく語られますが、それは事実だったんです。私のとこのお店は、キャッシュ・オン・デリバリーではなく、チケット制でした」

――八重島で働いていた女性たちがその後、どこに行ったか、ご存知ですか。

「私が八重島に住んでいたのは一九五二年から六一年までですから、それ以後のことは、八重島全体のこととなると、よく知りません。ただ、女性たちは米軍人がたくさん寄ってくるお店を渡り歩いていったと思います。私の知っている八重島で働いていた女性で、米軍人と結婚された方のうち、一人だけ那覇のベース内に住んでいる人がいました。

私のイメージでは、八重島は昔の遊廓という感じなんです。私の母と同じように奄美出身で八重島でお店を経営していたママたちは、彼女ら自身も、私の母も含めてですが、相手をしていたと思われます。私の家にいたお姉さんたちは、那覇に移る前に全員、旦那とともにアメリカに行きました。旦那というのは、もちろん米兵や軍属です」

池田さんの実家の店で米軍関係者の相手をしていた女性たちが、全員アメリカに渡ったという事実に私はいささか驚いた。米兵や軍属の相手をしていた女性が、彼らと恋愛関係になり、場合によっては結婚してアメリカに渡った例を私はいくつも知ってる。彼女たちのなかには添い遂げた人もいるし、うまくいかなくなって沖縄に戻ってきた人もいる。池田さんの実家で働いていた女性たちはどのような運命を生きたのだろうか。どれほど鋭く社会を捉える思想や理論があっても、実人生はそれよりも奇なものであり、異なものであるのだろう。池田さんは自著の終わりに、八重島で生活してきた女性を思いながら、次のような言葉を書きつけている。

《米軍の兵隊にたいする政策はむごい一面がある。なぜなら、戦場の第一線で戦うかれらは独身の若者であり、ほとんどの兵隊が負傷しないまでも精神的に病んでしまい、戦力として使い物にならなくなってしまう。そこで沖縄だ。沖縄で休暇をとらせて英気を養い、精神的な回復を取らせる。そしてまた、戦場の人殺しの場へ送る。その若い米軍人たちの相手となった女性たちは彼らにとり、しばしの間、母親代わりあるいは恋人代わりでもあったのだろう》

売春女性たちの大移動

一九五二年三月、米軍政府は沖縄中部のいくつかの地域にオフ・リミッツを発令する。米軍兵士への性病罹患が減らず、市町村の性病対策に温度差があるという理由からだ。沖縄の行政側は保健所によりいっそうの検診の徹底を指示した。

　また、一部の売買春店のせいで地域一帯がオフ・リミッツになってはたまらないということから、八重島のような街をさらにつくるべきだという「隔離論」や、遊廓の復活を望む声も上がってくる。沖縄最大の遊廓だった那覇の辻の復活もそういった背景があったのだろう。

「中部オフ・リミッツ」は一週間ほどで解除されたが、市町村と警察は「集団検梅（梅毒検査）制度」を導入することなどを決めた。集団検梅を実施してみたところ、たとえば那覇市の小禄特飲街で性病罹患率が高いことがわかり、五月には那覇市のペリー区と小禄で再びオフ・リミッツが発令された。検査を受けた風俗業関係の女性に検梅済カードをもたせることや、私娼を街から締め出すことなどを決め、一ヵ月ほどでオフ・リミッツは解禁となる。しかし翌月には、今度は那覇の栄町や安里地区（真和志村）でも同じ理由からオフ・リミッツが発令された。こうしたオフ・リミッツの連発が、真綿で首をしめるように売買春の町を追い詰めていく。売春女性たちはオフ・リミッツの度にその地域から逃げるように他所へ移動したり、私娼へと「転職」していくのである。

　七月には米国極東軍司令官より、琉球駐屯軍司令官に対して売春の取り締まりや性病防止を徹底的に行うように指令が送られてくる。米軍トップからの下命である。その「性病防圧及び売淫取締りに関する指令」は駐留米軍に対して相当の圧力となり、軍民協力して取り締まりを強化せねば、場合によっては那覇市への軍の立ち入りを全面的に禁止するかもしれないという脅しめいた言葉まで飛び出すほどだった。

もしそうなれば那覇のみならず沖縄にとって一大事だ。警察はただちに那覇市小禄で一斉「密淫売狩り」を行った。一八歳から三八歳まで一五名を検挙すると、やはりこの時も宮古出身者が多かった。さらに那覇市は独自に「娼婦名簿」なるものの作成に取り組んだが、どうやって見分けをつけるかなどで難航し、さらに人権問題であるという声も上がって、頓挫していく。こうした場当たり的な対症療法が功を奏さないことを見てとった米軍政府は、またしても那覇市内の個別の飲食店へとオフ・リミッツを頻発していくようになるのである。

八月、民政府は「保健所法」を施行し、看護師が性病罹患者の家を訪問して治療を受けさせることにしたが、保健所の仕事が多岐にわたっていたため手が回らず、これも特効薬とはならなかった。

個別オフ・リミッツは八重島に決定的な大打撃を与えた。職を失いつつあった数百名の売春女性たちが、八重島からセンター通り（現・中央パークアベニュー）に移動したといわれている。八重島とセンター通りは距離にすれば一、二キロしか離れていないのだが、この大移動によって、八重島は一気に廃れていく。

沖縄人だけのための「赤線地帯」

一九五三年三月には、米軍兵士・軍属の全住民区域への夜間オフ・リミッツが発動された。民政府の行政首席をはじめ、各市町村長らがすぐに米軍政府のもとに直談判に訪れ、これでは全琉球が苦境に立たされると強く迫ったが、オフ・リミッツの理由が明らかにされなかったため、引き換えに解除してもらうためのカードの用意のしようがなかった。

やがて、その大規模オフ・リミッツの理由がひとまず明かされる。それは、米兵相手の売春が公然と行われており、米軍政府はこの実態を認められないという、とってつけたようなものだった。夜間全琉オフ・リミッツが一ヵ月も続いたころ、これは衛生面の問題だけでなく、政治的な問題ではないかという声が沖縄の人々の間から上がりはじめた。反米的な発言をする野党がいるために、米軍側が夜間の出歩きを危険視したのではないかという意見も飛び出してきた。まさにオフ・リミッツが「政治的分断」の効果を発揮し始めるのだ。

このときの全琉オフ・リミッツは米軍内の軍規粛正が目的だったといわれているが、オフ・リミッツ解除の条件として米軍側から提案されたのは、驚いたことに「沖縄人専用」の売買春区域をつくれということだった。そうすれば、それ以外の場所はオフ・リミッツを解除するという。つまり米軍政府は、米兵立ち入り禁止の、沖縄人だけが利用する「赤線地帯」をつくることを求めたのである。沖縄側はこれに同意して協定を取り交わし、オフ・リミッツは解除された。コザでは、嘉真原区や室川区が住民専用の「赤線地帯」に指定された。

当時の嘉真原区を、『沖縄タイムス』一九五三年六月三日付は以下のように報じている。

《嘉真原区は、胡屋と胡屋十字路の中間辺りから東の方に入ったところ。ここは純農民と馬車引きの住む小さな部落だ。然も、赤線地帯となったところは、部落よりもはるかに大きい。どう見ても今までは売春行為といったものとは殆ど無関係だったとしか思われない所だ。その指定について同村助役は「部落の納得を得てから軍係官立ち会いの上で決めた。軍係官は、もし部落がどしどし大きくなるならば、畠の方向にのばしなさいと言うのでOKになった」と述べていた。ところが「赤線地帯」となったのですネと、そこの農夫さんに聞くと、「どうしてあんなのを立てるんですか、私には何のことだか分かりません」と狐につままれたといった返事であった。部落では、赤線地帯となっても何の変化も起こらないだろうというのが承諾した前提条件となっているようだが、果たしてそんなところなのか。売春行為をする女達がここに移されるというのが「赤線地帯」の目的のようだが、これについて部落民は余り何も考えていないようであった》

米軍は、沖縄人同士の売買春地域を限定してそこには米兵が入れないようにし、その他の米兵相手の飲食業を健全化しようとしたのだが、やはりほとんど効果を生まなかった。売春女性たちは米兵相手に売春をしたほうが儲かるため、住民専用地域からの移動が相次ぎ、米兵はこれまでどおり女性を「買う」のだった。米軍によるその場しのぎの施策に沖縄は振り回され、混乱状態に陥っていたのである。

Aサイン証取得には資金が必要だった

これまで記してきたように、オフ・リミッツという施策は、あたかもモグラ叩きゲームのような印象を与える。これと並行して準備されてきたのが「Aサイン制度」である。米軍は、沖縄側がオフ・リミッツを避けるために自主的に定めた「食品衛生法」よりも厳しい基準で飲食店に立ち入り検査を行い、それに合格した店にのみ米兵や軍属の立ち入りを許可する「営業許可制度」を実施するようになる。これが「Aサイン制度」である。

一九五三年一一月、軍司令部は駐屯米軍に対して軍の許可証を持っていない店への公用以外での立ち入りを禁じた。最初に許可証を得たのは、『辻の華』を書いた上原栄子が始めた「料亭松乃下」のほか、「琉球ホテル」、「民政府内クローバーリーブ」、そして二〇〇八年に売春防止法で社長が逮捕された「料亭那覇」の四軒であった。

上原栄子はAサイン許可証をもらいに行ったときのことを『辻の華』に綴っている。

《沖縄最初のAサイン証授与のために、軍の最高司令室へ来いとのお達しを受けた私は、琉球ホテルのオーナーと米国民政府食堂を経営するご婦人と三人で、米軍司令部の玄関で落ち合って、オグデン将軍の部屋に入って行きました。そして、英字が書かれた書類の上におおきくAと赤いスタンプの押された証明書を渡されました。これが、米軍人の全部が料亭に来てもよいというAサインかと思ったらがっかりです。うんと大金を注ぎ込んだ調理場を考えると、軍隊の入口に立つような大きな看板をもらえるものと思っていたのです。ところが、手渡されたのは、何と半紙ぐらいの小さな紙で、こんな小さな紙切れで大きな軍隊が来れるかしらと思い悩みます》

許可証の中央には「A」と書かれていた。「APPROVED」(許可済)の頭文字である。「A」の色は業種別に分けられていて、飲食店は赤、バーやクラブなどの風俗営業は青、食品製造販売業は黒である。このAサイン証を取得するには資金が必要だったのだが、金融機関は風俗関係の業種には貸し渋りや融資の禁止をしており、業者たちは苦境に立たされることになった。

一方、オフ・リミッツ旋風もまだおさまらない。一九五四年七月に中部の越来村全域にオフ・リミッツが発動された。売買春による性病感染をくい止めるための衛生改善を怠ったという理由だ。コザ十字路やセンター通りはまたしても打撃を受けたが、最も深刻なダメージを負ったのは八重島だった。

《殆どが米人が主体であっただけに、立入禁止でMPの巡らも厳重になり、客はガタ落ち……。何時もなら俸給期で15日ころまではかき入れ時というのに、うってかわってお茶を引き続ける有様にヒ閑のタンをかこっている。1ヶ月も続くと飯の食い上げだというので、早くも普天間や北谷、嘉手納などの店を分合制で、抱えの女性を出張家業させる話し合いを進めている業者もあるという》

――『琉球新報』一九五四年七月四日付

《オフリミッツを迎えたその夜から全く意気を失った村全体。まずコザ十字路のカフェーというカフェーは、夜の9時過ぎともなれば燈は消え扉は堅く閉ざされてしまう。今までは肩をスリ合う程ごった返した通りも、お通夜みたいな寂しさを呈している。ただアイスケーキ屋がポッツリポッカリ戸を開いているくらい。センター区でも土産品は殆ど店じまい。タクシーの流れは思い出した頃に1台の割。このまま解禁を待っていては餓死するョと、いち早く悟った夜の姫君たちは次々余所へ鞍がえ。ひねもす寝そべって、夜は仕事に出るムキもある》

――『沖縄タイムス』同年七月一五日付

売春女性を転業させるという条件

住民は清掃運動に躍起になったが、米軍司令部はオフ・リミッツを小禄、浦添、宜野湾、嘉手納の各特飲街へと拡大した。軍司令部は今回のオフ・リミッツは本国からの通達であると言明したが、あくまで軍関係者への売春を禁止するもので、沖縄人のほうに原因があるものではないと説明した。

越来村では懸命の清掃活動が実を結び、一部地域をのぞいてオフ・リミッツが解除された。解除されなかったのは、『沖縄タイムス』七月二〇日付によれば、《嘉手納基地第2ゲートの北方と越来の南方に位置するニュー・コザ》《(軍道) 24号線と13号線の交差点（コザ十字路）の北方に位置する新吉原》《(軍道) 24号線と13号線の南東側に位置するコザ十字路の一部分で、交差点とコザ高校との凡中間のところ》《嘉手納基地第2ゲートとコザビジネスセンター間に位置するコザビジネスセンターの一部分》《サンキューバザーの道路沿いの園田の（軍道）5号線道路側に位置する街》ということになる。つまり、八重島や吉原、センター通りなど、米兵相手の売買春を行う店が集中していた地域である。逆に言えば、米兵相手の売買春行為はまったく変わらず行われていたということでもある。

一九五四年一〇月には再び越来村と嘉手納村にオフ・リミッツが発令された。発令の対象には食堂やアイスケーキ屋、写真館、民家、空き家までもが含まれていた。これらの店などには、「この家は売春行為、又は売春婦集合の家として認証されました。ゆえに無期立ち入り禁止となります」と書かれた印刷物が配布されたという。

オフ・リミッツを連発する米軍側と各市町村の代表者らは再三にわたって話し合いの場を持ち、米軍は衛生管理を徹底することと売春を根絶することを強く要求する一方、住民側はオフ・リミッツによる経済困窮を訴え、解除のために奔走するという構図が延々と続くのである。オフ・リミッツ期間中には業者の倒産や廃業が後を絶たず、琉球政府はオフ・リミッツを解除してもらうための条件として売春業者と売春女性を転業させることを決め、米側に提示、ようやく解除に応じてもらう見通しが立つようになる。

そのモデルケースとなったのが、すでに閑古鳥が鳴いていた八重島だったのである。皮肉と言うより他ない。米軍政府が作らせ、売買春を黙認してきた特飲街を「売買春転業」の試験的モデルケースとして差し出し、三ヵ月以内に完全転業を達成すればオフ・リミッツを解除するということになったのだから。これは地域住民の自助努力はもちろんのこと、琉球政府のあらゆる部局が売春行為をやめさせ、業者や女性を転業へと促し、援助するという方策に乗り出したということだった。

この頃の八重島の様子を『沖縄タイムス』一九五四年一一月二九日付は次のように書く。

《何しろ半年に渡る前例の無い長期オフリミッツであったため、業者の大部分が手持ち資金をその間の生活費に使い果たし、「せっかくの解禁も手ぶらでは戻りようが無い……」。業者も再出発までには色々苦労したようだが、27日までに旧八重島組合113軒中56軒がすでに開店、または開店の準備に着手している。27日までに開店した業者を見ると、ビアホール、キャバレー、ダンスホールなど15軒、玉転がしなどの遊技場11軒、食堂・レストラン2軒、氷屋1軒、雑貨商7軒。開店準備中では雑貨商5

軒、キャバレー・ダンスホールなど約20軒》

しかし、時すでに遅しという状況は否めなかったようで、八重島の凋落(ちょうらく)は誰の目にも明らかだった。

《現在、同区で働いている女給は僅か8名という寂れ方。軍免許制の営業に切り換えれば従来通りと言う実施案により、業者も今のところ従来通りの営業(売春は禁止)で営業を続けているが、業者が乱立すれば、またまた共倒れか競争心にかられてオフリミッツの事態を招く恐れもあり、現在の特飲街は文字どおりハレ物にさわるような寂しげな営業ぶりである》

——『琉球新報』同年一一月三〇日付

かつて「ニューコザ」と呼ばれた八重島が往時の活気を取り戻すことは困難な、「寂しげな」様子が記録されている。

最初の売春街が終わり、Aサイン飲食店街が台頭

しかしと言うべきか、やはりと言うべきか、自粛営業中の八重島にとどめを刺すように、業者一七軒に対して個別オフ・リミッツが発令される事態が起きる。街の息の根を

止める出来事だったと言ってよく、ついに沖縄最初の売買春街に終わりがきた。那覇市の小禄新町や、コザの照屋などもオフ・リミッツは解禁になっていったが売買春はなりをひそめ、同じように衰退の道を歩んでいく。

かわりに台頭してきたのが、各店舗がAサインを取得し、Aサイン飲食店街へと変貌を遂げた地域である。その代表例が、八重島と隣接する位置関係にある「センター通り」だった。本書でインタビューした沖縄の伝説的ミュージシャンである喜屋武幸雄や宮永英一らが少年期を過ごした街である。喜屋武幸雄も語っているように、センター通りはもともとビジネスセンターとして構想され、「BCストリート」（ビジネスセンターストリート）とも呼称されていた。特飲街にはしないというのが当初の方針だったのである。

一方でAサイン制度も基準が厳しくなり、「赤A」と「青A」を取得していない飲食店や風俗営業店では、米兵や軍属への飲食物の提供ができなくなった。この基準に業者側は即座に対応できず、猶予期間願いが出されるほどだった。さらに抜き打ちのようにMP（ミリタリーポリス）の独断による検査が行われ、新基準の「青A」を取得していない石川市のカフェー二二軒、具志川村平良川のカフェー七〇軒、センター通りで数軒の営業が停止させられる出来事が起きた。これは後に、MPの勇み足的な行動だったとされるようになるのだが、「赤A」と「青A」の新基準に適合しないとオフ・リミッツをくらってしまうと業者たちは大慌てでし、免許をとるための資金繰りに苦悩することになる。業界団体は少しでも取得基準を緩めてもらうために、米軍側に陳情を繰り返した。

一九五八年には米兵の夜間外出制限が正式に解禁された。それまでは建前としては午後一一時以降は禁止されていたのであるが、それが自由になったのである。琉球政府の規定ではバーの営業時間は夜一一時までと決められていたけれど、米兵の門限が撤廃されれば、彼らが店に居すわるのは目に見えていた。そして深夜に、酔っぱらった米兵がさらに事件を起こすようになるのではないかという懸念が生じるのは当然のことだった。そうでなくとも日常的に沖縄の人々は米兵の暴力にさらされていた。門限が解禁になった理由は「米兵の道徳が向上したため」というものだったが、米兵によるレイプや暴行事件は相も変わらず頻発していた。

解禁になったとたん、米兵はいっそう傍若無人に振る舞いだした。

《門限廃止以来、深夜まで酒を飲んでぶらつき、住民はおちおち歩くこともできないとこわがっている。さる10日午前2時ごろ照屋区三班区事務所近くの道で四人の黒人兵に女給が暴行されたが救いの声にかけつけた付近の人も目撃しながらどうにもならなかったらしい。またMPの眼を盗んで酒を買い人家はなれた畑に行って夜通し飲み明かし、農作物をふみあらして農家に悲鳴を上げさせている》

——『琉球新報』一九五八年七月一八日付

これは黒人米兵街であった照屋で起きた事件を報じた記事だが、米兵らは門限が解禁されたのに閉店時間が早いということに腹を立てたらしい。彼らは営業時間に制限があることを知らなかったのだ。照屋での米兵の狼藉を報じた記事をもう一つ紹介したい。

《前原署管内では風俗営業の閉店時間になると各バーやキャバレーをパトロールして外人客を帰し、店を閉じさせているが、一部の兵隊達は「われわれは外出時間の制限はないのにどうして沖縄の警官は店を閉めさせるのか」とくってかかり、これを説明する警官に暴言を浴びせている。また深夜数人の外人兵グループがクギをうちつけた角材をふりまわして部落内をうろつき、「沖縄人とけんかするときに使うのだ」といきまいているという》

——『沖縄タイムス』同年七月一五日付

コザ市の死活問題に発展する事態

琉球警察は、門限廃止が引き金と見られるこうした米兵犯罪について、各警察署で万全の体制を整えるように指令を出した。コザ署は、吉原や照屋地区で夜一一時から朝方にかけて飲食店を見回った。米兵たちは、Aサインを持っている店は一一時以降に営業しているとAサインを取り上げられる可能性があるため閉店時間を厳守することを知ったので、Aサインを持たない店が集まる地域に流れるようになっていた。それが吉原や照屋といった特飲街の喧騒（けんそう）をもたらすというのが当時の実態だった。

一九六二年には性病が蔓延しているという理由で、コザ市内のバーやキャバレーにオフ・リミッツが発令された。それは、八重島、センター通り、ワイキキ通り、照屋、城前、石川市に及んだ。業者たちは慌てて対応を協議し、女性たちの血液検査証や検診証明書などをその解除の材料にしようとしたが、オフ・リミッツは金武や辺野古、そして那覇市内の歓楽街にまで波及していった。

このままではコザ市の死活問題に発展する事態になると思われたため、大山朝常(おおやまちょうじょう)市長は米軍に解除要請を出したが、コザ市内のキャバレーやおでん屋は米兵が出入りするには不適当だと言われたり、酔った米兵に酒を飲ませた、売春行為の疑いがあるなどの理由で、なかなか解除に至らなかった。「不適当」という何を問題視しているのかわからない表現は業者を戸惑わせた。

繰り返されるオフ・リミッツとAサイン制度により飲食店等の衛生基準は少しずつ向上した。だが一九五八年、米軍は許認可権を琉球政府に移譲している。ところが一九六二年に再び米軍側に移管され、一九六三年には、米軍側はさらに厳格な新基準を設けた。

Aサイン制度の「復活」を、琉球政府側が求めたことは興味深い。これについては、米兵相手の飲食業や風俗営業の店が増え続けていたため、衛生面で自主管理できない状態になり、Aサインの復活によって問題のある店の淘汰(とうた)を狙ったものではないかと言われたり、米軍の監視の目につきやすい範囲の一〇〇〇~一二〇〇軒に絞る目的が裏にはあるのではないかと見られたりもした。これらの見方は結局のところ誤った情報だったのだが、一方、街に出てくる米兵の総数が減少していて売り上げが落ちており、新Aサインをとるための基準を満たすには、設備投資の面などで無理があるという切実な声も店舗側から聞こえるようになった。

しかし、沖縄側は米軍合同懲戒委員会に提出するためのAサインの受付を始めてしまい、米側もこれを了承する。新Aサインの予備検査は米琉合同のメンバーで行われ、水洗トイレの有無、天井が明るい色か否か、トイレや台所に照明がついているかなどが厳しくチェックされた。沖縄側は米軍に対して、沖縄側だけに非を求めるのではなく、米兵の問題行動を罰することを求めた。業者や女給の写真を憲兵隊に登録することも取り決められていった。

Aサイン一括返上という「一揆」

一九六二年六月、米軍は新Aサイン制度を復活させたが、同月末には早速、個別店へのオフ・リミッツが発令され、Aサインが没収される出来事が起きた。女給が米兵を客引きしたということが理由だった。Aサインを没収された場合、六ヵ月を経た後、一から手続きを踏まねばならない。それらの許認可権は米軍合同懲戒委員会が握っていた。

不衛生や売春を理由に中部地区での新Aサイン没収はさらに広がり、業者らは我慢の限界に来て、Aサインを一括返上しようという動きすら出てきた。これは米軍支配そのものに否を突きつける、いわば「一揆（いっき）」のようなものだ。そうなれば米軍側は対抗策として通りや地域自体をオフ・リミッツにする措置に出るだろう。沖縄側と米軍側が真っ向から対立する構図に発展しかねない。

その間にもコザ、普天間、浦添、那覇で新Aサインの没収が続き、新Aサインの一括返上は、生殺与奪権を握る占領者である米政府に対しては無力であり、自殺行為だということを沖縄側の業者たちは思い知らされた。「一揆」への感情的な高まりは、この時点では、沖縄ではアメリカの決めた制度に従って衛生管理を徹底し、売春を防止していくしかないという立場に、萎（しぼ）むように集約されていった。

一二月には米軍風紀取締委員会が、新Aサインの新基準を発表した。店の設計は米軍側の基準に合わせること、主要通りに面していること、トイレや洗面所は男女別にすること、排水溝に蓋がしてある衛生的で明るい立地環境であること、建物はスラブ葺きのブロックづくりであること、小型店舗は最低二五人は入れる一九坪を確保し、大型店舗は三〇人以上収容できる二四坪を確保することなどが定められた。

当然、業者からは不満の声が上がった。立地条件や敷地の広さを確保することは、経営状態から考えると大半の店にとって困難だからだ。しかし米軍側は業者の声に耳を傾けることはせず、新基準は六三年八月に実施され、業者たちが右往左往しているうちに、新基準に合わないコザや浦添、北谷の二十数店舗がAサイン取消となった。

Aサイン取消の勧告や警告は相次ぎ、懲罰委員会のオフ・リミッツ旋風に怯え続けながら、業者や行政は基準の緩和を求めていった。業者の間では、米軍側は米兵をなるべく基地の外に出したくないのだろうとか、売春をともなうAサイン業者を一掃したいのではないかという噂が広がっていった。

堪忍袋の緒を切らした名護のAサイン業者九軒が、ついにMPに対してAサインの一括返上を行った。彼らの言い分は「MPの取り締まり原則がきびしすぎる上に、米兵が来なくても店はやっていける。万一規則に違反して営業停止にされたら死活問題になる」というものだった。この一括返上は同業者に動揺を与えたが、「一揆」的手法によらず基準緩和を求めるAサイン業者八〇〇名以上が集会を開き、「一万八千人余の業者および従業員、家族の生活を守りぬこう」と気勢を上げ、米軍側や政府、立法院に対しても陳情を続けていくことを宣言した。

しかし米軍側は、これらの動きをまったく意に介さず、いかなる緩和も認めなかった。新Aサイン制度のスタート延期もしなかった。

「アメリカの戦争」と密接に関わってきた街

我慢できなくなった業者らの一括返上の動きは活発化した。こうして、新Aサインをめぐって沖縄の飲食・風俗業界は分裂状態に陥っていくのである。

新基準は厳格に実施されることになった。Aサイン業者は新基準に適合する建築物にするために建築ラッシュが起こった。米軍側の判定は厳しく、簡単には許可を出さなかった。周囲の環境が暗い、道路が未舗装であるといったことも不認可の理由にされたが、それらは業者の自助努力だけではどうにもならないことだった。こうして、売買春の温床の一つであったAサインバーや、それらが集中する基地に付随した特飲街は存続の危機に立たされていくのである。

一九六三年八月一日に新Aサイン制度が実施された。沖縄全土で四〇〇軒ほどが新Aサインを掲げることができたという。それは、既存店の半分ぐらいが振るい落とされて廃業したことをも意味していた。

センター街でも、新Aサインを取得できた店は時代の波に乗ることができたが、廃業する店も続出した。コザでは、中の町や胡屋で店をたたむ業者が相次いだ。とりわけ借家でバーを経営していた業者は、新基準に適合させるための工事費用を借り入れるための担保がなく、廃業のやむなきに至るケースが多かった。

自宅も借家である場合はより深刻で、コザでは旧Aサイン業者の半数近くが借家住まいをしていたから、新Aサインのための設備投資は無理な話だったのである。店は淘汰されていき、既存のAサイン業者は廃業や転業を余儀なくされ、新Aサインを持たない店は沖縄人相手の商売に方向転換していった。

このようにして、戦後、米軍支配下において次々と形成された「売買春の街」とそこに生きる人たちは、度重なるオフ・リミッツ、そしてAサイン制度、その時々の性病予防施策や衛生対策などによって振り回されるだけ振り回されてきた。時に媚を売り、時に造反しながら、特飲街は生き残りを模索してきたのである。

一九六〇年、ベトナム共和国と南ベトナム解放民族戦線の闘いが起こり、ベトナム戦争が勃発する。戦闘は長期化し、一九六五年以降、アメリカが本格的に軍事介入するようになると、各地の特飲街はいわゆる「ベトナム特需」で再び活況を呈した。最初の特飲街である八重島が「朝鮮特需」で沸いたように。沖縄の「売買春の街」は、アメリカの意向に左右され、アメリカの戦争と密接に関わってきた面があるのだ。

一九七二年、沖縄は本土に復帰し、日本国沖縄県となった。アメリカ世からヤマト世へと移行したのである。売春防止法が遅れて沖縄でも施行され、「売春」は違法行為となった。

一九七三年、アメリカがベトナムから撤退すると沖縄の基地の街も景気は傾いていく。一九七五年のサイゴン陥落でベトナム戦争が終結を迎えると、斜陽化はさらに進んだ。

崔洋一監督『Aサインデイズ』が描いた沖縄アンダーグラウンド

この時期（一九六八～七五年）のコザ市のAサインバーに視点を据えて、沖縄ロックの勃興とロックンローラーたちの青春を描いた映画が、崔洋一監督『Aサインデイズ』（一九八九年）である。私はこの作品を何度か観ている。音楽映画とも言えるのだが、米軍統治下「Aサイン制度」のもとで営まれる店の光景が、夜のコザの沸き返る喧騒のなかに生々しく描き出されているのも魅力だ。また、「沖縄アンダーグラウンド」を生きる人たちを見つめる独特の視線がある。

少しばかり話を迂回（うかい）することになるが、私は本書執筆に取りかかる時期に、沖縄を舞台にした映画をできる限り観た。本書でも何作かについて触れたが、深作欣二監督『博徒外人舞台』、中島貞夫監督『沖縄やくざ戦争』、藤田敏八監督『海燕ジョーの奇跡』などのヤクザ映画や、今村昌平監督『神々の深き欲望』、大島渚監督『夏の妹』から、中江裕司監督『ナビィの恋』まで。どの作品にも引き込まれてしまったが、それぞれの監督の沖縄への向き合いかたや、物語の立ち上げかたにも興味を引かれた。一つ言えることは、終戦直後から復帰に至る沖縄という空間は、戦争の深い爪痕、米軍との葛藤に満ちた関係、差別とそれへの怒り、ミックスルーツとアイデンティティ、暴力と性の沸騰、音楽や芸能の活況……など、混乱のなかに剝き出しの人間が生きる「物語」に溢れていて、本土の映画人が作品の舞台として注目したのは当然と思われることだ。これはあえて否定的に言えば、沖縄の人たちの痛みをエンターテインメント化して消費したということを意味するかもしれないし、可能性を宿した創作の試みとして見れば、沖縄をテーマにした映画を撮ることで沖縄と本土の間に新しい回路を築いたということにもなるだろう。それは個々の作品に即して語られるべきことだとは思う。映画に限らず、他ならぬこの『沖縄アンダーグラウンド』というノンフィクションにしても、こういった構造からは逃れられないのだ。本土の表現者が沖縄に関わろうとするとき、常にこのことを強く自覚する必要があると私は思っている。

いずれにしても、ヤマトの映画監督は、何らかの強烈な物語を求めて沖縄に引きつけられてきたとは言えるだろう。私は本書で布川徹郎らＮＤＵによる『モトシンカカランヌー──沖縄エロス外伝』に、一般的な映画論とは異なるサイドストーリーを描く一章を捧げたが、それはこの作品がアケミという売春女性を主人公にして、沖縄を題材にしたヤマトの既成の映画を遥かに超え、「沖縄アンダーグラウンド」への越境をなし遂げようとしているように思えたからだ。

崔洋一監督といえば、『月はどっちに出ている』や『血と骨』が代表作となるのだと思う。だが崔洋一は『十階のモスキート』で監督デビューする前に、布川徹郎が『モトシンカカランヌー』の五年後に撮ったドキュメンタリー映画『バスタード・オン・ザ・ボーダー──幻の混民族共和国』（一九七六年）のプロデューサーを務めている。この作品は、建国二百年祭に沸くアメリカで撮影され、移民、難民、先住民、黒人など、マイノリティの反乱が史上最大の帝国を揺り動かす予感を捉えようとしたドキュメンタリー作品である。タイトルの「バスタード・オン・ザ・ボーダー」、あえて訳せば「国境線上の私生児」とは、「国民」を中心とする正史からも、労働者を中心とする階級闘争史観からも切り捨てられた、「正規ならざるマイノリティ」を意味するのであろう。この作品に併走して書かれたのが、豊浦史朗（船戸与一）による『叛アメリカ史』である。

哀しみや狂気を剝き出しにする米兵

さて、『Aサインデイズ』である。この映画は、利根川裕によるノンフィクション『喜屋武マリーの青春』を原案として撮られている。つまり、沖縄ロックの女王と言われた喜屋武マリーと、本書にもインタビューを収録したその元夫である沖縄ロックの重鎮・喜屋武幸雄をモデルにしているのだ。とはいえ、映画は独立したフィクションとして成立していると思われるので、モデル映画としてではなく、原案書とは別の作品として考えてみたい。

早世した女優・中川安奈が主人公エリをひたむきに演じている。彼女は沖縄女性と米軍兵士の間に生まれたダブルで、FENから流れてくるアメリカ・ロックに身を踊らせ、サチオ（石橋凌）がリーダーである、Aサインバー「ニュースター」の専属バンドに夢中になっている。このバンドの名前が「バスターズ」なのである。まさかこの映画の五年前の世界的ヒット作『ゴースト・バスターズ』から名づけられたわけではあるまい。崔洋一のなかでは、『バスタード・オン・ザ・ボーダー』と『Aサインデイズ』はつながっているのではないだろうか。

女学生のエリは音楽への生真面目な思いでバスターズに近づき、車の中でサチオに体を奪われようとしている時にも、必死で抗いながら「ロックンロールって、黒人のリズム・アンド・ブルースを白人が変形させたって聞いてるんですけど、バスターズの場合もそういうこと考えてアレンジとかしてるんですか？」などと、カルチュラル・スタディーズを先取りしたような問いを切迫した声でぶつける。サチオは「お前ね、何しに来たんだ」と、まったく取り合わずにエリを組み敷こうとする。このディスコミュニケーションの極みのような場面は、妙に脳裏に残る。エリの問いに対し、映画は音楽の不可思議な力を描いて答えていく。隔てられ、対立する存在が、音の渦のなかで瞬間的に溶け合うのである。

中尾ミエが演じるエリの母親も印象深い。明示されているわけではないが、彼女は米兵の相手をしてきた女性のようだ。彼氏がいるアメリカ（エリの母親は「スティッぶ」と呼ぶ）に渡り、不慮の死を迎えてしまう。

バスターズのライブの場面が何度も差し挟まれる。ライブシーンの合間に物語があると言ってもいいくらいだ。ベトナムへの出撃を控え、明日をも知れぬ身の米兵たちが、客の中心である。米兵はノリにノリ、荒れに荒れる。彼らと本気でぶつかり合い、煽りまくり、同時に彼らに癒やしを与えるのがバスターズだ。切迫した戦争への恐怖を抱えた米兵たちは本性を露呈し、哀しみや狂気を剝き出しにする。白人兵と黒人兵が争い、先住民の兵士を「土人」と馬鹿にし、ベトコンを罵倒し、沖縄人を差別し、仲間の戦死を哀しみながら、バスターズのメンバーにナイフで切りかかる。乱闘に至るとMPが駆けつけてきて、店に対してオフ・リミッツを宣告する。すると大地康雄演じるバーの経営者はにわかに見え透いた作法でMPをもてなすのである。

私は沖縄各地にいまも残るAサインバーを何軒も訪ねたことがある。それらのほとんどはベトナム戦争時にオープンした店だった。天井や壁を埋めつくすように貼られた1ドル紙幣。そこに書き残された「1970. 4. 22」といった日付。持ち金を使い果たし、地獄と化したベトナムに送り出される兵士たちが、沖縄へ生還してくることを誓い、あるいはここに自分がいたことの証として、戦死の恐怖に怯えながら貼り付けたのだろう。

沖縄が置かれた植民地的な立場

Aサインバー「ニュースター」の激しいライブシーンには、八重島の特飲街で生まれ育った池田一仁さんが、米兵と沖縄女性の関係について語った言葉が反響する。「若い米軍人たちの相手となった女性たちは彼らにとり、しばしの間、母親代わりあるいは恋人代わりでもあったのだろう」。戦争と死の恐怖におののく兵士たちは、つかの間「ニュースター」という特異な場に抱かれて、やけっぱちな時間を過ごした。沖縄のロックンローラーたちは米兵たちの存在を真正面から感じつつ、音楽を奏で、シャウトし続けたのだ。アメリカと日本の不平等な関係、その歪みを負わされた沖縄にある米軍統治下のAサインバーで、支配関係に規定されて対極にいるはずの人間たちが、ロックの激しいリズムのなかで共通の時間を過ごしたのである。沖縄の人たちが米軍支配によってどれほどの犠牲を払わされたか、いかに米兵の犯罪に苦しめられてきたかを考えれば、このような見方はロマンチックに過ぎるだろう。だが、支配関係を変え、支配関係から解き放たれる道筋を探ろうとするとき、途轍もない矛盾をはらんだ「ニュースター」での狂気じみた時間は、何かを指し示してくれるような気がするのである。

『Aサインデイズ』が公開された当時、やはり布川徹郎と深いつき合いがあり、崔洋一に対しても同志的な感情を持っていたと思われる音楽評論家の伊達政保が、この映画を酷評するコラムを書いていた。

《独立プロではないスポンサー付きの作品のため、表現が限定されてしまうのはわからないじゃないが、これじゃ二流の音楽映画じゃないか。（中略）最も大きな問題点は、コザ暴動に集約される沖縄の状況を避けてしまったことだ。

沖縄ロックに一九七〇年のコザ暴動がどれだけ大きなインパクトをあたえたか、翌年「紫」や「コンディション・グリーン」が結成されたことによってもわかるのだ。映画はコザ暴動には一切ふれていない》

——『ミュージック・マガジン』一九八九年六月号

伊達政保は、メジャーシーンにおける映画であるにせよ、ロックと沖縄をめぐる政治状況を大胆に関わらせて描いてこそ崔洋一ではないのか、と言いたかったのだろう。既成の政治党派の指導によらずに、沖縄の有象無象（バスターズ）たちが自然発生的に米国支配と対決したコザ暴動を描き込まなかったことは、この映画の決定的な欠落だ、と。

たしかに『Aサインデイズ』は、コザのロックンローラーたちの一九六八年から一九七五年に至る疾風怒濤（しっぷうどとう）の日々をテーマにしながら、その焦点でもあり得たコザ暴動をまったく描いていない。愛と青春と音楽の商業映画にとって、コザ暴動は重すぎる政治的題材として退けられたのかもしれない。だがこの映画には、コザ暴動直前の時期の、もう一つのヘヴィな政治が彫り込まれているのである。それは、人の心のなかでうごめく、アイデンティティをめぐる政治だ。

エリとサチオは子供ができて結婚し、一緒に住んでいる。稼ぎも少なく風来坊のような生活を改めないロックンローラーのサチオが帰宅して「メシ」と言うと、エリは冷蔵庫から半分に切ったキャベツを出してサチオの前に置き、「少しはお金を入れてください」と言う。怒ったサチオは車に大量のキャベツを積んで家に戻り、エリに投げつける。このマンガチックでもある夫婦喧嘩は、サチオが「この腐れアメリカンが」と罵倒してエリを蹴ったところから、一気に様相を変える。エリは、息子と私はともに死ぬと言って包丁を息子に突きつける。そして、「嬉しいでしょ、汚い血がなくなって」とサチオに問うのだ。サチオは胸の深いところで何かに心づいたように、エリを抱きしめる。

夫婦喧嘩の果てに、幼子に包丁を向けるという行為は、ヤマトの想像力のなかにはないのではなかろうか。これは、沖縄と出会った崔洋一が生み出した白眉ともいえる場面であり、沖縄が置かれた植民地的な立場を生々しくえぐり出しているように思う。コザ暴動に参加した人たちは、米軍支配下の沖縄の戦後史のなかで一人ひとり様々な鬱屈を抱えていたはずだ。象徴的な言い方をすれば、ストリートに炸裂した暴動を、それを担った人の内面に渦巻いていた葛藤から描くということに、この映画の一つの眼目があったのだと思う。

私は『Aサインデイズ』を何度も観たと言ったが、それは、不平等や矛盾に満ちた場で、わずかかもしれないけれどそれを乗り越えていく人間の可能性が、高鳴るロックンロールのなかに聴こえるからだ。誤解を恐れずに言えば、それは、特飲街を生き抜いてきた女性たちの軌跡を知れば知るほど、人間を属性から解放する力を性のなかに見いださせられることと、私のなかでは重なるのである。

あとがき、あるいはゴーストタウンの路上でのつぶやき

タクシードライバー大城に連れられて、沖縄県宜野湾市にあった通称「真栄原新町」に初めて足を踏み入れたのは、一九九〇年、私が二〇代後半にさしかかった頃だった。季節は盛夏を過ぎたあたり。街は外部から隔絶された、異様な小宇宙のように私の目には映り、脳裏にその街の光景が焼きつけられた。以後、それまで自分が抱えていた一面的な沖縄イメージが徐々に変貌していき、沖縄各地の「特飲街」や「社交街」と呼ばれる街の佇まいと、そこで生活をしている人々に私が興味を持つようになった経緯は本文に書いたとおりだ。

当初は明確な取材目的ではなく、私は沖縄に滞在する度にそういう街の空気にさらされ、街に棲息（せいそく）する人々の話に耳を傾けた。沖縄に通いつめ、しかし「青い空と青い海」に向かうのではなく、「反戦・反基地の闘い」に関わるわけでもなく、私はひたすら「暗い夜の妖しい小宇宙」に身を置く時間が多くなった。

その街が「浄化運動」と呼ばれる市民らによる運動によって消し去られつつあると、私を真栄原新町へ運んだタクシードライバーから知らされたとき、私は、もっと街の奥

深くを、街をとり巻く歴史を、本腰を入れて取材してみたいという思いに激しくかられた。

沖縄の売春街については、性風俗雑誌や単行本、インターネットの記事などで表面的には紹介されていた。だが、その多くは「性風俗情報」だったり、一風変わった沖縄紀行的なものだった。沖縄の特飲街や売春について、沖縄のみならずアメリカと日本の資料を駆使して分析した、様々な領域の研究者による刮目すべき論文は存在するのだが、それらからは売春街の内部で生きる人々の言葉や息づかいはほとんど伝わってこなかった。

この街はなぜ生まれ、消えていったのだろうか。「浄化運動」がピークをすぎた頃から、私はゴーストタウンとなりつつあった、真栄原新町をはじめとする沖縄の売春街の周辺をさらに精力的に歩き出した。関係者に会い、古い資料を探し出した。沖縄で売春街が形成された歴史的な経緯はどんなものだったのか。街はどういった仕組みで成り立ち、どのように盛衰をたどっていったのか。そこではどんな人々が働いていたのか。そういうことが少しずつわかってきた。

すでに触れたように、私は取材の途中経過を、「沖縄アンダーグラウンド―宜野湾の売春街が消えた」という短編ルポに書き上げ、ノンフィクション雑誌『g2』7号（二〇一一年四月）に発表した。短編ルポを書くことで、これを雛型に一冊を書き下ろす手ごたえを得た私は、以降も沖縄に通って取材を続けた。だが、闇のなかに隠された社会にアプローチすることは難航を余儀なくされる。

私は先の短編ルポの記事を数百部コピーして、体験談などを訊くことができそうな脈のある人に名刺とともに手渡したり、手紙を添えて送付することを数え切れないほど繰り返した。アンダーグラウンドの中でうごめく人々のつてを手さぐりで辿っていった。本書の礎（いしずえ）となったその短編ルポが興味本位の暴露的なものではなかったこと、街で生きてきた人々の肉声を真剣に記録しようとしたものであったことが、取材に応じてくれた人々と私をつないでくれたのだろうと、今もそのことだけは自負している。

私は沖縄に滞在する間、昼は公文書館や図書館で戦後の沖縄の新聞・雑誌から関連記事を見つけ出して読み込み、夜は県内各地の「旧特飲街」を徘徊して、取材を受けてくれる人々を探した。インタビューはたいがい夜遅くから朝方にかけて行われた。私は沖縄に入れ込むあまり、那覇の繁華街近くに仕事部屋までつくっていたのだが、そこに来てもらってインタビューをしたことも何度もある。そこなら誰かの視線を気にせずに話してもらえるからだ。紹介やツテがない場合は売春がなされていると思われる店に飛び込むしかない。少しでも手応えを感じるとその店に何度も通い、そこから細い糸をたぐって、消え去った真栄原新町や吉原でかつて過ごした人々に出会えたことも少なくなかった。

沖縄の夜の世界の人々は、どこの馬の骨かわからないヤマトンチュの中年ライターのぶしつけな問いに丁寧に答えてくれた。彼らの胸中には、「浄化作戦」を押し進めた人々から「沖縄の恥部」とまで罵られた街のことを、誰かに記録してほしいという気持ちがあったように思う。取材に応じてくれた人に私は必ず、「どうして話していただけたんですか？」と訊いたのだが、その答えのなかで多かったのが「どんな悪口を言われようとも、人が生きてきた街なのだから、誰かに書いておいてほしいから」というものだった。私のような県外から来た取材者だからこそ、むしろ話しやすい面もあったのではないだろうか。

私は月に一度ほどのペースで沖縄に通ううちに、風に吹かれて路地を迷い歩く時間がもっとも好きになった。だが取材を重ねるうちに、路地というノスタルジックでしみじみとした沖縄の風景が、それまでとはまるで違う貌に見えてくるようにもなった。さびれた街の夜の歴史の底から、女性がすすり泣く「声」が聞こえてくる幻聴まで覚えるようになったのである。

半世紀以上にわたって続いてきた、真栄原新町や吉原という沖縄の売春街が、二〇一〇年前後を境にゴーストタウンと化した。官民一体となった「浄化作戦」が成功したからだ。本書は、戦後長きにわたって続いてきたそれらの街の「近い過去」と「遠い過去」を記録したものだと言えるだろう。

「近い過去」は、この十数年のうちにこの街で働いてきた人々への取材を通して得ることができた、これまで外部に漏れ出ることのなかった街の内実とその変遷だ。そこには、「浄化作戦」を担って、街をゴーストタウンへと追い込んだ側の人々の意見も含まれる。

「遠い過去」とは、一九四五年以降、戦後のアメリカ占領下でどのように売春街が形成されたかという「沖縄アンダーグラウンド」の戦後史だ。当事者の証言や新聞報道、アメリカ側の稀少資料などを織りまぜながら、国策的かつ人工的につくられた街の軌跡を辿った。

ただ、「近い過去」と「遠い過去」はつながっているとも言える。本文で読んでいただいたように、売春街の歴史は、凄絶な地上戦に巻き込まれ甚大な犠牲を強いられた沖縄の、戦後の歩みと深く呼応しており、現在も日本国内の米軍基地の総面積の七五パーセントが集中する沖縄の現実と不可分の関係にあるのだ。私が売春街に出入りするようになった当初の思いを遥かに超えて、本書は、日本とアメリカの狭間で翻弄され続けた沖縄の一断面を、夜の世界を通じて描き出すことになった。私は、「反戦・反基地・平和」といった自分のなかの沖縄イメージが解体される感覚とともに夜の街に踏み込み、しかしその地と人を依然として強く規定し続ける「戦争」の影を改めて見出すに至ったのである。米軍基地と無理矢理共存させられる側の「恐怖」は今も続いている。このことが、沖縄の外側にいる私たちにとって不可視のままであっていいはずがない。

沖縄の読者のなかには、この本を「沖縄の恥部をヤマトの人間が暴いた」と嫌悪する方も少なからずおられると思う。しかし、そこは反論しておきたい。まぎれもなく売春街で生き抜いてきた人々の生活と人生が存在し、それは沖縄の戦後史の一部を形成してきた。その歴史の重みを、沖縄の内外を問わず、多くの方がまず何よりも共有すべきだいと思うのだ。

と思う。「沖縄アンダーグラウンド」を生きた無数の人々の声を埋もれさせてはならないと思うのだ。

本書の取材はほとんどが匿名が条件だったため、名前をあげて感謝を伝えられないことが残念でならない。当事者と私との仲介役を買って出ていただいた多くの方々の協力なしには、取材を進めることができなかった。その方々にもお礼申し上げる。本文中に名前を挙げた方々、引用した文献の著者にも感謝したい。

出版に際しては、講談社の柿島一暢氏と加藤孝広氏、石井克尚氏にご高配をいただいた。深く感謝を申し上げたい。友人として内容的に様々な示唆を与えてくれた向井徹氏にも、心からお礼を述べたい。沖縄で資料収集などを手伝ってくれた普久原朝充氏、資料の翻訳を担ってくれた福井奈美氏、ほんとうにありがとうございました。元『噂の真相』編集長の岡留安則氏には、彼が那覇で経営していたバーでよく愚痴を聞いてもらっただけでなく、彼の貴重な沖縄人脈を紹介してもらった。

沖縄の今をもっとも生々しく切り取る写真家、石川竜一氏の作品で本書を飾ってもらうことができた。各章の扉に配した写真は元はカラー作品だが、石川氏自らの手でモノクロ化してくださった。また、鈴木成一氏の丹精を凝らしたデザインを頂戴した。深くお礼申し上げたい。

仲里効氏と岸政彦氏からは、身に余る、としか言いようのない推薦文をいただいた。

ありがとうございます。

本書の取材の最終局面で、石井克尚氏とともにクラウドファンディングによって取材費を調達するプロジェクトを立ち上げた。一〇〇人を超す方々に参加いただき、あっと言う間に目標額を達成することができた。参加してもらった方々との取材報告会では、意義深い指摘を受けることもできた。最後まで取材を継続できたのは協力いただいた方々のおかげである。

私は沖縄の売春街の路上から歩き出し、街で生きた人々の消え入りつつある関係性の糸をたぐりながら人に会い続け、そして沖縄の戦中・戦後史の時空を旅して、いま再び路上に戻ってきた。やはり沖縄という場所は私の心をとらえて離さないようだ。

二〇一八年八月　那覇にて　　　　　藤井誠二

文庫版あとがき――ヤマトの書き手として

私はほぼ毎月、沖縄でも暮らしているのだけれど、『沖縄アンダーグラウンド』の親本が刊行されるとすぐに、本の舞台になった街に行ってみた。取材に協力してくれた方で、送り先がわかる人にはとうぜん献本したが、連絡がつかなくなった人たちもいて、そのなかにはまだ街に住んでいる人もいるのではないかと思い、何冊か拙著を携えて訪ねてみたのだ。

しかし、もう誰一人として、そこにはいなかった。建物は封鎖され、荒れ果てていた。屋根の上から見下ろしていた猫たちもいない。店や居室で使っていたであろう生活用具がゴミとして積み上げられている光景がいくつもあった。

仲介者の紹介で会って音信が途絶えた人たちもいるし、そもそも取材時に連絡先を聞いても拒否されることが少なくなかった。本書はそういう方々のこれまで記録されることのなかった声を編み上げて生まれた作品なので、彼女ら彼らには、どこかで拙著に目をとめてほしいと、私は路地の片隅で足を止めて、強く願った。そして改めて、戦後史のなかで沖縄アンダーグラウンドに生きて、米軍兵士らの性暴力の犠牲になった人や、心的な外傷を抱えさせられた無数の人たちに思いを致した。

文庫にするにあたって「文庫版追補章」として一章分を大幅に加筆した。既章と重複する部分もあるが、米軍の「オフ・リミッツ」と、いわゆる「Aサイン制度」の歴史を、通時的な記録としてまとめた。米国占領下で沖縄の人々がいかに翻弄され、なおかつタフに生きようとしていたか、古い新聞資料の独特の筆致の行間から読み取れると思う。書くにあたって池田一仁を始めとする関係者の方々にお世話になった。

私が記録した沖縄は、「アンダーグラウンド」に視点を据えた、戦後史の一断面にすぎない。だがその姿は、過酷な戦争体験の後、日本から切り離されてアメリカ占領下に置かれ、復帰後も今に至るまでヤマトの敷石にされ続けている沖縄のありようと歴史の底流でつながっている。

玉城デニー知事が、沖縄のアイデンティティを掲げた故・翁長雄志知事の遺志を受け継いで、米国政府に隷属し忖度（そんたく）するばかりの日本政府と対峙して、苦闘している。だが、米国政界内部の一部からも「沖縄は長年にわたって苦しんでいる」という声が上がっているというのに、日本政府は日米地位協定にもとづいて沖縄をアメリカに差し出したまま米軍を厚遇し、主権を侵害された状態でフリーズしているのだ。

それを容認する政治家も、無節操に支持する人々も、いま一度、胸に手を当てて考えてほしい。そして、多くのヤマトンチュが、沖縄の人たちが生きる現実を深く知ろうとしないまま、一面的な沖縄像を消費していることを自戒したいと思う。

最近の真栄原

上3点は2021年撮影、下2点は 2017年撮影
全て編集部撮影

二〇一八年に親本を刊行したときは、ヤマトの書き手である私が沖縄の闇を描いたということに対して、沖縄でどんな反響があるのだろうかと、そんな不安ばかりが心に渦巻いていた。刊行直後、那覇ジュンク堂の平台に並んだ本書を買ってくれた高齢の女性が、「よく、こんな取材できたわね。知らないことだらけです」と店員に伝えたと聞いた。そのことを知ったとき私は、ひとまず大きく息をついた。当たり前のように時を刻んできた街の、しかし目の前からは遠ざけられてきた現実を、ほんの断片にしかすぎないが、可視化することができ、それについて賛否両論あるにせよ、ヤマトという「外部」から入ってきて取材し、それを執筆した書き手として、一定の役割を果たすことができたような気がしたのである。

その後、ありがたいことに本書は様々な観点から評価を受けることになったのだが、想定外の反響の一つに、第4章でテーマにした、一九七一年公開のドキュメンタリー映画『モトシンカカランヌー――沖縄エロス外伝』の再評価がある。私はあの映画の成り立ちを、アケミという主人公の来歴に沿って、映画論とは別の文脈で深掘りしていったわけだが、親本上梓後には『モトシンカカランヌー』の上映会がいくつもひらかれるようになり、それはいまだに続いているのだ。当然いまはコロナ対策で観客の距離を保っての上映であるが、毎回、立ち見が出るほどの満席になったり、チケット完売で観ることができない人が何人も出るという活況だった。上映後に私はトークライブに出演したり、共同監督の一人である井上修と対談した。取材後に井上とこういうかたちで何度も会うことになろうとは、誰よりも井上が驚いていた。観客には若い男女が目について、幾度となく話しかけられた。なぜこのような現象が発生したのか私は明確な答えを持たないが、「沖縄アンダーグラウンド」を先駆的にドキュメントしたこの作品と、五〇年の時間を経て対話できたことに、手ごたえを感じている。

親本は、沖縄でも県外でも順調に読者を増やし、二〇一九年に「沖縄書店大賞（沖縄部門）」をいただいた。沖縄在住の編集者・宮城一春が地元紙に書いた記事によれば、二〇一八年だけで四〇〇〇点ほどの「沖縄本」が出ており、そのなかから受賞したということになるようだ。この賞の目玉である「沖縄本部門」のトップに選ばれたことは、私にとってかけがえのない栄誉であり、何かから解放されたような気持ちになった。

同年の同賞の小説部門の大賞は『宝島』を書いた真藤順丈である。本書の文庫化にあたり熱のこもった解説を書いていただいた。帯の推薦文をいただいた作家の五木寛之は、刊行当時に過分な高評を書いてくださった。文庫版を編集してくれた集英社文庫の田島悠と私を繋いでくれたのは那覇ジュンク堂の店長・森本浩平である。親本に続いて、友人の編集者・向井徹にも協力を得た。

改めて、取材に応じてくださった沖縄の方々、親本の刊行に骨折りいただいた人たち、また文庫化に力添えいただいたみなさまに、心より感謝いたします。

二〇二一年三月　コロナ禍の東京にて

藤井誠二

参考文献

・福地曠昭『沖縄の混血児と母たち』(青い海出版社、一九八〇年)
・福地曠昭『牲(にえ)―戦後米軍犯罪の記録』(フクチさんを励ます会、一九七七年)
・福地曠昭編著『インジャ―身売りと苦役』(那覇出版社、一九九二年)
・福地曠昭『沖縄における米軍の犯罪』(同時代社、一九九五年)
・大城将保『混血児―沖縄からの告発 国籍のない青春』(国際情報社、一九八五年)
・加藤政洋『敗戦と赤線―国策売春の時代』(光文社新書、二〇〇九年)
・加藤政洋『那覇 戦後の都市復興と歓楽街』(フォレスト、二〇一一年)
・佐木隆三『わが沖縄ノート』(潮出版社、一九八二年)
・佐木隆三『沖縄と私と娼婦』(合同出版、一九七〇年)
・佐木隆三『娼婦たちの天皇陛下』(潮出版社、一九七八年)
・糸満町編『沖縄風土記全集』第2巻(沖縄風土記刊行会、一九六七年)
・金武町誌編纂委員会『金武町誌』(金武町町史編纂室、一九八三年)
・『KOZA BUNKA BOX』創刊号～第10号(沖縄市総務部総務課市史編集担当、一九九八～二〇一四年)
・『私の戦後史』第6集(沖縄タイムス社、一九八二年)
・『宜野湾市史』第七巻 資料編六(上)新聞集成3・上 米軍統治期前期、一九八八年

・『宜野湾市史』第七巻 資料編六（下）新聞集成3・下 米軍統治期後期、一九八八年
・沖山真知子『陽炎ゆれて―精神病なんて恐くない』（ニライ社、一九九九年）
・沖山真知子『底辺の女たち―基地の街に生きる』（ひろ編集工房、二〇〇一年）
・宮里政玄編『戦後沖縄の政治と法―１９４５―７２年』（東京大学出版会、一九七五年）
・沖縄国際大学文学部社会学科石原ゼミナール編『戦後コザにおける民衆生活と音楽文化』（榕樹社、一九九四年）
・『島マスのがんばり人生―基地の街の福祉に生きて』（島マス先生回想録編集委員会、一九八七年）
・高里鈴代『沖縄の女たち―女性の人権と基地・軍隊』（明石書店、一九九六年）
・那覇市総務部女性室那覇女性史編集委員会編『なは・女のあしあと―那覇女性史（近代編）』（ドメス出版、一九九八年）
・那覇市総務部女性室那覇女性史編集委員会編『なは・女のあしあと―那覇女性史（戦後編）』（ドメス出版、二〇〇一年）
・沖縄婦人運動史研究会・宮里悦編『沖縄・女たちの戦後―焼土からの出発』（ひるぎ社、一九八六年）
・那覇女性史編集委員会・那覇市総務部女性室編『なは女性史証言集―生命のあかし』（那覇市、一九九四年）
・那覇女性史編集委員会・那覇市総務部女性室編『なは女性史証言集―生命のあかし 第2号 戦後50年・生きぬいた女性たち』（那覇市、一九九五年）
・林博史『米軍基地の歴史―世界ネットワークの形成と展開』（吉川弘文館、二〇一二年）
・間弘志『全記録 分離期・軍政下時代の奄美復帰運動、文化運動』（南方新社、二〇〇三年）

・村山家國『奄美復帰史』（南海日日新聞社、一九七一年）
・那覇市総務部女性室編『働く那覇の女性たち』（那覇市、一九九四年）
・比嘉清哲『犯罪実話物語　沖縄警察五〇年の流れ』（自費出版、一九九七年）
・山城紀子『〈女性記者〉の眼―やわらかな社会へ向けて―山城紀子新聞コラム集』（ボーダーインク、二〇〇四年）
・太田良博、佐久田繁編著『沖縄の遊廓　新聞資料集成　辻・仲島・渡地・各地の料理屋（魚屋）事情』（月刊沖縄社、一九八四年）
・真境名安興他『沖縄女性物語』（沖縄風土記社、一九六九年）
・宮城栄昌『沖縄女性史』（沖縄タイムス社、一九六七年）
・沖縄人権協会編著『検証　沖縄の人権―やまと世20年』（ひるぎ社、一九九一年）
・金城芳子『なはをんな一代記』（沖縄タイムス社、一九七八年）
・上原栄子『辻の華―くるわのおんなたち』（時事通信社、一九七六年）
・来和雀他『琉球花街―辻情話史集』（沖縄郷土文化研究会、一九七三年）
・東京沖縄県学生会編『祖国なき沖縄』（太平出版社、一九六八年）
・日本弁護士連合会編『売春と前借金』（高千穂書房、一九七四年）
・中村喬次『南島遡行』（海風社、一九八四年）
・兼島方信『苦悩する裁判官―米軍統治下における裁判』（那覇出版社、一九九八年）
・三上絢子『米国軍政下の奄美・沖縄経済』（南方新社、二〇一三年）

・『コザ市史』（コザ市、一九七四年）
・『ロックとコザ　沖縄市史資料集4』（沖縄市役所、一九九四年）
・仲里効『オキナワ、イメージの縁（エッジ）』（未來社、二〇〇七年）
・嘉陽義治「Aサイン制度とオフ・リミッツ」（沖縄国際大学文学部社会学科卒業論文〈改訂版〉、一九八六年）
・岸政彦『同化と他者化―戦後沖縄の本土就職者たち』（ナカニシヤ出版、二〇一三年）
・藤野豊『戦後日本の人身売買』（大月書店、二〇一二年）
・竹中労『琉歌幻視行―島うたの世界』（田畑書店、一九七五年）
・竹中労『琉球共和国―汝、花を武器とせよ！』（ちくま文庫、二〇〇二年）
・八木澤高明『娼婦たちから見た日本』（角川書店、二〇一四年）
・上間陽子『裸足で逃げる―沖縄の夜の街の少女たち』（太田出版、二〇一七年）
・琉球政府立法院事務局法制部立法考査課編『琉球法令集（布告布令編）』（大同印刷工業、一九六九年）
・『青い海』一九七二年春季号「特集　語りかける奄美大島」（青い海出版社、一九七二年）
・『青い海』一九七四年春季号「特集　コザ文化と沖縄市誕生」（青い海出版社、一九七四年）
・『新沖縄文学』第62号「第10回新沖縄文学賞発表」（沖縄タイムス社、一九八四年）
・『新沖縄文学』第30号「特集　女性問題を考える」（沖縄タイムス社、一九七五年）
・『新沖縄文学』第74号「特集　病めるマスコミ―体質を問う」（沖縄タイムス社、一九八七年）
・売春対策沖縄県連絡協議会編『婦人のしあわせのために』（琉球政府厚生局、一九七一年）
・市川房枝編集・解説『日本婦人問題資料集成　第1巻』（ドメス出版、一九七八年）

・清水谷諭・与儀達博『為替レートの減価とインフレ期待―70年代初頭の沖縄の教訓』(内閣府経済社会総合研究所、二〇〇三年)
・山﨑孝史『USCAR文書からみたAサイン制度と売春・性病規制―1970年前後の米軍風紀取締委員会議事録の検討から』(沖縄県公文書館研究紀要10号、二〇〇八年)
・篠崎泰子『沖縄のジェンダーと売春問題―明治期から米占領下までを中心に』(熊本学園大学論集「総合科学」、二〇〇〇年)
・柳田邦夫編『沖縄5月の10日間―日本復帰を迎えた沖縄の人々68人の日記』(中央公論社、一九七二年)
・小野沢あかね「戦後沖縄におけるAサインバー・ホステスのライフ・ヒストリー」(『日本東洋文化論集』、琉球大学法文学部紀要12号、二〇〇六年)
・沖縄民政府「陳情及び要請に関する書類」一九四九年五月〜一九四九年一二月
・八重山民政府「米国軍政府に関する書類・軍政府関係書類」一九四九年
・USCAR(United States Civil Administration of the Ryukyu Islands＝琉球列島米国民政府)関係資料
・Policy and Precedent Files. Prostitution Control, Repression, etc.
・Policy and Precedent Files. Establishment of Disciplinary Control Board.
・Police Activities Files, 1968. Plan for Protection of GRI Plaza Area.
・Armed Forces Disciplinary Control Board, 1968.
・Public Safety Administrative Files, 1968.
・Armed Forces Disciplinary Control Board, 1969.

・Subversive Activity Files, 1971.

・Information for Area Joint Commanders Meeting（28 Dec 1970）.

・Funds, 1971. Investigations, Police Intelligence, etc.

・Civil Affairs Instruction, 1967.

・Public Safety Administrative Files, 1969. Rallies and Demonstration.

・Public Safety Administrative Files, 1969. General Strike.

・Public Safety Administrative Files, 1969. Zengunro.

・Public Safety Administrative Files, 1969. Fukkikyo.

・Armed Forces Disciplinary Control Board Files, 1970.

・Reference Publication. Punishment of Persons Inducing Women to Commit Prostitution（GRI Act No. 35 of 1953）. concerning punishment of person inducing women to commit prostitution.

・Reference Publication. Prevention of Prostitution（GRI Act No. 93 of 1970）.

・Bill for prevention of prostitution.

解説

真藤順丈

たとえば夜だ。あなたは今日も一日を生き延びた。

だけど与えられた役割や要求に疲れはてて、もしかしたらひどく傷ついている。

過ぎた一日をふりかえれば後悔でいっぱいだ。守れなかった約束があって、伝えられなかった想いがあって、脳裏にはネガティヴな感情が渦巻いてどうしても眠れない。そんなときどうするか？ 僕だったら枕元の灯りをつけて、ノンフィクションやルポルタージュの本を開き、見ず知らずの人々の心の中へと降りていく。ほとんど聞きとれないような密かな声に耳を澄ませ、一文字一文字をすくいとっていくことで、他の誰かの生きた夜が再現される。住む土地も言語も、背負った歴史も異なる人たちの声が、歌となり、詩となり、物語となって、僕やあなたや心を鎮めてくれる。

　ここではないどこかの、さまざまな世界で生きる他者の物語に、思いがけず自分を見ることもあるだろう。海の向こうでも、遠い過去にも、一分一秒を生き延びるために紡がれた言葉があった。暗闇の中で何かを摑もうともがき、心の底から信じられるもののない者がよすがを探し、どうして身近な人とさえ分かり合えないのか、嘘のない人間関係を築くことができないのかと苦悩している。僕たちは数万の偶然を超えてそうした言葉と向き合い、再現された時間を追体験して、答えへのぎこちないけれど果敢な試みを共有する。たとえその誰かが生者であっても、死者であってもだ——

　言うまでもなく、小説のように登場人物を創作しないノンフィクションは、場所も時代も異なるむきだしの生に降りていく強力なツールだ。僕も昔からいわゆる犯罪実録物やタブー視された世界に切りこむルポの読者だったが、それらを読む行為が誰かの悲劇を消費しているという事実にもいつからか意識が向くようになった。だったらどうするか。この点についての答えはすでにある。つまりその分野で信頼の置けるもの、フェアに対象に寄り添い、洞察力に優れ、冷静かつ人間味のある書き手の本を選んで読むことだ。たとえば本書、藤井誠二の『沖縄アンダーグラウンド』のように。

　ひとつの街が消滅した、というところから本書は幕を開ける。警察や自治体、地域が一体となった「浄化運動」があり、特殊飲食街と呼ばれた真栄原新町はかつての相貌を消していく。過去へ葬られようとしている街の記憶を残しておいてほしい、自分たちが生きた証（あかし）を書いておいてほしい。取材に対して口を噤（つぐ）んでいた人たちも、藤井誠二に向かってそれぞれのライフ・ヒストリーを語りはじめる——

　すこし話は逸（そ）れるが、僕は藤井誠二とささやかな親交がある。本書とほとんど同時期に沖縄の戦後を描いた小説を発表したのがきっかけだ。初めて交流を得た年長のノンフイクション作家は、颯爽とした人だった。

「あの人は、沖縄の人ですから」何かのインタビューで藤井誠二について訊かれて、そんなことを口走ってしまったおぼえがある。

取材者でありながら生活者でもある藤井誠二は、東京と那覇を往き来する二拠点生活を送っていて、本人曰く十年ほど前から年間の三分の一ぐらいを沖縄で過ごしているらしいが、僕がいつどんなときに渡沖してもたいてい藤井誠二は那覇にいて、ともにイベントを開く機会を得たり、こちらがいる店に顔を出してくれたりする。僕はだから密かに、二拠点ではなくて完全に那覇に根を生やした人なんじゃないかと疑っている。

あるとき、路地の空き地のような場所で営業する「ひばり屋」という珈琲屋台に連れていってもらった。琉球新報で藤井が連載中の「沖縄ひと物語」でも取り上げられたお店で、藤井はこの「ひばり屋」の常連の一人となり、そこへ同連載でも取材中だという若い映画監督や飲食店主たちが集まってきて、控え目ながらも輪の中心にいる藤井誠二は、濃やかな気配りで人と人とをつないでいた。

書かれるものや本人の風貌もあいまって、僕が藤井誠二に投影せずにいられないのは工藤俊作や濱マイク、そしてフィリップ・マーロウに代表されるようなご当地密着型の私立探偵だ。情にもろく、一匹狼だが人には慕われ、路地が似合う男（マーロウがロサンゼルス、濱マイクが横浜黄金町なら、藤井誠二は那覇栄町といったところか）。

本書で藤井誠二という探偵が、真栄原新町のみならずコザの吉原、勝連半島のアカムヤーといった売春街へと分け入り、そこで生きる女たちや売春の元締め、暴力団の元幹部や県警幹部などの声を聞いていく過程は、語弊を恐れずにいえばノワール小説もかくやのスリリングさだ。

タクシードライバー大城を相棒として、藤井は女たちや元締めとどのように知り合ったか、いかにしてそのつながりを深めていったか、取材方法や連絡のつけ方まで描写していく。路地を歩き、店から店へ、人から人への紐帯を継ぎ、酒を飲み、朝方まで話しこんで、取材の域を超えた関係構築を立体的に書き起こしていく。売春を題材にしたルポにありがちな、店舗に行ってそこの女性を買って、行為のかわりに対話取材してそこに書き手の主張を盛って……、といったアプローチは本書には見られない。独自のプロセスそのものがすでに目を瞠るようなひとつの物語となっている。沖縄の多様なひだに潜行していけるその取材力によって、これまで闇に覆われていた売春街の実像が、時代背景や社会構造が必然として排除してきたものが深夜の蜃気楼のように立ち上がるさまは、読み物として驚くばかりの強度をそなえている。

だからこそ僕にとって藤井誠二は「沖縄の人」なのだ。特飲街にここまで入りこみ、個々の生を克明に記した書き手はいなかったはずである。一人の人間としての生き方がその土地と分かちがたく結びつき、街の物語の登場人物の一人にならなければ書けないものを書いている。僕の目にはそんなふうに映る。

といってたちまち前言を翻すことにもなるが、藤井自身はみずからを「沖縄の人」などとはつゆほども思ってはいないはずだ。

移り住むだけでは超えられない壁がある、そのことを自覚していないわけがない。歴史的に連綿とつらなる中央と地方の差別や搾取構造、戦争の傷跡、日米問題や米軍基地の桎梏（しっこく）。多層なレイヤーが重なった沖縄は共同体社会であり、県外からやってきた者は多かれ少なかれ警戒心を抱かれる。その口が語り、書きつづる言葉はたえず厳しい試練にさらされる。当事者と非当事者のあいだには逆立ちしても越えられない壁があり、島にルーツを持たない書き手が沖縄を書くにあたっては、上っ面をなぞるのではない、島や街自体にどれだけ入りこめているかが必ず大きな評価基準となっていく。

藤井が生活者のさらに先へ進んで、沖縄に入りこむための最大の武器となっているのが、長きにわたって対象に密着する執念と足腰の強さ、前述の「沖縄ひと物語」やその他の仕事でも発揮される対人取材能力の高さ、そして人の話を聞く者として決して譲らないフェアネスであることも特筆に値するだろう。

たとえ「恥部」とされるような土地でも、そこで生きて暮らしていた人たちがいた。その街が消えた。

藤井はこの事実を手放さない。そうして女たちそれぞれの物語を、マスメディア的な犠牲者の枠組にも閉じこめない。藤井が摑みとろうとするのは、大文字の「時代」や「国家」や「歴史」の物語に含まれない人それぞれの個別性だ。

教条主義のスローガンが回収しきれない個の物語は、ときには取材者にとっての重荷にもなるはずだが、藤井はそれを下ろすことを自身に許さない。覚醒剤や麻薬に浸かる女、県外から流れてきた女、売春部屋のすぐ隣で寝起きするおじいおばあ、それぞれの思いを秘めたごろつき(アシバー)や抱親、幻の映画『モトシンカカランヌー』で「十九の春」を歌う女給、かつてこの島に入りこんだ先達や、みずから命を断った一人の作家——

当事者の一人ひとりと向き合わなくてはならないノンフィクションの宿命をすすんで背負い立つように、藤井はめいめいの足跡をたどり、過ぎ去った人々の顔を忘れまいとする。一度大きな物語に回収されてしまったものも再び個別の物語へと微分する。事態を理解したつもりになり、過度に図式化したり、聞いた話のすべてを肯定するわけでもない。自身のイデオロギーにとって都合のよいところを強調し、安易な理由づけや処方箋を与えることを拒みつづけるのだ。

——私はケイコさんの質問には答えなかった。いつかやめようと思いながらも足抜けできなかった自分を恨むような口ぶりに気押(けお)されてしまったのかもしれない。売春を続ける女性たちをひと括(くく)りにして同情を寄せる気はない。同時に「世界で最も古い仕事だから」といってこの稼業を丸ごと必要悪のように肯定するケイコさんの言い方にも馴染めなかった……(中略)……個別の問題を切り捨てて、既成の価値観でひと色に決めつけてしまっては、それこそ「浄化運動」と同じ次元になってしまうだろう。

私は沖縄のアンダーグラウンドに生きる一人ひとりの話を聞くことの意味を改めて思った。（第2章・変貌する夜に生きる者たち／一一七ページ）

ここで藤井の語る、本書の題にもなっている「アンダーグラウンド」とは、タブーとされる裏社会や沖縄の闇といった言葉にひと括りにされない、夜の底で流れるように生きる人ひとりぶんの人生の水脈なのだ。

沖縄がすばらしく魅力的な場所であることは今さら言うまでもない。日本のどこを探しても見つからないアイデンティティを持ち、自然や文化には恵み深さがあふれ、政治的にもずっと粘り強く米軍基地や日本政府と対峙しつづけている。だけどそうした抵抗と文化の島にのめりこむと、沖縄をノスタルジーやイデオロギーの文脈で語りがちにもなる。自戒をこめて言うのだが、自身にとっての「沖縄」を切り貼りして論じ、ある意味で手前勝手な幻想を押しつけてしまう危険性は、どんな書き手もはらんでいる。

しかし藤井誠二は、本書をドラマティックには盛らない。問題提起に息むこともない。ただ他者の立場にその身を重ねながら、生を記憶して、死者たちが生者とは別のかたちで共存していることを語ろうとする。他人の深い水脈をたどっていくこの探偵の手腕が冴えわたるとき、僕たちはそこから、あらゆる障壁を越えた人間の根源的なあり方を再発見することもできるはずだ。

僕もあなたも、明日も生き延びるためにルポルタージュを手にする。

現在、この国のみならず世界中で、古い共同体の理想や倫理観は崩れ去っている。新しいあり方が見えてくるでもなく、不寛容な社会での生きにくさや疎外感、希望の見えない息苦しさ、そうした共通する苦しみを抱えて生きている。

多様な生のあり方、人が生きる苦しさと喜びを描きだした本書からは、あなたが生き延びるための知恵を、個別の生が重んじられることでしか見えてこない何かを、それぞれに得がたいものを得ることができるだろう。

これだけ街や人の深部に入りこみ、なおかつ情緒に流されず、最後まで路頭に迷わずまとめあげることのできる書き手はそうはいない。願わくは藤井が沖縄について書いたものをもっともっと読みたいし、藤井自身をいつか「沖縄ひと物語」で取り上げてほしいとすら思ってしまう。沖縄の夜の深みへ僕たちを誘い、そこで生きた人々のことを語って聞かせるこの人はどんな人物なのか、どうしてこれほど果敢に書きつづけるのか、何が藤井を駆りたてるのか？

本書を読んだあと、あるときコザに出向いた僕は、『モトシンカカランヌー』のアケミを探して藤井がたどった照屋地区の銀天街を歩いてみた。そのときの僕は、本書のように一人の女が生きた痕跡を探しながら、同時に彼女を追う藤井誠二の姿も二重写しのようにたどっていたのだと思う。どうしても僕はこの無二の探究者を、過去とも未来とももつながる沖縄の物語の登場人物と見てしまうのだ。

（しんどう・じゅんじょう　作家）

集英社文庫

沖縄アンダーグラウンド　売春街を生きた者たち

2021年5月25日　第1刷　　定価はカバーに表示してあります。

著　者　藤井誠二

発行者　徳永　真

発行所　株式会社　集英社
東京都千代田区一ツ橋2-5-10　〒101-8050
電話　【編集部】03-3230-6095
【読者係】03-3230-6080
【販売部】03-3230-6393（書店専用）

印　刷　中央精版印刷株式会社　株式会社美松堂

製　本　中央精版印刷株式会社

フォーマットデザイン　アリヤマデザインストア　　マークデザイン　居山浩二

ISBN978-4-08-744250-2 C0195